이 책 한번 읽어보세요

"문법이 왜 필요한지 알 것 같아요"

작년에 배낭여행을 가서 처음으로 현지에서 영어를 써봤어요. 단어만 대충 알아도 의사소통이 되는 걸 경험하고, '역시 문법은 별로 필요가 없어'라는 생각이 들었어요. 덕분에 한동안은 영어에 대해서 부담감 없이 지냈고요. 그런데 얼마 전에 사귄 외국인 친구에게 우리말을 가르쳐 주다가 그 친구가 하는 우리말을 들어보니, 아이쿠 내 영어가 저렇겠구나 싶어서 갑자기 얼굴이 뜨거워지는 거 있죠. 그래서 얼마동안 부랴부랴 영어 회화학원도 다녀봤는데, 조금만 길게 말하려고 하면 머릿속이 하얘졌어요. '관계 대명사'니 '가정법'이니 하는 문법 용어들만 머릿속에서 뒤죽박죽이고, 정작 영어 표현들은 떠오르질 않으니 문법 공부 소용없다는 확신만 커졌죠. 그런데 이 책을 보니 생각이 달라졌어요. 지금까지 문법책들은 문법이 뭔지만 알게 해줬는데, 이 책은 문법을 어떻게 써야하는지를 알려주는 것 같아요. 말하고 쓰는 훈련을 하는 책이라 그런지, '문법'이란 인식 없이 문장을 이어갈 수 있도록 해 주네요. 이제는 왜 문법을 공부해야 되는지 알 것 같아요!

유소희(대학교 2학년생)

"영어 내비게이션을 만났다"

대학생이 되니 주변에서 온통 영어 얘기들뿐입니다. 영어 압박감에 회화 학원도 기웃거려보고, 두꺼운 토익책을 사서 도서관에 틀어박혀 보기도 했습니다. 그러면서도 고등학교 때와는 다른 공부를 해야 한다는 생각에 영문법은 따로 공부하지 않았습니다. 하지만 그렇게 몇 달을 공부해도 실력은 좀처럼 늘지 않고, 길이 안보이더군요. 그러던 차에 우연히 이 책의 원고를 만났습니다. 목차와 각 장의 서문들만 훑어보고도 이 책은 좀 다르다는 생각이 들었습니다. 그래서 제목이 It's Not Grammar!인가요? 다른 책과는 문법 내용의 비중도 다르고 순서도 조금씩 달랐는데, 머릿속에 엉켜있던 문법이 싹 정리되는 기분이 듭니다. 영어 내비게이션을 가진 느낌이랄까요. 이제 영어에 관한 한 이 책이 알려주는 길을 따라 가보렵니다.

홍광원(대학 신입생)

"그분이 나에게 책 한 권을 주셨다"

제대가 코앞인 병장입니다. 책이 나올 즈음이면 저도 어엿한 민간인이 되어 있을지도 모르죠. 요즘같이 취직이 힘든 때 복학해서 취업 준비할 생각에 기쁨보다 걱정이 앞섭니다. 군대 제대하기 전에 영어 하나만이라도 튼튼이 다져놓고 나가려 했건만, 오래 전 막무가내로 외웠던 단어며 문법들마저 가물가물해져서 점점 초조해지더군요. 그러던 제가 이 원고를 받았을 때 처음 발견한 퀴즈는 '그분이 나에게 책 한 권을 주셨다'였습니다. 단어는 모르는 것이 하나도 없는데 빈칸 세 개를 채우려니 쉽지 않더군요. 기억 저편에 숨어 있는 문법들을 찾아야 했습니다. 퀴즈를 풀다 보니 찾아 써먹지 못하던 문법 지식을 찾아내는 훈련이 되더라고요. 쉬었던 공부를 다시 하려는 나 같은 사람에게는 최적의 책입니다.

최홍민(제대를 앞둔 현역 군인)

"내 머릿속 영어 회로를 바꾸어 줍니다"

대학 다닐 때 정말 토익 준비 열심히 했습니다. 취업을 하려면 높은 점수가 필요했으니까요. 그런데 회사에 입사하고 보니, 외국에서 오는 이메일이나 문서 등을 읽고 이해하는 것까지는 되는데, 막상 외국 손님을 만나서 이야기를 하거나 메일을 쓰려고 하면 말문이 열리질 않는 겁니다. 그러다 보니 지금까지 써먹지도 못할 반쪽짜리 문법을 배워왔구나 하는 생각이 들더군요. 원래 문법이라는 것은 다양한 표현을 하기 위한 공식일 텐데, 그 공식만 외느라 정작 표현으로 연결시키는 것은 못 배운 건 아닌지. 그런데 이 책에서는 영어→한글로 이어지던 생각의 방향을 바꾸어주더군요. 설명만 그렇게 하는 것이 아니라, 연습문제를 통해 배운 문법을 적용하여 문장을 만들어보는 훈련을 시켜주니 참 고마운 문법책이 아닐 수 없습니다. 게다가 온라인 연습장을 통해 바뀐 생각 회로를 통해 무한 연습을 하도록 연결시켜 준다니 다시는 머릿속에서 정리된 문법들이 도망가지 않도록 단속해야겠습니다.

신경섭(20대 후반 사회초년병)

"세련되게, 밝게, 자신 있게, 쓰는 영어"

저는 내년에 유학을 갈 준비를 하고 있어요. 그래서 영어 학습에 많은 시간을 들이고 있지요. 특히 단어 학습에 집중하면서, 토플 시험에 열심히 대비했지요. 그래서 이 책의 원고를 받아들었을 때 어느 정도 자신감도 있었습니다. 그런데 원고와 함께 받아본 자가 진단 테스트를 해보고는 적잖이 당황을 했습니다. 문법이라면 그것이 초등학교 학생 수준던 내가 만들 수 있는 문장이라는 것도 알고, 분사의 작문이었던 거예요. 머리로야 관계대명사도 알고, 활용한 문장을 만드는 것은 쉬도 알지만 그것을 활용해서 세련된 문장을 만드는 것은 쉬운 일이 아니었습니다. 반성과 함께 마음을 다잡고 이 책의 활용 지침에 따라 영작이 잘 안 되었던 부분을 중심으로 학습해보았습니다. 원고를 두 번 정도 반복한 거 같은데, 이제 눈이 좀 밝아지는 느낌이랄지, 자신감이 다시 살아났습니다. 하루아침에 원어민 수준의 에세이를 쓰게 되지는 않겠지만, 이제는 그곳에 가서도 내 생각을 표현하는 데 내가 아는 문법을 최대한 활용할 수 있을 것 같아요.

김윤경(유학 준비 중인 대학생)

"영어 체증이 확 풀려요, 강추~"

취업 준비를 하다 보니 영어는 문법 위주로 했어요. 휘리릭 정리하고 끝낼 마음에 문법책을 주로 봤는데, 대개는 다루는 내용이 거기서 거기라 공부하고 나면 늘 알던 것만 재확인하는 느낌이었습니다. 그러면서도 틀리는 문제는 계속 틀리고, 헷갈리던 문제들은 늘 답답해하던 부분들을 중심으로 명쾌하게 짚어주더라고요. 그런데 이 책에서는 내가 늘 답답해하던 부분들의 실질적인 맥들을 하나하나 짚어주니 막혀 있던 영어 표현증이 확 풀리는 느낌이 들었습니다. 강추합니다. 절대 후회 안 하실 거예요.

강기환(취업 준비 중인 대학생)

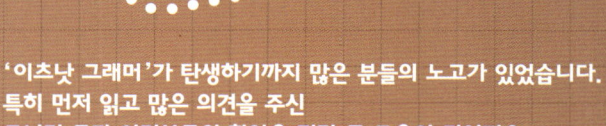

'이츠낫 그래머'가 탄생하기까지 많은 분들의 노고가 있었습니다.
특히 먼저 읽고 많은 의견을 주신
모니터 독자 여러분들의 활약은 정말 큰 도움이 되었지요.
그 중 대표적인 8명의 소감을 요약하여 공개합니다.

"시간 없는 저에게도 딱 좋은 영어책"

내년이면 수능인데 하루에도 몇 시간씩 영어에 매달리며 단어, 숙어 외워 봐도 영어 점수는 좀처럼 오르지 않았어요. 이 책 저책 뒤적보기도 했지만 갈피를 못 잡기는 마찬가지였고요, 하나 배우고 하나 풀어볼 땐 되는 것 같다가도, 책을 덮고 나면 수백 가지 규칙들만 엉키고설켜 마냥 제게는 오히려 방해만 되는 느낌이랄까. 그러다 과외 선생님의 권유로 이 책의 원고를 접하게 되었어요. 선생님은 처음부터 읽지 않아도 되니, 정리노트부터 커서 갈길 급한 저에게 문법 정리가 급한 저에게 한번 훑어보라고 하시더군요. 복잡한 설명으로 접했던 문법 사항들이 한마디씩 딱딱 명쾌하게 정리되어 있는 것을 보니 영어의 지도가 한눈에 들어오는 것 같았습니다.

정유진(고등학교 2학년생)

"다짜고짜 퀴즈로 시작하는 게 재밌어요"

학교 다닐 땐 해외 어학연수도 다녀왔고, 토익 점수도 좀 받았어요. 요즘 용어로 스펙을 좀 쌓았죠. 그래서 영어에는 어느 정도 자신이 있었는데, 회사에 다니면서 일과 관련된 부분에서만 영어를 쓰다 보니 어느새 도로아미타불이 되어 버렸네요. 다시 영어 실력을 다잡아볼까 하는데, 학원을 다녀도 몇 달 다니다 혼자부지, 인터넷 강의를 등록해 봐도 작심 삼일이 되면서 다시 접속하기가 어렵더라고요. 하물며 혼자서 책을 가지고 얼마나 할 수 있을까 싶었는데, 이 책은 좀 다르네요. 보통은 배울 문법 먼저 나오고 예문이 나오는데, 이 책에선 다짜고짜 퀴즈부터 시작했어요. 내가 영어 좀 했는데 이것 못 풀면 되나?하는 오기가 생기더군요. 문제를 풀어가는데 혼자서 문제를 푼다는 생각이 들지 않았어요. 내 생각의 흐름을 짚어가며 친절하게 설명을 해주시는 것이, 꼭 과외 선생님이 옆에서 함께하는 것 같았어요. 그렇게 문제의 빈칸을 채워 들어가면서 영어 문장 속에 어떤 문법이 들어 있는지 알 수 있게 해주는 신기한 책입니다. 이렇게 학습 방향을 거꾸로 거슬러 올라가니, It's Not Grammar!인가요?

김은민(30대 초반 직장여성)

It's Not Grammar!

이츠낫 그래머

지은이 정재영

서울대학교에서 영어영문학을 전공하고 대기업에서 근무하다가 입시학원에서 다년간 영어를 가르치며 학습 컨설팅 분야에서 다양한 노하우를 쌓았다. 교육 현장의 경험을 바탕으로 저자는 시험 대비를 위한 문법서와 영어로 된 문법서 모두 한계가 있다고 생각하게 된다. 시험용 책은 실제 언어 생활에 별 도움이 되지 않으며, 원어민이 만든 책은 한국인이 갖는 취약점을 파악하지 못하고 있기 때문이라 한다. 저자는 이 책을 통해 많은 독자들이 문법 집착, 독해 편향의 고질적인 영어 불균형을 바로잡기를 간절히 바라고 있다.

말하고 쓰려면 문법부터 다시 하라

It's Not Grammar!

초판 1쇄 발행 2009년 10월 20일

지은이 정재영 | **기 획** Time E-Lab
발행인 이길호 | **발행처** 타임북스

편집인 김일희 | **편집장** 현진희 | **책임편집** 배현숙 | **편집부** 강민지, 김지수
마케팅사업본부장 이재용 | **마케팅** 김철원, 이현은, 이태훈, 박소영, 김은송 | **제작** 유명상, 김진식
일러스트 송유진 | **디자인** Boom | **온라인연습장 개발** 자베즈커뮤니케이션

타임북스는 (주)타임교육의 단행본 출판 브랜드입니다.
출판신고 등록번호 제 322-2009-000050호 | 등록일자 2009년 3월 4일
주소 서울시 강남구 도곡1동 949-3 캠코양재타워 18층
주문전화 02-3480-6627 | 팩시밀리 02-395-0498
문의전화 02-530-0683 | 이메일 timebookskr@gmail.com

ⓒ 2009 정재영, 저작권자와 맺은 특약에 따라 검인을 생략합니다.
ISBN 978-89-6389-341-9 (13740)

이츠낫 그래머

TIME E-LAB 기획 · 정재영 지음

말하고 쓰려면
문법부터 다시 하라!

It's Not Grammar!

타임북스
TIMEBOOKS

머리말

영어 공부할 때 극복해야 할 두 가지 신종 유행병

유행 따라 영어 공부하는 두 가지 방법이라고 해야 할까요? 요즘 너도 나도 따라하고 있는 대표적인 학습법은 다음과 같습니다.

1. 문법 공부 이제 그만!
   생생한 회화 표현을 다양하게 익히며 실전 영어의 세계로 직행한다.
2. 요즘은 영문법도 영어로 배우는 게 대세.
   권위 있는 원어민 저자가 만든 '영어 문법책'으로 폼 나게 공부한다.

이것이야말로 많은 사람들이 고통 받고 있는 영어 공부 유행병입니다. 이 병에도 신종 인플루엔자의 경우처럼 손 잘 씻고, 많은 사람들이 모인 곳을 피하며, 기침이나 재채기 할 때 수건으로 입을 가리는 등의 예방을 위한 행동 지침이 있다면 얼마나 좋을까요? 다음과 같이 말입니다.

1. 책을 잘 선택한다.
2. 많은 사람들이 실패했던 학습법을 피한다.
3. 영작이나 대화를 할 때 문법으로 각을 세운다.

회화 표현을 반복 연습하는 것만으로 안 되는 이유

언어로서 영어를 익힌다는 것은 How are you?, What's up?과 같은 표현을 외우는 것이 아니라 I am sad.를 I am happy.로 바꿀 수 있고, I think that he is clever.를 I believe that she is honest.로 변형시킬 수 있는 능력을 배우는 것입니다. 아무리 많은 표현을 암기해도, 언어의 기본 구조에 대한 이해가 없다면, '여행 영어'나 '초등학생 일기' 수준을 벗어날 수 없습니다. 언어의 본질은 창조성이기 때문입니다.

영어로 된 책으로 영문법을 공부하기 어려운 이유

한국에서 태어나 한국에서 자란 우리들 대부분은 모국어 구사 능력이 형성된 후에 영어를 배우기 시작합니다. 우리말과 구조가 다른 언어인 영어를 쉽게 배우지 못하는 것은 이 때문입니다. 그런데 원어민의 책을 통해 배우면 문법이 쉬워질까요? 그렇지 않습니다. 영어가 모국어인 나라에서 태어나 모국어로 영어를 익힌 사람들은 박사가 아니라 박사 고조 할아버지여도 한국인들의 영어 고민을 이해하지 못합니다. 우리가 알기힘든 것, 틀리기 쉬운 것들에 대해 원어민들은 알 방법이 없습니다. 그들에게는 너무나당연하게 느껴지는 것들이니까요. 그래서 원어민들이 쓴, 영어로 된 문법책으로 공부하는 데는 한계가 있습니다.

이 책은 흔히 볼 수 있는 문법책이 아닙니다

최근 이 땅에서 영어 공부를 하는 사람들 사이에 퍼져 있는 '원서 의존 경향'은 확실히 안타까운 현실입니다. 어쩌면 제대로 영어를 익히고자 하는 사람들에게 걸림돌이되고 있는지도 모릅니다. 이 책은 이러한 문제점을 해결하기 위해 태어났습니다. It's Not Grammar!라는 제목에서 드러나듯이, 단지 문법만을 다루고 있는 책이 아닙니다. 이 책은 말하고 쓰는 것을 훈련하기 위한 책입니다. 그렇지만 '회화용 책'이나 '이메일 작성법 책'은 아닙니다. 언어의 기본 구조(이것이 바로 문법입니다)를 익혀 말하고 쓰게 하는 책입니다. 그리고 무엇보다도 한국인이 겪는 영어 학습의 어려움을 몸소 겪었고 스스로 해결책을 찾았던 사람들이 함께 기획하여 만들어낸 책입니다. 그래서 그동안 외국 책들을 통해 학습하면서 느꼈던 허전함을 채워주는 책입니다.

말하고 쓰려면 문법부터 다시 해야 합니다

이 책을 통해 당신의 영어 기초가 다시 세워지게 될 것입니다.
이 책을 통해 당신 속에 있는 영문법 편린들이 싹 정리됩니다.
이 책을 통해 당신의 '읽기 – 쓰기 영어 불균형'이 해소됩니다.

독자 여러분의 건투를 빕니다.

저자 정재영

이츠낫 그래머, 이것이 다르다

영문 → 한글 이해가 아니라, 한글 → 영문 만들기에서 출발합니다.

어떻게 보면 큰 차이가 아닌 것 같지만 한편으로 보면 혁신적인 구성이라 자부합니다. 영작의 관점으로 문법을 떠올리기 시작하면 학습자가 무엇을 알고 무엇을 모르는지가 잘 드러납니다. 눈으로 영어 문장을 읽고 대충 해석할 수 있으면 안다고 생각하기 쉽지만, 실제로 영어 문장을 만들어야 할 상황에 부닥치면 사실은 모르고 있음이 드러나는 경우가 허다하기 때문입니다. 많은 사람들이 수준급의 영문을 읽고 해석할 수 있지만, 문법을 활용하여 말하고 쓰는 능력은 요즘 초등학생들 수준과 다르지 않습니다. 그런 불균형을 해결하는 지름길은 기본에 근거한 영작을 지속적으로 연습하는 것입니다.

문법 항목들을 기능별로 재배치하였습니다.

많은 책들이 우리가 어떤 상황에서 어떤 표현을 필요로 하는지보다는 영어의 어떤 말이 어떤 문법적 기능들을 가질 수 있는지에 근거하여 구성되어 있습니다. 예를 들면, 대부분의 책들은 '관계대명사'로 분류되는 것들을 모두 '관계대명사' 항목에서 가르칩니다. 그러나 who, which, that과 what, whatever, whichever, whoever 등은 그 역할이 엄청나게 다릅니다. 앞의 세 관계대명사는 형용사절의 형성과 관련되어 있고, 뒤에 나오는 것들은 명사절을 만들 때 쓰입니다. '~하는'과 '~하는 것'을 어떻게 하나로 묶어 배울 수 있나요? 이 책은 그러한 여러 문제점들을 해결하고자 노력했습니다.

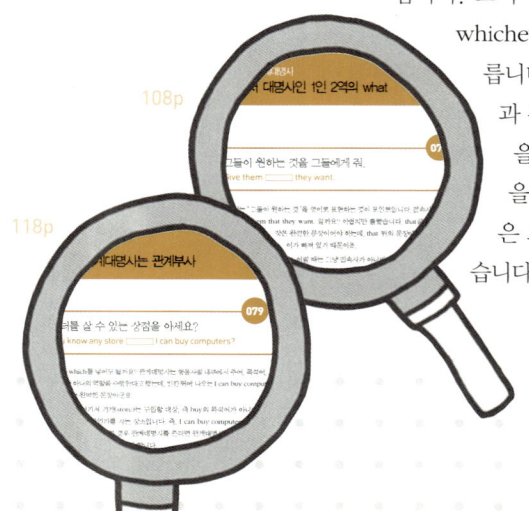

이중 구조의 설명을 채택하였습니다.

처음 영작 예문과 함께 문법 설명을 할 때는 친절하고 쉬운 설명이 따라갑니다. 이 책은 구성이 간단해 보이지만, 문법 전반의 맥을 두루 짚어줍니다. '기초'를 표방하며 쉬운 내용만을 다루는 책이 아니라는 얘기입니다. 하지만 각 항목에 대해 얼굴을 마주하고 대화하듯 친절하게 설명하고 있기 때문에 술술 따라가다 보면 쉽게 이해됩니다.

그렇게 이해한 후에는 깔끔한 정리가 따라옵니다. 호흡이 긴 글을 읽으면서 이해하는 것을 좋아하는 사람도 있고, 간단한 정리를 통해 학습하는 것을 좋아하는 사람도 있죠. 이 책은 자세한 설명과 깔끔한 개념 정리 양자를 조화시켰습니다. 앞부분에서 자세한 설명으로 한 번, 뒷부분에서 간명한 정리와 예문, 연습문제 등으로 또 한 번, 이해와 정리 두 마리 토끼를 모두 잡습니다.

연습의 효율성을 높이는 온라인 연습장을 제공합니다.

아무리 영어 공부를 많이 해본 사람들이라도, 학습자의 딜레마는 대부분 비슷합니다. 책에 연습 부분이 많으면 지루해지고, 반면에 연습 부분이 별로 없으면 불안해집니다. 그런 딜레마를 해결하기 위해, 본책은 빠른 스피드로 학습할 수 있게 구성하였고 추가적인 연습은 온라인을 통해(그것도 무료로!) 할 수 있도록 온라인 부록을 제공합니다. 온라인 연습장은 PC 화면을 통해 입력과 확인을 하면서 연습할 수도 있고, 문제들을 인쇄해서 이용할 수도 있습니다.

이츠낫 그래머, 코너별 사용법

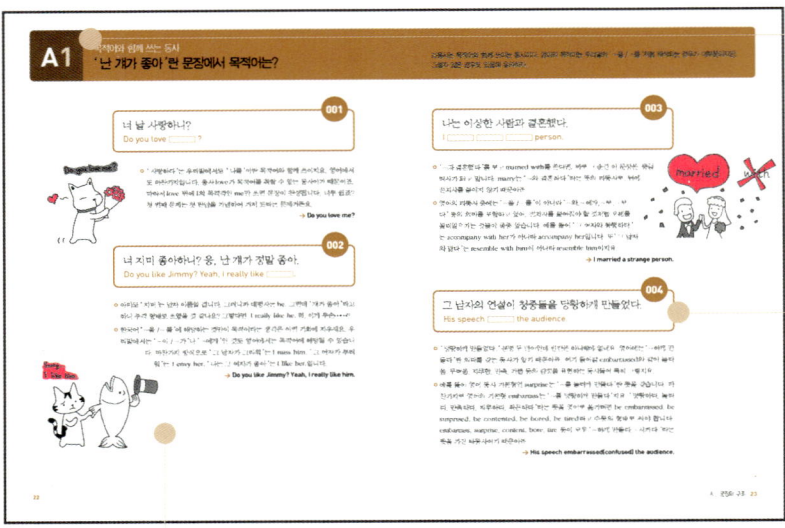

제목(문법 사항 소개)

이 과에서 배우게 될 문법 사항을 안내합니다. 순서나 학습 내용을 보면 '어? 이 내용을 왜 여기서 얘기하지?' 싶은 것도 있을 거예요. 읽고 이해하기 위주의 문법이 아니라 말하기 쓰기를 할 때 잘 안 되는 것부터 고르고, 함께 이해해야 하는 것끼리 묶었거든요.

영작 퀴즈(문법 떠올리기)

여기 나온 퀴즈들은 영문법 공부를 위한 머릿속 회로를 바꿔주는 1단계 과정입니다.

여기 나온 퀴즈를 풀기 위해서는 문법적인 지식을 동원해야 할 겁니다. 여러분 머릿속에서 영어 표현을 작성해내는 데 필요한 문법 사항들을 뽑아올리는 일종의 펌프 장치죠. 다짜고짜 영작 해설로 달려들지 마시고, 곰곰 머릿속을 뒤져보세요.

영작 해설(문법 이해하기)

앞에 제시된 영작 퀴즈를 함께 풀어보는 시간입니다. 달랑 퀴즈의 답만 가르쳐주는 족집게 강의가 아닙니다. 기본부터 짚어주고 함정은 피하게 해주는 간결하고 깔끔한 설명이 이어집니다. 무조건 외우겠다는 부담감 갖지 말고 맘 편히 따라오시면 됩니다. 퀴즈를 보고 머릿속 지식들을 좀 뒤져본 착한 독자들에겐 더욱 효과 만점의 강의가 될 것입니다.

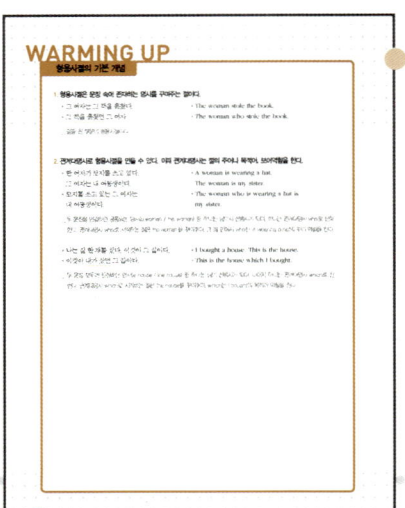

WARMING UP

본격적인 학습에 들어가기 전에 머리 회로에 밑밥을 깔아주는 학습. 이미 알고 있는 내용이라고 생각하는 사람이라면, 가볍게 통과!

FOCUS(암기 사항 정리)

자고로 법칙에는 예외가 있게 마련. 정리가 끝났으면 외울 것이 있게 마련. 아무리 외워도 복잡하게 엉켜 있던 문법의 실타래가 한손에 들어옵니다.

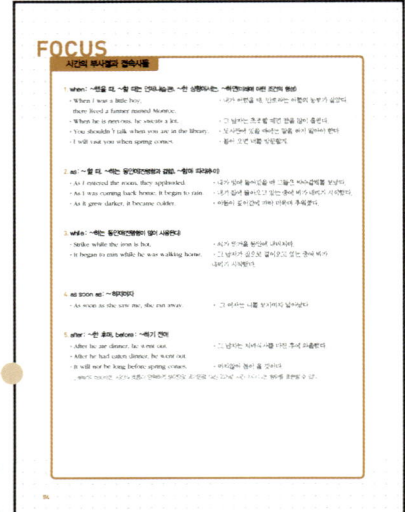

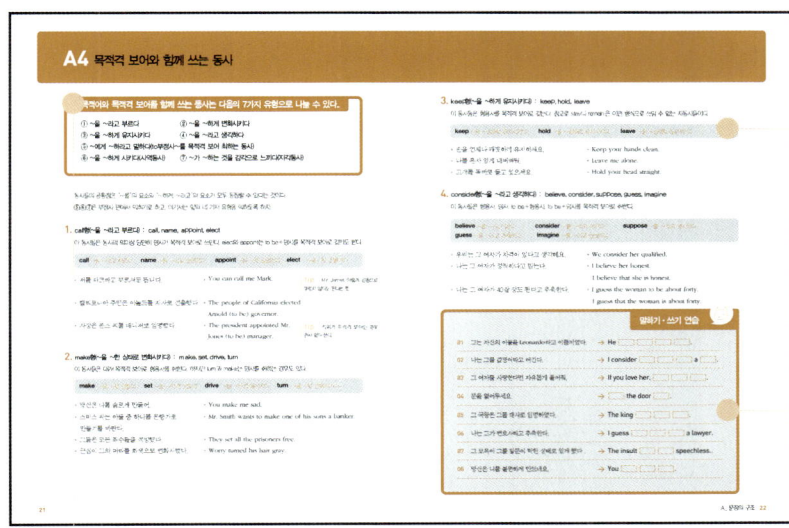

문법 해설과 추가 예문

친절하게 조근조근 설명해주던 앞에서의 강의와는 좀 다르죠? 여기서는 복잡해 보이기만 하던 문법 내용을 딱 핵심만 추려 간단명료하게 정리합니다. 그리고 구구절절한 문법 설명을 한눈에 보여주는 여러 예문들을 소개합니다. 여기의 문법 해설과 예문들까지 제대로 소화해야 비로소 이 단위의 문법 사항들을 익혔다고 할 수 있습니다.

말하기/쓰기 연습

말문을 열 때마다 배운 문법이 입에 붙어나오도록 연습시켜주는 추가 퀴즈입니다. 새로 자리 잡은 머릿속 회로에 기름칠을 하자는 거죠. 본문의 영작 퀴즈와 비슷한 난이도의 문제들로 다양하게 준비하였습니다. 이 문제들은 온라인 연습장에도 제공되어 있습니다.

요약(문법 개념 정리)

이 과 전체에서 다루고 있는 문법적 개념을 간단하게 요약해 정확하게 핵심을 찔러줍니다. 본문을 읽기 전에 준비운동하듯이 읽어두어도 좋고, 본문을 다 읽고 이해한 후 개념 정리를 위해 가볍게 읽어도 좋습니다.

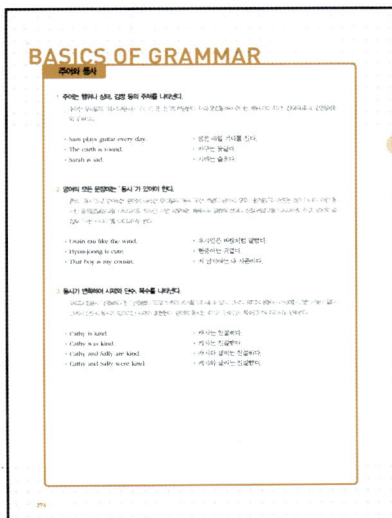

BASICS OF GRAMMAR
(초보 독자를 위한 뒷북 워밍업)

그동안 문법을 공부하셨던 독자라면 굳이 읽을 필요가 없을 확률 100%인 뒷북 워밍업 코너입니다. 혹시 본문을 읽다가 '당연하다'는 설명조차 알아들을 수 없어 속이 불편하다면 휘리릭 책을 뒤로 넘겨 Basics of Garmmar를 찾아주세요."나에게 이런 코너 따위는 필요없어!"하실 분이라면 당신은 이 책의 진정한 독자입니다.

가능한 한 많은 문장을 만들어보는 것이 문법 정복의 지름길입니다. itsnotgrammar.com에 접속하여 가입하시면 책에 나와 있는 영어 문장이 모두 들어가 있는 것은 기본이고, 온라인에서 바로바로 연습해 문법을 입에 붙여주는 영어 문장들이 무료로 제공됩니다. 문제를 보며 입력을 하거나 선택을 하면서 인터랙티브하게 연습해보세요. 작심삼일 방지 기능은 덤입니다.

itsnotgrammar.com

절대로 치명적이진 않지만 결단코 사소하지도 않은
일러두기

이 책은 he와 she를 '그'와 '그녀'라고 표기하지 않습니다.
대신에 이 책은 he를 상황에 따라 '걔, 그 남자, 그분' 등으로, she를 '걔, 그 여자, 그분' 등으로 나타낼 것입니다. 많은 책들이 he = 그, she = 그녀를 마치 공식처럼 다루지만, 이 책에서는 그것이 우리말과 영어의 관계에 대한 오해에서 생겨난 관습이라 생각하여 사용하지 않습니다.
우리말의 3인칭 대명사는 원래 그와 그녀가 아니고, 이애, 이이, 이분, 걔, 그이, 그분, 저애, 저이, 저분 등입니다. 이 말들을 살펴보면 우리말의 대명사들에는 성적 차이(남녀)가 기준이 되는 것이 아니라 지칭 대상과 말하는 이 사이의 거리(이, 그, 저)와 낮춤과 높임(애, 이, 분)만이 의미 있다는 걸 알 수 있습니다.

다음의 예를 보세요.

가
A : 윤아 오늘 지각했어.　　　　　　B : 그래? 그녀는 매일 지각이네.
A : 수영이 어머니께서 태워다 주셨어요.　　B : 그래? 그녀는 참 고마우신 분이구나.

나
A : 윤아 오늘 지각했어.　　　　　　B : 그래? 걔는 매일 지각이네.
A : 수영이 어머니께서 태워다 주셨어요.　　B : 그래? 그분 참 고마우신 분이구나.

어떤 것이 실제 사용되는 말이죠? '나'의 표현들이 현실적인 우리말 구어입니다. 우리는 일상생활에서 '쟤 누구야?', '그분 저에게 소개시켜줄 수 있어요?' 식으로 말합니다. 그리고 우리는 '쟤'나 '그분'을 상황에 맞게 she, he로 바꿔 말할 능력이 있습니다. 왜 영어를 배울 때에는 평소에는 쓰지도 않은 말들을 써야 하나요? 이 책은 영어시간에 쓰이는 용어가 아닌 일상어를 사용합니다. 그리고 그것이 일상의 일들을 영어로 표현할 수 있게 한다는 이 책의 목적과도 가장 맞는 일이 될 것입니다.

Contents

A / 문장의 구조

B / 시제

FOCUS 시간의 부사절과 접속사들

C / 조동사

D / 수동태

E / 명사절

I / 부사절

Warming up 접속사와 부사절

J / 분사구문과 연결사의 활용

K / 관사와 명사

L / 양과 수의 표현

우리말과 달리 영어에서는 모든 문장에 동사가 들어가고, 동사가 어떤 것인가에 따라 문장의 종류가 나뉩니다. 영어의 동사는, 크게 주어의 움직임만을 나타내는 자동사와 큰 의미 없이 주어와 보어를 연결해주는 연결동사, 주어와 목적어가 모두 필요한 타동사 등 세 가지로 나뉩니다.

또한 타동사는 목적어 하나를 취하는 동사와 목적어를 두 개 취하는 동사, 목적어와 목적격 보어를 취하는 동사로 다시 나뉩니다. 이런 동사의 분류에 근거하여 문형을 나누게 됩니다. 영어 문법에서 1형식이니 5형식이니 하는 것들이 다 그 문형을 가리키는 말이죠.
용어에는 신경쓰지 않아도 됩니다. 우리가 배우려는 것은 영어로 말하는 법이지, 영어 동사를 분류하는 법이 아니니까요. 이 장을 공부하고 나면, turn이 2형식 동사인가 아닌가는 몰라도, '창백해지다'는 turn pale이라고 바로 말할 수 있게 될 겁니다.

Unit A는 크게 4개의 단위로 구성되어 있습니다. A1에서는 타동사를 다룹니다. 왜 be동사가 아니고 타동사부터 다루냐고요? 사실 영어 문장에는 1, 2형식 동사보다 타동사가 훨씬 많거든요. A2에서는 be를 확장하여 보어와 함께 쓰이는 다양한 동사들을 익힙니다. A3에서는 두 개의 목적어를 취하는 동사들을 유형별로 총정리하고, A4에서는 목적어와 목적격 보어를 함께 쓰는 동사들을 유형별로 정리합니다.

I will !

Unit A

문장의 구조

001

너 날 사랑하니?
Do you love ⬚ ?

Do you love me?

○ '사랑하다'는 우리말에서도 '나를'이란 목적어와 함께 쓰이지요. 영어에서도 마찬가지입니다. 동사 love가 목적어를 취할 수 있는 동사이기 때문이죠. 따라서 love 뒤에 I의 목적격인 me만 쓰면 문장이 완성됩니다. 너무 쉽죠? 첫 번째 문제는 첫 만남을 기념하여 거저 드리는 문제거든요.

→ **Do you love me?**

002

너 지미 좋아하니? 응, 난 걔가 정말 좋아.
Do you like Jimmy? Yeah, I really like ⬚him⬚ .

○ 아마도 '지미'는 남자 이름일 겁니다. 그러니까 대명사는 he. 그런데 '걔가 좋아'라고 하니 주격 형태로 쓰였을 것 같나요? 그렇다면 I really like he. 헉, 이게 무슨……?

○ 한국어 '~을 / ~를'에 해당하는 것만 목적어라는 생각은 이번 기회에 지우세요. 우리말에서는 '~이 / ~가'나 '~에게'인 것도 영어에서는 목적어에 해당될 수 있습니다. 마찬가지 방식으로 '그 남자가 그리워'는 I miss him. '그 여자가 부러워'는 I envy her. '나는 그 여자가 좋아'는 I like her. 입니다.

→ **Do you like Jimmy? Yeah, I really like him.**

003

나는 이상한 사람과 결혼했다.

I ☐☐☐☐ ☐☐☐☐ ☐☐☐☐☐ person.

○ '~과 결혼했다'를 보고 married with를 쓴다면, 바로 그 순간 이 문장은 콩글리시가 되고 맙니다. marry는 '~와 결혼하다'라는 뜻의 타동사로, 뒤에 전치사를 붙이지 않기 때문이죠.

○ 영어의 타동사 중에는 '~을 / ~를'이 아니라 '~와, ~에게, ~로, ~보다' 등의 의미를 포함하고 있어, 전치사를 붙여줘야 할 것처럼 오해를 불러일으키는 것들이 종종 있습니다. 예를 들어 '그 여자와 동행하다'는 accompany with her가 아니라 accompany her입니다. 또 '그 남자와 닮다'는 resemble with him이 아니라 resemble him이지요.

→ I married a strange person.

004

그 남자의 연설이 청중들을 당황하게 만들었다.

His speech ☐☐☐☐☐ the audience.

○ '당황하게 만들었다.' 분명 두 단어인데 빈칸은 하나밖에 없네요. 영어에는 '~하게 만들다'란 의미를 갖는 동사가 있기 때문이죠. 여기 들어갈 embarrassed와 같이 놀라움, 두려움, 지루함, 만족, 기쁨 등의 감정을 표현하는 동사들이 특히 그렇지요.

○ 예를 들어 영어 동사 기본형인 surprise는 '~를 놀라게 만들다'란 뜻을 갖습니다. 마찬가지로 영어의 기본형 embarrass는 '~를 당황하게 만들다'지요. '당황하다, 놀라다, 만족하다, 지루하다, 피곤하다'라는 뜻을 영어로 옮기려면 be embarrassed, be surprised, be contented, be bored, be tired라고 수동의 형태로 써야 합니다. embarrass, surprise, content, bore, tire 등이 모두 '~하게 만들다, ~시키다'라는 뜻을 가진 타동사이기 때문이죠.

→ His speech embarrassed(confused) the audience.

A1 목적어와 함께 쓰는 동사

○ 타동사와 목적어의 사용

타동사는 목적어를 취하는 동사이고, 목적어는 대개의 경우 우리말 '~을 / ~를'에 해당한다. 그런데, 그렇지 않은 경우도 있으니 주의해야 한다. 혼동하기 쉬운 타동사를 정리해보자.

1. 선호를 나타내는 타동사

선호(혹은 선호 않음)를 나타내는 몇몇 동사들의 목적어는 우리말에서 '~이 /~가'로 표현되기도 한다.

- 나는 그 여자가 좋아.
- 나는 그 남자가 싫어.
- 나는 그 여자가 정말 그리워.

- I like her.
- I hate(dislike) him.
- I really miss her.

2. 정보의 전달과 관련된 동사

영어의 목적어가 우리말 '~에게'에 해당할 수 있다.

warn him 그에게 경고하다	**inform(notify) him** 그에게 알리다
answer me 나에게 대답하다	**write someone** 누군가에게 편지쓰다

- 내게 전화해.
- 내일 제게 전화주시기 바랍니다.

- Call me.
- Please phone me tomorrow.

3. 전치사를 잘못 붙이기 쉬운 타동사

다음은 모두 목적어를 취하는 타동사이다. '~에, ~에게, ~와, ~보다'가 포함되어 해석되기 때문에 무심코 전치사를 붙이기 쉽다. 목적어까지 붙여서 여러 번 연습해두도록 하자.

accompany ~와 동행하다 **address** ~에게 연설하다 **approach** ~에 접근하다 **attend** ~에 참가하다
enter ~안으로 들어가다 **marry** ~와 결혼하다 **reach** ~에 도착하다 **resemble** ~와 닮다 **survive** ~보다 오래 살다

- 그 교수는 청중들에게 연설했다.

- The professor addressed the audience.
  The professor addressed to the audience. (X)

- 그 여자는 그 건물에 들어갔다.

- She entered the building.
  She entered into the building. (X)

- 저 남자는 톰 크루즈와 닮았어.

- That man resembles Tom Cruise.
  That man resembles with Tom Cruise. (X)

4. '~를 ~하게 만들다, 시키다'로 해석되는 타동사

다음의 동사들은 목적어를 취하는 타동사이나 기본형의 의미가 우리말과 달라서 쓰는 법이 다르다. 예를 들어 '놀라다'라는 말을 영어로 표현할 땐 be surprised라고 수동태로 쓴다. 그냥 surprise라고 하면 '~를 놀라게 하다'의 의미가 된다.

> **surprise, amaze, astonish, alarm, shock** ~를 놀라게 하다   **please, amuse** 즐겁게 하다
> **frighten, scare, terrify** 두렵게 하다   **tire, exhaust** 지치게 하다   **content, satisfy** 만족시키다
> **bore** 지루하게 하다   **interest** 흥미롭게 하다   **devote, dedicate** 헌신하게 하다

- 그 남자는 놀랐다.
- 그들이 그 남자를 놀라게 만들었다.
- 제인은 두려웠다.
- 짐이 제인을 두렵게 만들었다.

- He was surprised.
- They surprised him.
- Jane was scared.
- Jim scared Jane.

말하기 · 쓰기 연습

01	나를 겁나게(놀라게) 하지 마.	→ Don't ☐ ☐ .
02	나에게 대답해.	→ ☐ ☐ .
03	그분(남자)이 그립니?	→ Do you ☐ ☐ ?
04	나중에 전화하세요.	→ Please ☐ ☐ later.
05	케빈은 죽도록 지루했다.	→ Kevin was ☐ to death.
06	그분(여자)과 함께 갈 거니?	→ Will you ☐ ☐ ?
07	그 여자는 남편보다 오래 살았다.	→ She ☐ ☐ .
08	여러분께 감사드립니다.	→ ☐ ☐ .

005

그 스모 선수는 토크 쇼 진행자가 되었다.
The sumo wrestler ⬚ a talk show host.

○ host라는 말을 오해하시는 경우가 많은데, 원래 '(남자)주인'이란 뜻으로, guest의 반대 개념입니다.

우와~

○ a talk show host는 명사죠? 명사 보어를 받을 수 있는 동사라면 be와 become 둘 중 하나일 텐데, '~이다'가 아니라 '~가 되다'라고 했으니 become을 쓰면 되겠네요. become에 비해 많이 쓰이지는 않지만 make나 turn도 같은 의미로 사용되니 독해나 시험 대비를 위해 함께 알아두는 것이 좋습니다.

→ **The sumo wrestler became a talk show host.**

006

그 남자의 얼굴이 빨개졌다.
His face ⬚ ⬚.

○ 우선, '그의 얼굴은 빨갰다'를 먼저 말해보죠. His face red? 아니죠. 영어의 모든 문장에는 동사가 필요한데, 이럴 땐 be를 써야 하죠. 과거형을 써야 하니까 His face was red.입니다.

푹잎~

○ 이제 '빨갰다'를 '빨개졌다'로 바꾸려면 was를 다른 동사로 바꾸어야 합니다. 언뜻 became이 떠오르겠지만 이럴 때 많이 쓰는 동사는 따로 있습니다. '~하게 변하다'의 뜻을 갖는 동사로는 become 외에도 come, fall, get, go, grow, turn 등이 있는데, 이 동사들은 함께 연결되는 단골 형용사들이 정해져 있거든요. 예를 들어 true는 come과, crazy는 go와, asleep은 fall과 찰떡 궁합입니다. red와 같은 색상의 변화는 주로 turn과 함께 씁니다.

→ **His face turned red.**

be 동사 외에 주격보어와 함께 쓰이는 동사들은 명사 보어를 취하는 경우와 형용사 보어를 취하는 경우로 나눌 수 있는데, 대개는 변화나 느낌을 표현하는 동사들이다.

007

그거 흥미롭게 들리는데.

That ☐☐☐☐ ☐☐☐☐.

○ 우리말에서도 '오늘밤 너 멋있어'란 표현을, '오늘밤 너 멋져 보여'로 대신하기도 하죠? 이것을 영어로 쓰면 앞문장은 '주어 + be + 형용사 보어'의 형태로 You are wonderful tonight.이 되고, 뒷문장은 be 대신 look을 써서 You look wonderful tonight.이 되지요.

○ look 말고 sound, feel, taste 등의 감각 관련 동사들도 형용사 보어와 함께 쓰여 '~하게 들리다, 느껴지다, 맛이 나다' 등의 의미를 갖습니다. 여기서는 '들리는' 거니까 sound를 쓰면 되겠군요.

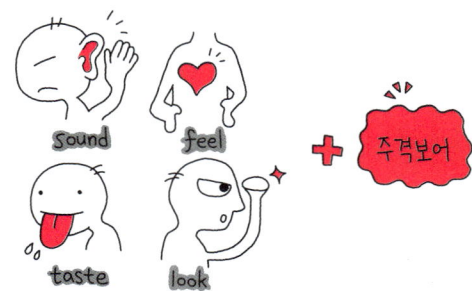

→ **That sounds interesting.**

008

그 남자는 좋은 사람처럼 보여.

He ☐☐☐☐ ☐☐☐☐ ☐☐☐☐ a good person.

○ '~해 보인다'에는 보통 look을 쓰지만, 여기선 He looks a good person.이라고 하면 안 됩니다. look 뒤에는 형용사가 와야 하니까요. 명사를 보어로 하여 '~처럼 보인다'고 할 경우에는 like를 덧붙여 He looks like a good person.이라고 해야 합니다.

○ '~처럼 보인다'는 말은 look 외에 seem으로도 표현할 수 있습니다. seem은 look과 유사하지만 형용사나 명사, to부정사와 직접 결합하기도 하고 seem like를 써서 명사와 결합하기도 합니다. 따라서 위 문장은 다음과 같이 표현할 수 있겠군요.
He seems a good person. / He seems to be a good person. / He seems like a good person. 이 중 위 빈칸을 채워줄 수 있는 표현은 seems to be 입니다.

→ **He seems to be a good person.**

A2 주격 보어와 함께 쓰는 동사

1. '~가 되다' 표현하기 : become, make, turn

be가 명사 보어와 함께 쓰여 '~ 이다'를 나타내듯 '~ 이 되다'는 'become + 명사'로 표현하면 된다. 많이 쓰이지는 않지만 make도 그런 기능을 하며, turn은 관사 없는 명사와 함께 쓰여 그런 뜻을 갖는다.

- 탐은 엔지니어가 되었다.
- 그 여자는 좋은 아내가 될 것이다.
- 그 황제는 기독교 신자가 되었다.

- Tom became an engineer.
- She will make a good wife.
- The emperor turned(became a) Christian.

2. 주어의 상태(성질) 변화 나타내기 : become, get, turn, go, come, fall, grow

be가 형용사 보어와 함께 쓰여 주어의 상태나 성질을 나타내듯, 위의 동사들은 형용사 보어와 함께 쓰여 주어의 상태나 성질의 변화를 표현한다. 문제는 위의 모든 동사가 모든 형용사와 함께 쓰이지는 않는다는 점이다. 많이 쓰이는 패턴은 다음과 같다.

become	+ 과거분사, rich, famous, ambitious	turn	+ 색상 형용사
grow	+ old, tall	get	+ 과거분사, angry, sick, well(better)
come	+ true	go	+ crazy, blind, deaf, wrong, sour
fall	+asleep, short		

- 제인은 도시 생활에 익숙해졌다.
- 그 여자의 꿈이 실현되었다.
- 그 불쌍한 노인은 장님이 되었다.

- Jane got accustomed to the urban life.
- Her dream came true.
- The poor old man went blind.

3. 감각을 나타내는 동사 : look, sound, taste, feel, smell

'be + 형용사'는 주어의 상태에 대한 단정적인 표현(너는 피곤하다)이다. 하지만 look 등의 동사와 형용사가 함께 쓰이면 '~하게 느껴지다'의 뜻이 된다(너는 피곤해 보여). 이 동사들 뒤에는 명사가 직접 올 수 없고, like와 함께 사용된다.

- 당신은 피곤해 보입니다.
- 이 음식은 맛이 좋게 느껴집니다.
- 그 남자는 거지 같아 보인다.
- 그거 좋은 생각 같은데.

- You look tired.
- This food tastes good.
- He looks like a beggar.
- That sounds like a good idea.

4. seem은 형용사, 명사, to부정사 모두와 함께 쓰인다.

seem은 look과 거의 같지만, 용법은 조금 다르므로 별도의 연습이 필요하다. 패턴은 다음과 같다.

> 1. seem (to be) + 형용사   2. seem (to be) + 명사   3. seem like + 명사   4. seem to + 부정사

- 그 여자는 정직해 보인다.
- 제리는 그렇게 생각하는 것으로 보여.

- She seems (to be) honest.
- She seems (to be) an honest woman.
- She seems like an honest woman.
- Jerry seems to think so.

5. 상태의 유지를 의미하는 동사 : keep, remain, stay

이 동사들은 주로 형용사 보어와 함께 쓰여 ' ~한 상태가 유지되다'의 의미를 갖는다. 명사 보어의 경우 the same 정도는 꼭 알아두자.

- 그들은 중립을 유지하였다.
- 그 여자는 계속 독신이었다.
- 그 마을은 변하지 않은 상태였다.

- They stayed neutral.
- She remained single.
- The village remained unchanged.
  → The village remained the same.

말하기 · 쓰기 연습

01 그 남자는 창백해졌다. → He ⬚ pale.

02 이자율은 변함없이 유지될 것이다. → The interest rate will remain ⬚.

03 그 보고는 사실인 것처럼 들린다. → The report ⬚ true.

04 그 교과서들은 많은 왜곡들을 포함한 것으로 보인다. → The textbooks ⬚ ⬚ contain many distortions.

05 그 사고 후에 크리스는 눈이 멀었다. → After the accident Chris ⬚ ⬚.

06 제인은 그 남자를 아는 것으로 보였다. → Jane seemed ⬚ ⬚ the man.

07 그 여자는 장미 같은 냄새가 난다. → She ⬚ ⬚ roses.

08 그 남자는 그 소식을 들었을 때 화가 났다. → He ⬚ ⬚ when he heard the news.

009

그분이 나에게 책 한 권을 주셨다.
He(She) gave ☐☐☐ ☐☐☐ ☐☐☐☐.

tip 수여동사는 to, for, of를 사용하여 목적어
가 하나 있는 문장으로 바꿀 수 있다.
He gave me a book. → He gave a book to me.

○ 목적어가 '~를'로 해석되지 않는 경우도 있다고 했지요? 예를 들면 '~에게' 같은 것이 그것이지요. 그런데 영어의 동사 중에는 한 문장 안에서 '~에게'와 '~을'에 해당하는 두 개의 목적어를 가질 수 있는 것도 많이 있습니다. 이런 동사는 주고받는 행위와 관련된 경우가 많아 흔히 '수여동사'라고 합니다.

○ 수여동사를 사용할 때는 '~에게'에 해당하는 목적어를 먼저 쓰고, 그 뒤에 '~을'에 해당하는 목적어를 씁니다.

→ **He(She) gave me a book.**

010

이 기계는 우리에게 1,000달러를 절감해줄 겁니다.
This machine will save ☐☐☐ 1,000 ☐☐☐☐.

○ '1,000달러를'이라는 목적어는 그냥 1,000dollars라고 쓰면 되겠지요. 그럼 '우리에게'만 남았네요. 남은 빈칸이 하나이니 to us가 아니라 us겠지요? us와 1,000dollars, 결국 이 문장에도 목적어가 두 개입니다.

○ 그럼 save도 수여동사일까요? 아닙니다. 수여동사는 to나 for, of를 써서 목적어가 하나인 문장으로 바꿀 수 있지만, This machine will save 1,000dollars to us.는 틀린 문장이 됩니다. save와 같이 쓰이는 동사로 cost, envy, forgive가 있습니다. 딱 네 단어만 외워두세요.

→ **This machine will save us 1,000 dollars.**

영어에는 목적어를 두 개 취할 수 있는 동사들이 있다. 주고받음을 나타내는 동사들(수여동사)이 대개 그렇게 쓰이는데, 그 외에도 몇몇 동사들이 그런 기능을 가진다.

1. 간접목적어와 직접목적어를 모두 목적어로 취하는 수여동사

간접목적어(~에게, ~를 위하여)와 직접목적어(~를) 모두를 목적어로 취하는 동사를 흔히 '수여동사'라고 한다. 수여동사가 쓰여 목적어가 두 개인 문장은 간접목적어에 전치사를 붙여서 목적어가 한 개인 문장으로 바꿀 수 있다.

to형	give, lend, mail, offer, pass, pay, read, sell, send, show, teach
for형	buy, cook, find, get, keep, make, order

tip ask의 경우 직접목적어가 question, favor 인 경우에 한해 of를 써서 문장 전환할 수 있다.
부탁 드려도 될까요? Can I ask you a favor?
Can I ask a favor of you?

• 그 회사가 나에게 일자리를 제안했다.

• The company offered me a job.
  → The company offered a job to me.

• 걔 아저씨가 걔에게 괜찮은 점퍼를 하나 사주었다.

• His uncle bought him a nice jumper.
  → His uncle bought a nice jumper for him.

2. 수여동사는 아니나 목적어를 두 개 취하는 cost, envy, forgive, save

목적어를 두 개 취한다는 점에서 수여동사와 유사하지만, 전치사를 이용해 목적어가 하나인 문장으로 바꿀 수는 없다.

He gave me some money. (O)	→ He gave some money to me. (O)
The house cost him a lot of money. (O)	→ The house cost a lot of money to him. (×)

• 그 집은 그 남자에게 많은 비용이 들게 했다.

• The house cost him a lot of money.

• (저에게서) 저의 잘못을 용서해주시겠습니까?

• Would you forgive me my fault?

말하기 · 쓰기 연습

01 나에게 인형을 하나 만들어줘. → ☐ ☐ ☐ ☐.

02 그 책은 그 남자에게 20불의 비용이 들게 했다. → The book ☐ ☐ ☐.

03 그분(남자)께 커피를 좀 드려라. → ☐ ☐ some ☐.

04 저의 죄를 용서하소서. → Forgive ☐ ☐ ☐.

05 그것을 나에게 보여줘. → Show it ☐ ☐.

011

나를 멍청이라고 부르지 마.
Don't call ☐☐☐ ☐☐☐ ☐☐☐☐.

o 이 문장에서 '나 = 멍청이'의 관계를 볼 수 있습니다. 그런데 '나를'이니 영어로는 me가 되겠네요. 그렇다면 목적어인 me와 '='의 관계인 '멍청이라고'는? 목적격 보어가 됩니다. 따라서 목적격 보어로 a fool을 쓰면 됩니다.

o call 외에도 '~을 ~라고 부르다' 계통의 동사인 name, appoint, elect가 이러한 목적격 보어를 갖습니다. 쓰는 법은 간단합니다. 목적어 뒤에 명사나 대명사를 붙이면 되지요. '나를 톰이라고 불러'는 Call me Tom.

| **tip** appoint와 elect는 to be + 명사를 목적격 보어로 취할 수도 있다.

→ **Don't call me a fool.**

012

넌 나를 미치게 만들고 있어.
You are ☐☐☐ ☐☐☐ ☐☐☐☐.

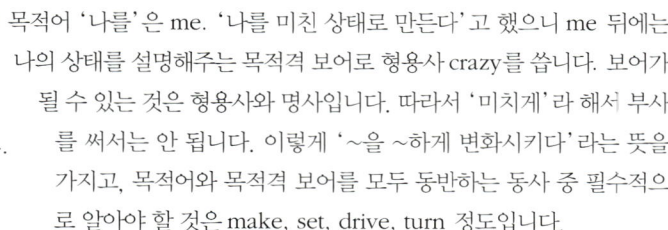

o '만들고 있어'라 했으니 are 다음에 올 동사는 -ing 형태가 되겠군요. making을 쉽게 떠올리겠지만, 이런 경우 원어민들은 거의 어떤 상태로 '몰아가다'의 뉘앙스가 있는 driving을 많이 사용합니다.

o 목적어 '나를'은 me. '나를 미친 상태로 만든다'고 했으니 me 뒤에는 나의 상태를 설명해주는 목적격 보어로 형용사 crazy를 씁니다. 보어가 될 수 있는 것은 형용사와 명사입니다. 따라서 '미치게'라 해서 부사를 써서는 안 됩니다. 이렇게 '~을 ~하게 변화시키다'라는 뜻을 가지고, 목적어와 목적격 보어를 모두 동반하는 동사 중 필수적으로 알아야 할 것은 make, set, drive, turn 정도입니다.

→ **You are driving me crazy.**

목적어와 목적격 보어를 모두 취하는 동사들은 대개 '~을 ~라고 ~하다'의 의미를 갖는다. 이 장에서는 사고, 명명, 변화, 유지 등의 의미를 갖는 동사들을 익힌다.

013

문을 계속 잠가놓아라.
□□□□ the door □□□□.

○ 앞에서는 상태의 변화를 표현하는 경우를 배웠는데요. 이번에는 상태의 유지에 대한 표현입니다. keep 등의 동사 뒤에 목적어와 목적격 보어가 오면, '~를 계속 ~한 상태로 유지하다'라는 뜻이 됩니다.

○ 위 문장은 명령문이므로 앞에는 동사 원형 Keep을 넣고, 맨 뒤에는 목적어 door의 상태인 '잠겨 있는'을 의미하는 locked를 넣으면 됩니다. 이렇게 목적격 보어를 써서 '상태의 유지'를 나타내는 동사로 keep, leave, hold가 있습니다.

→ **Keep the door locked.**

014

너는 그걸 칭찬이라고 생각하니?
Do you consider □□□□ □□□□ □□□□?

○ '칭찬'은 a compliment입니다. 두 칸이 채워졌네요. 나머지 하나는 consider의 목적어 '그것'입니다. 예, it이죠. 문장을 들여다보면 '그것 = 칭찬'의 관계가 보입니다. 따라서 it이 목적어, '칭찬이라고'는 목적격 보어가 됩니다.

○ 이처럼 '~을 ~라고 생각하다'의 뜻을 가지고 목적어, 목적격 보어를 취하는 동사들로는 believe, consider, suppose, guess, imagine 등이 있습니다. 그런데 현재 원어민들이 believe, guess, imagine을 쓸 때는 that절을 이용하는 경우가 더 많다는 것도 알아두세요.

→ **Do you consider it a compliment?**

A4 목적어, 목적격 보어와 함께 쓰는 동사

> **목적어와 목적격 보어를 함께 쓰는 동사의 7가지 유형**
>
> ① ~을 ~라고 부르다   ② ~을 ~하게 변화시키다
> ③ ~을 ~하게 유지시키다   ④ ~을 ~라고 생각하다
> ⑤ ~에게 ~하라고 말하다(to부정사를 목적격 보어로 취하는 동사)
> ⑥ ~을 ~하게 시키다(사역동사)   ⑦ ~가 ~하는 것을 감각으로 느끼다(지각동사)

이 동사들의 공통점은 '~를'의 요소와 '~하게, 또는 '~라고'의 요소가 모두 등장할 수 있다는 것이다. ⑤, ⑥, ⑦은 G장에서 익히기로 하고, 여기서는 앞의 네 가지 유형을 익히도록 하자.

1. call형(~을 ~라고 부르다) : call, name, appoint, elect

이 동사들은 동사의 의미상 당연히 명사가 목적격 보어로 쓰인다. elect와 appoint는 to be + 명사를 목적격 보어로 갖기도 한다.

call ~을 ~라고 부르다   **name** ~을 ~라고 명명하다   **appoint** ~을 ~로 임명하다   **elect** ~을 ~로 선출하다

- 저를 마크라고 부르셔도 됩니다.
  _ 경칭으로 부르지 않아도 된다는 뜻.
- 캘리포니아 주민은 아널드를 지사로 선출했다.

- 사장은 존스 씨를 매니저로 임명했다.
  _ 직위가 목적격 보어인 경우 관사 없이 쓴다.

- You can call me Mark.

- The people of California elected Arnold (to be) governor.

- The president appointed Mr. Jones (to be) manager.

2. make형(~을 ~한 상태로 변화시키다) : make, set, drive, turn

이 동사들은 대개 목적격 보어로 형용사를 취한다. 하지만 turn과 make는 명사를 취하는 경우도 있다.

make ~을 ~로 만들다   **set** ~을 ~하게 만들다   **drive** ~을 ~하게 몰아가다   **turn** ~을 ~로 변화시키다

- 당신은 나를 슬프게 만들어.
- 스미스 씨는 아들 중 하나를 은행가로 만들기를 바란다.

- 그들은 모든 죄수들을 석방했다.
- 근심이 그 남자의 머리를 회색으로 변화시켰다.

- You make me sad.
- Mr. Smith wants to make one of his sons a banker.

- They set all the prisoners free.
- Worry turned his hair gray.

3. keep형(~을 ~하게 유지시키다) : keep, hold, leave

이 동사들은 형용사를 목적격 보어로 갖는다. 참고로 stay나 remain은 이런 형식으로 쓰일 수 없는 자동사들이다.

keep ~을 ~상태로 유지시키다　　**hold** ~을 ~상태로 유지시키다　　**leave** ~을 ~상태로 (남겨)두다

- 손을 언제나 깨끗하게 유지하세요.
- 고개를 똑바로 들고 있으세요.

- Keep your hands clean.
- Hold your head straight.

4. consider형(~을 ~라고 생각하다) : believe, consider, suppose, guess, imagine

이 동사들은 형용사, 명사, to be + 형용사, to be + 명사를 목적격 보어로 취한다. 하지만 일상에서는 that절을 쓰는 경우가 많다.

believe ~을 ~라고 믿다　　**consider** ~를 ~라고 여기다　　**suppose** ~를 ~라고 생각하다
guess ~를 ~라고 추측하다　　**imagine** ~를 ~라고 상상하다

- 나는 그 여자가 정직하다고 믿는다.

- 나는 그 여자가 40살 정도 된다고 추측한다.

- I believe her honest.
  I believe that she is honest.
- I guess the woman to be about forty.
  I guess that the woman is about forty.

말하기 · 쓰기 연습

01 그 남자는 자신의 아들을 Leonardo라고 이름지었다. → He □ □ □ □ .

02 나는 그 남자를 겁쟁이라고 여긴다. → I consider □ □ □ a □ .

03 그 여자를 사랑한다면 자유롭게 풀어줘. → If you love her, □ □ □ .

04 문을 열어두세요. → □ the door □ .

05 그 국왕은 그 남자를 대사로 임명하였다. → The king □ .

06 나는 그 남자가 변호사라고 추측한다. → I guess □ □ □ a lawyer.

07 그 모욕이 그를 말문이 막힌 상태에 있게 했다. → The insult □ □ speechless.

08 당신은 나를 불편하게 만드네요. → You □ □ □ .

Unit B는 '시제'입니다. 과거의 일, 현재의 일, 앞으로 생길 일을 말하는 방법이지요. 이론은 간단하게 들리지만, 결코 만만하게 볼 문제가 아닙니다. 우리말과 영어는 시간 구분에 대한 생각이 달라서, 말을 하거나 글을 쓰다 보면 바르게 사용하기가 쉽지 않거든요.

자, 다음 네 문장을 읽어보고 문법적으로 잘못된 표현을 찾아보세요.

- I eat lunch now.
- She is needing you.
- I have been knowing the teacher since last December.
- I lived in Paris all my life.

몇 개나 찾으셨나요? 사실은 네 문장 모두 잘못된 표현들입니다. 무엇이 잘못되었는지 모르겠다고요? 걱정하지 마세요. 몇 가지 원칙만 익히면 위 문장들의 오류가 무엇인지, 바른 표현이 무엇인지가 명확해집니다. 아울러 골치 아픈 영어의 시제 문제도 자유자재로 다룰 수 있게 될 것입니다.

Unit B

시제

015

태희는 밤마다 나한테 전화를 해.
Taehee ⬚⬚⬚ me every night.

- 여기서 중요한 건 '태희'가 아니라 '밤마다'입니다. 즉 열흘 전에도, 3일 전에도, 어제도 전화했고, 내일도 할 거라는 얘깁니다. 단순현재 시제는 이렇게 반복되는 일상이나 습관을 말할 때 쓴다는 거죠.

  - '현재'라는 말 때문에 현재 시제가 '지금 이 순간'을 가리킨다고 생각하기 쉬운데, 그건 함정이죠. 단순현재 시제는 현재를 포함하여 지속적으로 적용되는 일들에 쓰입니다. 즉, 습관적 행위나 변함없는 사실을 얘기할 때 적용되는 것이죠. The earth goes round the sun. 같은 문장은 변함없는 사실을 나타냅니다.

→ **Taehee calls me every night.**

016

엄마, 나 배고파.
Mom, I ⬚⬚⬚ ⬚⬚⬚.

- 단순현재 시제는 시간에 구애받지 않는 일에 쓰이며, 이것은 '주어 + be + 형용사' 형태의 문장들에도 적용 가능합니다. Keumja is kind. 나 Shaquile O'neal is tall. 같은 문장들은 과거나 미래에도 적용되는 성질들을 표현하죠.

- 하지만 '지금 당장'의 표현이 드러나는 경우도 있습니다. Mom, I am hungry.란 말은 지금 배가 고프다는 말이죠. 이것은 이 형용사의 특성에서 비롯된 겁니다. tall, kind, pretty 같은 형용사는 일반적인 상태를 표현하지만, hungry나 busy, thirsty 같은 형용사는 시시각각 달라질 수 있는 상태를 표현하기 때문에 '지금 당장'의 표현이 가능한 거죠.

→ **Mom, I am hungry.**

017

널 사랑해.

I ☐ you.

- 영어를 모르는 사람도 I love you.는 알죠. 그럼 '널 사랑하고 있어'는 뭐라 할까요? I'm loving you.라고요? 안타깝지만 이것은 틀린 문장입니다. love는 현재진행형으로 쓸 수 없는 동사거든요. I'm loving it. 이란 광고 카피를 봤다고요? 그건 광고에서 강한 의미를 전달하기 위해 일부러 문법을 벗어난 표현을 쓴 겁니다.

- 누군가, 또는 무언가를 '좋아한다'는 건 일정 기간 동안 지속되는 상태를 나타내는 것 이겠죠. 이런 지속적 상태를 표현하는 동사들에는 know, believe, need, love, like, hate, dislike, belong 등이 있는데, 이 친구들은 절대 진행형으로 쓰지 않고 단순 시제로만 씁니다.

→ I love you.

018

지금 비 온다.

It ☐ ☐ now.

- 드디어 '지금'의 일을 표현하는 문장이 나왔습니다. 이 문장에서처럼 화자가 말하고 있는 순간 비가 오고 있는 것을 표현할 때는 현재진행 시제를 씁니다.

- rain이 단순현재로 쓰이는 경우와 비교해보면 쉽게 알 수 있죠. It rains a lot in this area.는 '이 지역에는 비가 많이 온다'입니다. 이 문장은 '지금'의 상황이 아니라 일반적인 강수량을 얘기하고 있죠.

- 정리하면, 일반적인 일=단순 현재, 지금 진행되고 있는 일=현재진행.

tip 진행형은 '지금'뿐 아니라 '요즘'과도 함께 쓰인다. 몇 주 동안, 몇 달 동안, 한 학기 동안 등과 같이 지금을 포함한 일정한 시기 동안 진행되는 일에는 현재진행형을 쓸 수 있다. I'm learning German these days.

→ It is raining now.

B1 단순현재 시제와 현재진행

ㅇ 단순현재 시제는 이럴 때 쓴다

먼저 단순현재형 동사가 '지금 이 순간'을 나타낸다는 오해를 버리자. 단순현재 시제는 대개 시간을 넘어서는 일들과 관련되어 있고, 지금 이 순간을 나타내는 경우는 한정되어 있다.

1. 시간에 구애받지 않는 사실을 서술할 때 쓴다.

- 물은 수소와 산소로 구성된다.
- 금성은 별이 아니다. 그것은 행성이다.
- 프랑스의 수도는 파리이다.

- Water consists of hydrogen and oxygen.
- Venus is not a star. It is a planet.
- The capital of France is Paris.

2. 습관적인, 혹은 일상적인 행위를 나타낼 때 쓰인다.

이 경우 every day, usually, often 등의 부사(어)가 흔히 함께 쓰인다.

- 그 남자는 일요일마다 교회에 간다.
- 샐리는 매일 피아노를 연주한다.
- 아빠는 보통 아침 7시에 일어나신다.

- He goes to church every Sunday.
- Sally plays the piano every day.
- Dad usually gets up at 7 in the morning.

3. 현재를 포함하는 지속적인 상태를 나타낼 때 단순현재를 쓴다.

know, believe, need, love, like, hate, dislike, belong 등의 '상태동사'는 진행형이 아닌 단순 시제로만 사용된다.

- 나 저 여자 알아.
- 나는 귀뚜라미를 좋아한다.
- 나는 수학이 진짜 싫어.
- 나는 일자리가 필요해.

- I know that woman.
- I like crickets.
- I really hate math.
- I need a job.

4. 시시각각 달라질 수 있는 상태를 나타내는 형용사(구)와 함께 쓰이면 '바로 지금'을 나타낼 수도 있다.

- 너 목마르니?
- 빌은 지금 바빠.
- 그분은 지금 다른 전화를 하고 계세요.

- Are you thirsty?
- Bill is busy right now.
- He(She) is on another line.

○ 현재진행형은 이럴 때 쓴다

'지금 이 순간', 그리고 '요즘' 벌어지는 일을 나타낼 때 현재진행형을 쓴다.

1. 화자가 말하고 있는 순간 진행되고 있는 행위를 언급할 때 쓰인다.

- 너 지금 뭐하고 있어? 난 인터넷 하고 있어.
- 나 저녁 요리하고 있어.
- 조용히 해. 아기가 자고 있어.

- What are you doing? I'm browsing the web.
- I'm cooking the dinner.
- Be quiet. The baby is sleeping.

2. 현재를 포함하는 일정 기간 동안 진행되는 일을 표현할 때 쓰인다.

- 그 남자는 요즘 소설을 쓰고 있다.
- 이번 학기에 나는 언어학 강좌를 듣고 있어.
- 나는 내 슈팅 기술을 향상시키려 애쓰고 있어.

- He is writing a novel these days.
- I am taking a linguistics course this semester.
- I'm trying to improve my shooting skill.

말하기 · 쓰기 연습

01	나는 그 여자를 사랑한다.	→ I [love] her.
02	그 여자는 소설가이다.	→ She [writes] novels.
03	그 여자는 (요즘) 소설을 쓰고 있다.	→ She [is] [writing] a novel.
04	그 남자는 언제나 점심으로 샌드위치를 먹는다.	→ He always [eats] a sandwich for lunch.
05	이 책은 톰의 것이다.	→ This book [belongs] to Tom.
06	앤디는 샌드위치를 먹고 있다.	→ Andy [is] [eating] a sandwich.
07	나는 (요즘) 메리와 데이트하고 있어.	→ I [am] [dating] [with] Mary.
08	그들은 서로를 싫어한다.	→ They [hate] [each] [other].

B2

과거 시제와 과거진행
그때 그 사람은 무얼 하고 있었을까?

He lived in Memphis for 10 years.

019
그 남자는 멤피스에 10년 동안 살았다.
He ⬚⬚⬚⬚ in Memphis ⬚⬚⬚⬚ ten years.

tip '숫자 + 기간을 뜻하는 명사(weeks, months, years 등)' 앞에는 전치사 for를 사용한다.

○ '10년 동안', 즉 for ten years라는 기간이 나오니 동사 부분은 현재완료인 has lived가 되어야 할 것 같지요? 하지만 답은 그냥 lived입니다.

○ 현재완료, 과거완료, 과거진행형 등은 상대적인 시제입니다. 예를 들어 과거완료는 과거에 일어난 일보다 더 과거의 일을 말하는 경우에 사용하는 시제이지요. 그런 상대적인 조건이 주어지지 않았을 때에는 마음 편하게 과거 시제를 쓰면 됩니다. 그 일이 일어난 기간이 찰나든 10년이든 1,000년이든 상관없습니다.

→ **He lived in Memphis for ten years.**

When I went to see him he was eating

020
그 남자를 보러 갔을 때 그는 저녁을 먹는 중이었다.
When I ⬚⬚⬚⬚ to see him, he ⬚⬚⬚⬚ ⬚⬚⬚⬚ dinner.

○ 내가 그의 집에 간 것은 과거 어느 시점의 일이니 '갔다', 즉 went입니다. 중요한 것은 그 다음입니다. 그는 내가 그를 '보러 간' 시점 이전부터 식사를 시작해서, 그 시점 이후에 식사를 끝냈을 것입니다. 이와 같이 '과거의 어느 시점에 어떤 일이 진행되고 있었다'는 걸 말할 때는 '과거진행형'을 사용합니다.

○ 과거진행형은 상대적인 시제입니다. 이 말은 비교할 조건이 있다는 뜻이지요. 때문에 과거진행형 문장은 대개 '그를 보러 갔을 때' 같은 시간의 부사절이나 then(그때) 같은 부사어와 함께 쓰입니다.

→ **When I went to see him, he was eating dinner.**

과거 시제는 과거의 행위, 상태, 기분 등을 나타낼 수 있으며, 순간적인 일에도, 장기적인 일에도 사용된다. 과거진행형은 과거의 어느 시점에 어떤 일이 진행되고 있음을 나타낸다.

○ 과거 시제는 이럴 때 쓴다

과거의 행위, 상태, 기분 등을 나타내는데, 그 행위나 상태의 기간은 아주 짧을 수도, 길 수도 있다.
역사적 사실을 말할 때는 시제의 일치와 무관하게 과거 시제로 쓴다.

I walked to school yesterday .

- 나는 어제 학교에 걸어갔다. • I walked to school yesterday.
- 그 여자는 어렸을 때 매우 귀여웠다. • When she was a kid, she was very cute.

she was pretty when she was a kid

- 선생님은 2차 대전이 1939년에 일어났다고 • The teacher said that World War II broke out in 1939.
  말씀하셨다. *tea*
  _ 역사적 사실은 시제 일치를 시키지 않고 그냥 과거 시제를 쓴다.

○ 과거진행형은 이럴 때 쓴다

과거의 어느 시점에 어떤 일이 진행되고 있었음을 표현한다.

Because it was raining

- 비가 내리고 있었기 때문에 • Because it was raining, I did not go to the library.
  나는 도서관에 가지 않았다. *I didn't go to the library.*   *you were there*
- (왜 그 회의에 없었니?) *Why didn't you* • (Why weren't you at the meeting?)
  그때 나는 중요한 고객을 만나고 있었어. *there are* I was meeting an important customer at that time.

말하기 · 쓰기 연습

01 그 남자는 애틀랜타에 열흘 동안 머물렀다. → He ☐ ☐ Atlanta for ten days.

02 그때 나는 사무실에서 일하고 있었어. → I ☐ ☐ ☐ my office at the time.

03 선생님께서는 시저가 루비콘 강을
    기원전 49년에 건넜다고 말씀하셨다. → The teacher told us that Caesar
    ☐ the Rubicon in 49 B.C.

04 네가 마지막으로 걔를 보았을 때
    걔는 무엇을 하고 있었니? → What ☐ ☐ ☐
    when you saw him the last?

'혜교와 사귄 적 있다'고 자랑하려면?

021

그 일 끝냈지?
◻◻◻◻ you ◻◻◻◻ the work?

○ 먼저 위의 질문이 어떤 의미인지 살펴봅시다. 이 질문은 '그 일 다 했지? 이제 다른 일 시작하자.'란 의미를 가질 수도 있고, 혹은 '그 일 다 했지? 이제 우리 놀러나가자.', 혹은 '그 일 다 했지? 못 끝냈으면 넌 죽어.'란 의미가 있을 수도 있습니다. 일반적으로 '그 일 끝냈지?' 하면 '현재 그 일이 완료된 상태인가, 아닌가'를 묻는 거죠.

○ 이렇게 '과거에 시작된 일의 현재 시점에서의 완료 여부'를 물을 때 원어민들은 'have(has) + 과거분사' 형태의 현재완료 시제를 사용합니다. 의문문 아닌 문장에서는 '과거에 시작된 일이 막(조금 전에) 끝났음'을 의미할 수도 있습니다. 이 '조금 전에, 막'의 의미로는 just가 쓰입니다.

→ **Have you finished the work?**

022

나는 미국에 가본 적이 없다.
I ◻◻◻◻ ◻◻◻◻ ◻◻◻◻ to the United States.

○ '~한 적이 있다 / 없다'는 경험에 대한 표현이죠. '송혜교와 사귄 적 있어' 하면 '사귄 것은 과거이지만, 그 추억은 현재 내 가슴에 있다'는 걸 뜻하죠. 이처럼 '경험'이란 과거에 일어났지만, 현재 그 흔적이 남아 있는 걸 말하는 것으로, 과거와 현재의 연관관계를 표현하는 현재완료 시제로 표현합니다. 그에 따라 '~한 적이 있다'는 'have + 과거분사', '~한 적이 없다'는 'have never(not) + 과거분사'가 됩니다.

I have never been to Hawaii.

난 오늘 야근인데…

휴가서

○ 마지막 빈칸에는 '있다'를 뜻하는 be동사의 과거분사가 들어갑니다. '가본 적이 있다 / 없다'는 건 '그곳에 있어본 적이 있다 / 없다'라는 말이기도 하니까요.

→**I have never been to the United States.**

현재완료 시제는 과거와 현재의 관련성을 보여주는데, 과거의 일이 현재에 미치는 영향(경험, 결과), 과거부터 현재까지 행위의 지속, 과거에 시작된 일의 완료 여부 등을 나타낸다.

023

나는 평생 구로동에서 살아왔어.
I ⬜⬜⬜ ⬜⬜⬜ in Kuro-dong all my life.

○ 자, 여기서 과거형 lived를 쓰면 어떨까요? I lived in Kuro-dong.은 '나는 (과거에) 구로동에 살았다', 즉 현재는 아니라는 얘기가 됩니다. 그런데 뒤에 all my life가 붙으면? '평생 구로동에서 살았는데 지금은 아니다'? 그렇다면 '나'는 죽은 사람?

○ 여기서 '평생'은 '태어난 때부터 지금까지'라는 의미죠. 이렇듯 과거에 시작된 일이 지금까지 지속되고 있음을 표현할 때는 'have + 과거분사' 형태의 현재완료 시제를 사용합니다.

→ **I have lived in Kuro-dong all my life.**

024

빨리 와. 세 시간째 기다리고 있어.
Hurry up. I ⬜⬜⬜ ⬜⬜⬜ ⬜⬜⬜ for you for three hours.

○ 이 문장을 보고, '과거에서 현재까지 세 시간째 기다림이 지속되는 거니까 현재완료'라 생각하셨다면 위의 내용을 완벽하게 소화한 겁니다. 그런데 여기선 have waited보다 더 적절한 표현을 찾을 수 있을 것 같네요.

○ 자, 말하는 사람의 심정을 한번 생각해보죠. 세 시간이나 기다렸다면 그 사실을 정말로 강조하고 싶겠죠? 이렇게 어떤 일이 과거에서 시작되어 현재까지 이어지는 상황에서 그 '행위의 기간'을 강조하고 싶을 때는 현재완료진행 시제를 쓸 수 있습니다. 여기선 '세 시간 동안'이 강조되고 있고, I가 주어이니 have been waiting을 쓰면 되겠습니다.

→ **Hurry up. I have been waiting for you for three hours.**

B3 현재완료 시제와 현재완료진행

○ 현재완료 시제는 이럴 때 쓴다

현재완료는 과거에 시작된 일이 현재 끝났음, 과거의 일이 현재까지 지속되고 있음, 과거의 일이 현재에 어떤 결과를 남겼음, 과거의 일이 현재 경험으로 남아 있음 등을 표현한다.

• 그 남자는 그 일을 방금 마쳤다.	• He has just finished the job. (완료)
• 그 여자는 여기에 3년간 있었다.	• She has been here for three years. (계속)
• 청국장을 드셔보신 일이 있나요?	• Have you ever had chonggukjang? (경험)

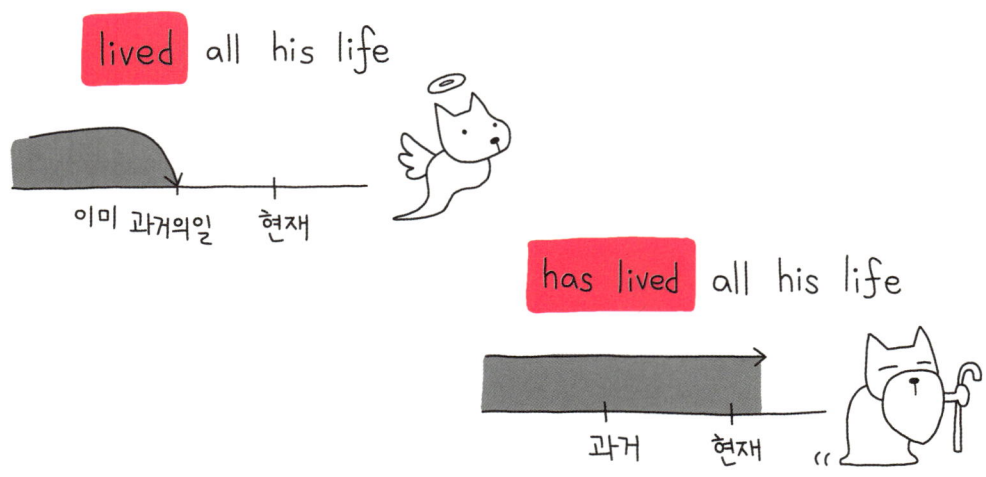

lived all his life
이미 과거의일 현재

has lived all his life
과거 현재

○ 현재완료진행형은 이럴 때 쓴다

현재완료진행형은 과거에 시작되어 현재까지 지속되는 일의 '기간'을 강조하는 표현이기 때문에 '기간' 표현과 함께 쓰이는 경우가 많다. 기간이 나타나지 않으면 '최근, 요즈음'이라고 생각하면 된다. 주의할 것은 상태동사는 진행형 시제로 쓰이지 않는다는 점이다.

- 대호는 두 시부터 그 여자를 기다리고 있다.
- 그 남자 아이는 세 시간 동안 스타크래프트를 하고 있다.
- 그 친구는 요즘 정말 열심히 공부했어.
- 그 여자는 3년 전부터 날 알았어.

- Daeho has been waiting for her since two o'clock.
- The boy has been playing the Starcraft game for three hours.
- He has been studying very hard recently.
- She has been knowing me for three years.(X)

말하기 · 쓰기 연습

01 호랑이를 본 일이 있니? → ☐ ☐ ☐ the tiger?

02 나는 막 그 일을 끝냈어. → I ☐ ☐ ☐ the job.

03 나는 이 회사에서 3년째 일하고 있습니다. → I ☐ ☐ ☐ for this company for three years.

04 이 이사는 1990년 이래로 여기서 근무했다. → Director Yi ☐ ☐ here ☐ 1990.

05 정말 여기서 26년이나 사셨어요? → ☐ ☐ really ☐ here for 26 years?

06 제이미는 요즘 살을 빼려 애쓰고 있다. → Jamie ☐ ☐ ☐ to lose weight recently.

07 걔가 그걸 해냈어(끝냈어). → He(She) ☐ ☐ it.

08 나는 그와 같은 남자를 본 적이 없다. → I ☐ ☐ ☐ a man like him.

과거완료 시제와 과거완료진행
'그때 기차는 벌써 떠났어', 과거보다 빠른 과거완료

025

우리가 극장에 도착했을 때 콘서트는 이미 시작되었다.
When we got to the theater, the concert ☐☐☐ ☐☐☐ ☐☐☐ .

tip '이미'의 뜻으로 긍정문에는 already를, 부정문이나 의문문에는 yet을 쓴다.

○ 극장에 도착한 것은 과거의 일이라서 got이 쓰였습니다. 그런데 콘서트는 그 전에 시작됐죠. 이렇게 '특정 과거 시점보다 명확히 시간적으로 앞선 때'를 표현할 땐 'had + 과거분사', 즉 과거완료 시제를 씁니다. 여기선 had started가 되겠지요. '이미'는 already이고, had와 started 사이에 씁니다.

○ 과거완료는 '특정 과거 시점보다 과거'를 나타내는 것이므로 상대적인 시제입니다. 그래서 '특정 과거 시점'을 알려주는 절이나 부사구가 반드시 있어야 합니다. 이 문장에서는 When we got to the theater가 그 역할을 하고 있지요.

→ **When we got to the theater, the concert had already started.**

026

그 남자는 미국에 가기 전에 2년 동안 영어를 배웠어.
He ☐☐☐ ☐☐☐ ☐☐☐ English for two years before he went to the U.S.

○ 그가 미국에 간 것은 과거의 일인데, 가기 전에 2년 동안 영어를 공부했습니다. 이럴 때 과거완료 had learned도 틀린 건 아니지만 더 적합한 표현이 있습니다. 바로 '과거완료진행형'입니다.

○ 앞에서 얘기한 현재완료진행형과 마찬가지로 '어떤 과거의 시점 이전에 시작되어 그 시점까지 계속 진행된 일'의 '기간'을 강조할 때는 과거완료 진행형을 씁니다. 이 문장은 '2년 동안'을 강조하고 있으므로 had been studying이 어울립니다.

→ **He had been studying English for two years before he went to the U.S.**

○
과거완료 시제는 특정 과거 시점보다 더 일찍 일어난 일이나 그때부터 과거 시점까지 지속된 일을
나타낼 때 쓰인다. 한편, 과거 시점까지 지속되고 있는 일의 기간이 강조될 때는 과거완료진행.

○ 과거완료 시제는 이럴 때 쓴다

과거완료는 시간의 차이가 명백함을 보일 경우에 사용하며, 과거의 어느 시점보다 앞선 시점부터
과거까지의 일을 말한다.

- 김씨가 거기 도착했을 때 이씨는 이미
  떠난 상태였다.
- 그 남자를 봤니?
  아니, 사무실에 갔더니 이미 퇴근했던데.

- When Mr. Kim got there, Mr. Yi had already left.
- Did you see him?
  No. By the time I got to his office, he had already left.

○ 과거완료진행형은 이럴 때 쓴다

과거완료와 큰 차이는 없으나, 어떤 행위의 기간을 강조하거나 어떤 과거 시점에 지속되고 있는 일을
표현할 때 쓸 수 있다.

- 레스타라는 이름을 가진 흡혈귀가 내게 접근했을 때
  나는 30년간 흡혈귀를 찾고 있던 중이었다.
- I had been looking for a vampire for thirty years
  when a vampire named Lestar approached me.

말하기 · 쓰기 연습

01 내가 돌아왔을 때 짐과 질은
   식사 준비를 마친 상태였다.
   → Jim and Jill ☐☐ the dinner
   when I got back home.

02 내가 그것을 버렸다고 말했을 때
   그 남자는 매우 화가 났다.
   → When I said I ☐☐ it away,
   he became very angry.

03 그 여자는 남편이 바람을 피고 있었다고
   주장했다.
   → She claimed her husband
   ☐☐☐ an affair.

04 내가 도착했을 때 그 여자는 그 남자와
   한 시간째 대화하고 있는 중이었다.
   → She ☐☐☐ conversations
   with him for about an hour when I arrived.

'누가 할래?', '내가 할게'의 시제는?

027

내일 맨체스터 유나이티드가 승리할 것이다.
Manchester United [　　　] [　　　] tomorrow.
Manchester United [　　　] [　　　] [　　　　] win tomorrow.

○ 미래는 과거나 현재에 비해 확실성이 떨어지죠. '그는 변호사가 되었다'나 '그는 변호사이다'는 화자가 거짓말을 하거나 오해하고 있는 게 아닌 한 100% 확실한 내용을 말합니다. 하지만 '그는 변호사가 될 것이다'는 확정된 사실이 아니죠. 그래서 미래 시제는 동사 자체를 변형시키지 않고 조동사를 사용하여 표현합니다.

○ 미래를 표현하는 조동사로는 will과 be going to가 있습니다. 경우에 따라 두 가지 모두 쓸 수도 있고, 그렇지 않은 경우도 있습니다. 여기서는 '미래에 대한 예측'을 나타내고 있기 때문에 will과 be going to를 모두 쓸 수 있습니다.

→ **Manchester United will win tomorrow.**
→ **Manchester United is going to win tomorrow.**

028

그들은 내일 파티를 할 것이다.
They (will / are going to) have a party tomorrow.

○ 이번엔 will과 be going to 중 하나를 선택하는 문제입니다. 미래 시제로 표현하는 것에는 예측, 계획, 자발적 의사, 약속 등이 있습니다. 예를 들어 내일 경기에서 어느 팀이 이길 것인가 하는 것은 사전 계획일 수가 없지요. 하지만 화장품을 사러 간다든가 하는 것은 미리 계획해서 얘기할 수 있지요.

사전계획
be going to

○ '내일 파티를 할 것'이란 말은 '그들이 파티할 계획을 가지고 있다'는 뜻입니다. 이렇게 미리 계획한 뭔가를 얘기할 때는 will이 아니라 be going to를 쓰는 것이 보통입니다.

→ **They are going to have a party tomorrow.**

미래 시제를 나타낼 때에는 will과 be going to를 쓴다. 미래에 대한 단순한 예측에는 두 가지 모두 자유롭게 쓰이지만, will만을 쓰는 경우와 be going to만을 쓰는 경우도 있음에 유의하자.

029

내일 누가 아기 볼래?
제가 할게요.
Who will take care of the baby tomorrow?
I (will/am going to)!

○ 내일 어머니는 일 때문에 집을 비워야 합니다. 다섯 명이나 되는 아이들을 모두 집합시켜 누가 아기를 돌볼 거냐고 묻습니다. 그러자 둘째 딸 영미가 손을 번쩍 들고 '제가 할게요' 하고 외칩니다.

○ 이렇게 자진해서 하고 싶은 의사(즉 나의 의지)를 표현할 때는 be going to가 아니라 will을 쓰는 것이 보통입니다. 또 미래에 어떤 행위를 하겠다고 약속할 때도 자발적 의지를 표현하는 것이므로 will을 사용합니다. will 뒤에는 take care of the baby가 생략되어 있습니다.

I will !

→ I will.

030

내일 비가 오면 나는 외출하지 않을 것이다.
I ⬚ not go out if it ⬚ tomorrow.

○ 앞의 빈칸은 내일의 일을 말하는 것이고, 나의 '의지'가 담긴 표현이니 will을 쓰면 되겠군요. 그런데 두 번째 빈칸은 하나뿐인데 어떻게 미래를 표현하죠? will rain도 is going to rain도 쓸 수 없네요.

○ 결론부터 말하면 rains가 들어가야 합니다. 미래의 일이라 해도 if 같은 접속사로 시작하는 조건절이나 when 같은 접속사로 시작하는 시간의 부사절에서는 현재 시제를 쓰거든요. 우리말에서도 '내일 비가 오면'이라고 하지 '내가 비가 올 것이라면'이라고 하지 않죠. 시간과 조건의 부사절에서는 의미가 미래여도 현재 시제를 사용한다는 것, 다시 한번 기억해두세요!

→ I will not go out if it rains tomorrow.

B5 미래 시제 1

○ 미래 시제는 이럴 때 쓴다

미래 시제는 과거나 현재처럼 동사 자체를 변형시키는 것이 아니라 조동사를 사용해 표현하는 것이 일반적이다. 미래에 대해 얘기할 때 그것은 예측일 수도, 계획일 수도, 의지일 수도 있다. 미래 시제는 will과 be going to로 표현하는데, 둘 다 쓸 수 있는 경우도 있지만 한 가지만 쓸 수 있는 경우도 있다.

1. 예측을 표현할 때는 will과 be going to를 모두 쓸 수 있다.

- 안젤리나 졸리가 다음 대통령이 될 것이다.

  - Angelina Jolie will be the next President.
  - Angelina Jolie is going to be the next President.

- 영화 '수학은 지루하지 않아'는 여러 개의 아카데미 상을 탈 것이다.

  - The movie "Math doesn't suck" will win several Academy Awards.
  - The movie "Math doesn't suck" is going to win several Academy Awards.

2. 미리 계획된 일을 얘기할 때는 be going to를 쓴다.

- 민수는 휴가를 제주도에서 보낼 예정이다.
- 지민이는 내일 수술을 받을 예정이다.

  - Minsu is going to spend his vacation on Jeju Island.
  - Jimin is going to be operated on tomorrow.

3. 자발적 의사, 약속을 나타낼 때는 will을 쓴다.

- 이 무거운 상자 옮기는 것을 도와주시겠어요?
- 네 비밀 누구한테도 얘기하지 않을게.

  - Will you help me move this heavy box?
  - I won't tell anyone your secret.

4. 시간, 조건의 부사절에서는 의미가 미래여도 현재 시제를 쓴다.

- 그분이 도착하면 회의가 시작될 것이다.
- The meeting will begin when he(she) arrives.

말하기 · 쓰기 연습

01~04는 will과 be going to 중 적절한 것을 고르는 문제입니다. 둘 다 쓸 수 있다면, 둘 다 표시하세요.

01 오후에는 화창할 거야.
→ It (will / is going to) be sunny this afternoon.

02 A: 계란이 좀 필요해.
→ A : I need some eggs.

B: 내가 가서 사올게
→ B : I (will / am going to) go get them.

03 A: 내일 뭐 할 거야?
→ A : What (will you / are you going to) do tomorrow?

B: 부엌에 페인트칠하려고 해.
→ B : I (will l / am going to) paint the kitchen.

04 나는 더 이상은 그와 얘기하지
않을 거야.
→ I (won't / am not going to) talk to him anymore.

05 그분이 오시지 않으면 그 회의는
연기될 것이다.
→ If he(she) ☐ ☐ ☐ , the meeting
will be postponed.

06 수지가 돌아오면 우리는 파티를 열
것이다.
→ We will give a party when Suzie ☐ .

'내일 7시에 문을 열 거야'인데 현재?

031

다섯 시에 걔는 책을 읽고 있을 거야.
He(She) ☐☐☐ ☐☐☐ ☐☐☐ a book at 5 o'clock.

- 우리말로도 '다섯 시 정각에 만날 거야'라든가 '다섯 시 정각에 출발 예정이야' 같은 말은 자연스러운데, '다섯 시 정각에 책 읽을 거야'라는 말은 좀 어색하죠? 그것은 책을 읽는 것이 순간적 행위가 아니기 때문이지요. 따라서 He(She) is going to read a book at 5.는 말이 안 되는 거죠.

- 위의 문장이 표현하는 것은 5시 이전에 독서를 시작하여 5시 이후까지 읽을 것이라는 점이고, 결국 다섯 시에는 '책을 읽고 있는 중'일 것이라는 얘기입니다. 이처럼 미래의 어느 시점에 진행되고 있을 일은 미래진행형, 즉 will be -ing로 표현합니다.

→ He(She) will be reading a book at 5 o'clock.

032

네가 돌아올 때면 그 일 다 끝났을 거야.
I ☐☐☐ ☐☐☐ ☐☐☐ the work by the time you ☐☐☐
back.

- by the time이라는 말을 잘 봐두세요. 이 표현은 '~할 때까지는, ~한 시점에는'이란 뜻이고, 뒤에 주어와 동사가 있는 문장 형식이 따라옵니다. 다시 말해 시간의 부사절을 이끄는 접속사란 얘기죠. 시간의 부사절에는 미래의 의미가 있더라도 현재 시제를 쓴다고 했죠? 그래서 마지막 빈칸에 들어갈 말은 come입니다.

시간의 부사절엔 「현재시제」

- 이제 앞부분을 봅시다. you가 돌아오는 미래의 시점에는 그 일이 다 끝나(완료되어) 있을 거란 얘깁니다. 이럴 때 쓰는 것이 'will have + 과거분사', 즉 '미래완료' 시제입니다. 미래완료도 과거완료처럼 상대적 시제여서, 미래 어떤 시점을 얘기하는 절이나 부사(구)가 있는 경우에만 쓸 수 있습니다.

→ I will have finished the work by the time you come back.

033

그 기차는 내일 아침 9시에 출발한다.
The train ⬚⬚⬚ at 9 o'clock tomorrow morning.

○ 앞에서 우리는, 미래는 과거나 현재를 서술하는 것보다 확실성이 떨어지기 때문에 조동사를 사용한다고 했습니다. 하지만 '열차가 내일 9시에 서울역에서 출발할 것이다'라는 말은 확실성이 아주 높은 얘기입니다.

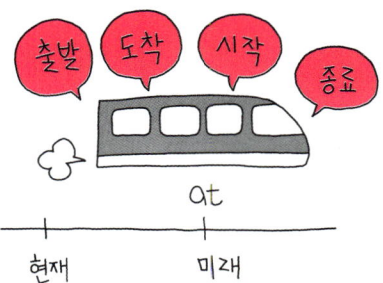

○ 이처럼 정확한 시간까지 미리 예정되어 있는 일은 확실성이 매우 크기 때문에 미래의 일인데도 현재 시제로 표현할 수 있습니다. 모든 동사가 그런 건 아니고, begin, start, open, end, finish, close, leave, arrive, come, return과 같이 시작, 종료, 출발, 도착 등을 나타내는 동사는 대체로 단순현재형으로 미래를 표현할 수 있습니다.

→ The train leaves at 9 o'clock tomorrow morning.

034

나는 오늘 밤 연주회에 갈 거야.
I am ⬚⬚⬚ to the concert tonight.

○ '갈 거야'는 will go를 써도 됩니다. 미래의 일이고 나의 의지를 담고 있으니까요. am going to go라는 표현은 복잡해서 사용하지 않습니다. 다른 방법이 또 있을까요? 위에서 우리는 단순현재 시제로 미래를 말하는 법을 배웠습니다만, 현재진행형이 미래를 표현하는 경우도 있습니다. 미리 예정되어 있는 일을 얘기할 때, 그리고 자신의 명확한 의향을 얘기할 때는 현재진행형으로 미래를 표현하기도 합니다.

○ 현재진행형이 등장하면 현재의 진행을 표현하는지 미래의 일을 나타내는지 헷갈린다고요? 걱정하지 마세요. 미래를 가리킬 때는 언제나 미래를 표현하는 부사가 등장할 테니까요. 이 문장의 경우 tonight이라는 단어가 미래를 얘기하고 있음을 알려줍니다.

→ I am going to the concert tonight.

B6 미래 시제 2

○ 미래진행형과 미래완료형

현재 시제에 현재 완료와 진행형이 있는 것과 마찬가지로 미래 시제에도 완료형과 진행형이 있다. 그러나 이 시제들은 상대적인 것이므로 미래의 어느 시점이 문장 안에 함께 표현된다.

1. 미래의 어느 시점에 어떤 행위가 진행되고 있을 것임을 표현할 때 미래진행형을 쓴다.

- 7시 경에 전화하지 마. 나는 부장님하고 저녁 먹고 있을 거니까.
- Don't call me at around 7. I will be eating dinner with the general manager.
- 네가 돌아올 때 나는 저녁 준비를 하고 있을 거야.
- I'll be preparing the dinner when you come back.

2. 미래의 어느 시점에 어떤 일이 완료되었을 것임을 이야기할 때 미래완료형을 쓴다.

- 너를 만날 때가 되면 나는 숙제를 다 끝냈을 거야.
- By the time I see you, I will have finished the homework.
- 차가 너무 막히네. 우리가 공항에 도착하면 민지가 탄 비행기가 이미 도착해 있을 거야.
- The traffic is crazy. By the time we get to the airport, Minji's plane will have arrived.

○ 미래 시제를 대신하는 시제

보다 확정적인 미래의 일을 이야기하는 경우 단순현재 시제나 현재진행형을 사용할 수 있다.

3. 미래 시제를 대신하는 단순현재 시제

미래의 특정 시간이 주어지고, 동사가 begin, start, open, end, finish, close, leave, arrive, come, return 등으로 시작, 종료, 출발, 도착 등을 의미할 경우 현재 시제로 미래를 나타낼 수 있다.

- 그 가게는 내일 아침 10시에 열린다.
- The store opens at 10 tomorrow morning.
- 메리가 탄 기차는 오후 7시 15분에 도착한다.
- Mary's train arrives at 7:15 p.m.

4. 미래 시제를 대신하는 현재진행형

미리 예정되어 있는 일, 명확한 의향 등을 표현할 때 현재진행형이 미래 시제를 나타낼 수 있다.

* 국방장관은 두 시간 후에 기자회견을 할 것이다.
* 점심 먹은 후 우리 쇼핑하러 갈 거야.

* The Secretary of Defense is having a press conference in two hours.
* After lunch we are going shopping.

말하기 · 쓰기 연습

01 (네가 학교에서 나올 때면) 나는 바깥에서 기다리고 있을 거야.
→ I ☐ ☐ ☐ outside.

02 나는 다음 주에 LF 전자 사장을 만날 예정이다.
→ I ☐ ☐ the president of LF Electronics next week.

03 우리가 도착할 때면 그들은 이미 출발했을 거야.
→ By the time we ☐, they ☐ already ☐ .

04 내일은 금요일이다.
→ Tomorrow ☐ Friday.

05 나는 8시에 부장님과 저녁식사를 하고 있을 겁니다.
→ I ☐ ☐ ☐ dinner with the general manager at 8.

06 그 기차는 11시 30분에 부산을 출발한다.
→ The train ☐ ☐ at 11:30.

07 나 내일 학교 안 가.
→ I'm not ☐ ☐ ☐ tomorrow.

08 내년이면 그들은 20년째 결혼생활을 한 것이 된다.
→ They ☐ ☐ ☐ ☐ for 20 years next year.

FOCUS

1. when : ～했을 때, ～할 때는 언제나(습관), ～한 상황에서는, ～하면(미래에 어떤 조건의 형성)

- When I was a little boy,
  there lived a farmer named Monroe.
- When he is nervous, he sweats a lot.
- You shouldn't talk when you are in the library.
- I will visit you when spring comes.

- 내가 어렸을 때, 먼로라는 이름의 농부가 살았다.

- 그 남자는 초조할 때면 땀을 많이 흘린다.
- 도서관에 있을 때에는 말을 하지 말아야 한다.
- 봄이 오면 너를 방문할게.

2. as : ～할 때, ～하는 동안에(진행형과 결합), ～함에 따라(추이)

- As I entered the room, they applauded.
- As I was coming back home, it began to rain.
- As it grew darker, it became colder.

- 내가 방에 들어갔을 때 그들은 박수갈채를 보냈다.
- 내가 집에 돌아오고 있는 중에 비가 내리기 시작했다.
- 어둠이 깊어감에 따라 더욱더 추워졌다.

3. while : ～하는 동안에

_ 진행형이 많이 사용된다

- Strike while the iron is hot.
- It began to rain while he was walking home.

- 쇠가 뜨거울 동안에 내리쳐라.
- 그 남자가 집으로 걸어오고 있는 중에 비가
  내리기 시작했다.

4. as soon as : ～하자마자

- As soon as she saw me, she ran away.

- 그 여자는 나를 보자마자 달아났다.

5. after : ～한 후에, before : ～하기 전에

- After he ate dinner, he went out.
- After he had eaten dinner, he went out.
- It will not be long before spring comes.

- 그 남자는 저녁식사를 마친 후에 외출했다.

- 머지않아 봄이 올 것이다.

_ after와 before는 시간의 흐름이 명확하게 보이므로 과거완료 대신 과거로 시간 차이 나는 행위를 표현할 수 있다.

6. until : ~할 때까지

_ 행위의 지속성이 표현된다.

- Wait here until he comes.
- I will be here until she arrives.

- 그 남자가 도착할 때까지 여기서 기다려라.
- 그 여자가 도착할 때까지 나는 여기에 있을 것이다.

7. since : ~한 이래로

_ 완료 시제와 많이 쓰인다, since절은 과거, 주절은 현재완료인 경우가 많다.

- She has been ill since she was caught in the rain last night.

- 그 여자는 어젯밤에 소나기를 맞은 이래로 계속 아팠다.

8. by the time : 어떤 시점까지는

_ 완료 시제와 많이 쓰인다, by the time절이 아니라 주절이 완료 시제가 된다.

- By the time we arrived, the game had already started.
- By the time you come back, I will have prepared the dinner.

- 우리가 도착했을 때에는 경기는 이미 시작된 상태였다.
- 네가 돌아올 때쯤에는 나는 저녁식사 준비를 마쳤을 것이다.

I can do it.이 무슨 뜻인지 모르는 분은 많지 않겠지요. can이 본동사 do에 뜻을 보태주는 '조동사'란 것도 대부분 알고 계실 테고요. 영어 공부를 조금이라도 해본 분이라면 Unit C에서 배울 조동사 중 낯선 것은 없을 겁니다.

하지만 대부분 개개의 조동사를 중심으로 하여 조동사의 의미를 배우다 보니, 막상 어떤 말을 하거나 글을 쓰려고 할 때 적절한 조동사를 활용하기가 쉽지 않았을 겁니다. 예를 들어 may라는 조동사에 '허가, 추측, 기원' 등의 뜻이 있다고는 알면서도, '그 아이가 아픈지도 모르겠어'란 말을 할 때 may가 얼른 떠오르지는 않는 식이지요.

독해와 문법 시험 대비뿐 아니라 말하고 쓸 수 있는 능력까지 갖추려면, 우리는 쌍방향 훈련을 해야 합니다. 그래서 여기서는 조동사별로 의미를 배워가는 대신, 상황을 중심에 놓고 각각의 표현에 필요한 조동사의 활용 방법을 배워나갈 수 있도록 의미별 구성을 채택하였습니다.
이제는 can이 '가능, 허가, 추측' 등의 의미를 갖는다는 것을 외우지 않아도, '전화기 좀 써도 돼요?' 하고 싶을 때 Can I~? 하고 말문이 터질 것입니다.

Unit C

조동사

요청할 때 쓰는 조동사
'네가 해줄래?' 아니면 '내가 해도 돼?'

035

질문해도 될까요?
☐☐☐☐ I ask you a question?

- 이 문장처럼 I를 주어로 하여 상대방에게 요청을 할 때는 may나 can, 또는 could를 쓸 수 있습니다.

- 그렇다면 may를 쓸 때와 can을 쓸 때 어떤 차이가 있을까요? may는 조동사 자체에 허락의 뜻이 있어서 May I~? (해도 될까요?)라고 하면 좀 더 격식을 차린 말이 됩니다. 그에 비해 Can I~? (해도 되니?) 는 보다 직설적이지요. 친구에게 펜을 빌린다면 can을 쓰는 것이 좋겠지만, 잘 모르는 사람이나 윗사람에게 물을 땐 may나 could를 쓰는 것이 좋습니다.

→ May(Could, Can) I ask you a question?

036

저를 도와주시겠어요?
☐☐☐☐ you please give me your hand?

- 이번에는 주어가 you로 바뀌었군요. 이럴 땐 주어의 의향을 나타내는 조동사 will을 쓸 수 있습니다. 도와줄 가능성을 묻는 것일 수도 있으니 can도 가능하죠. 그런데 이 말들은 모두 '반말'입니다. '도와줄래?' 나 '도와줄 수 있니?'가 되는 거죠.

- 영어에도 존댓말이 있습니다. 조동사의 과거형을 쓰면 좀더 예의 바르고 정중한 태도를 표현할 수 있지요. 이런 경우 will 대신 would, can대신 could 를 쓰면 격식을 갖춘 정중한 표현이 됩니다.

tip would와 could가 가장 정중하고, 그 다음 will, 그리고 can이 가장 informal한 표현입니다. 절친한 외국인 친구가 없다면 아예 would나 could만 연습하셔도 좋습니다.

→ Would(Could, Will, Can) you please give me your hand?

037

창문 닫아도 괜찮겠어요?

[＿＿＿＿] you [＿＿＿＿] if I closed the window?

- 이런 상황에서 과거 시제를 얘기할 리 없는데, 동사 closed가 쓰였네요. 어떻게 된 일일까요? P장에서 다루게 될 '가정법'이 사용된 문장이기 때문입니다. 여기서는 일단 이렇게만 알아두세요. if I closed the window는 '가정법 과거'로 '내가 만일 창문을 닫는다면'이라는 뜻입니다. 과거가 아니라 현재 상황에 대한 가정이지요.

- 이런 경우 첫 번째 빈칸, 즉 전체 문장의 조동사 자리에는 will을 쓸 수 없습니다. if I closed the window와 어울리려면 would를 써야 하지요. 나중에 배우게 되겠지만, 가정법의 핵심은 조동사의 과거형을 쓰는 데 있거든요.

- 위 문장은 '만일 제가 창문을 닫는다면 싫으시겠어요?'라고 풀어서 생각할 수 있습니다. 그래서 두 번째 빈칸엔 '꺼리다, 싫어하다'란 뜻의 mind가 들어갑니다. Would you mind~? 는 상대방의 의사를 묻거나 요청을 할 때 자주 쓰는 표현입니다. 뒤에 if절을 붙일 땐 동사를 과거형으로 써야 한다는 것도 기억하시고요.

→ **Would you mind if I closed the window?**

Would you mind if I closed the window?

C1 요청할 때 쓰는 조동사

1. I를 주어로 하여 요청할 때 : May I~?, Could I~?, Can I~?

I를 주어로 상대방에게 뭔가를 요청할 때 may, could, can을 쓸 수 있다. can은 informal한 표현이다.

- 펜 좀 빌릴 수 있을까요?
- 네 전화기 좀 써도 되니?

- May(Could) I borrow your pen?
- Can I use your phone?

_ 이러한 요청에 대한 대답은 Certainly. Of course. Yes, certainly. Yes, of course. Sure. 등이다. 부정적으로 대답할 때는 Sorry, but you can't. 등을 쓴다. 옛 참고서에 나오는 Yes, you may.나 No, you may not.은 지나치게 딱딱해 현실에서는 거의 안 쓰이는 표현이다.

2. You를 주어로 하여 요청할 때 : Would you~?, Will you~?, Could you~?, Can you~?

you를 주어로 상대방에게 요청을 하는 문장을 만들 때 쓰는 조동사로는 would가 가장 일반적이다. could와 will도 쓸 수 있지만, can은 친한 사이에서 쓸 수 있는 비격식어이다.

- 소금 좀 건네주시겠어요?
- 나 좀 도와줄래?

- Would you pass me the salt (please)?
- Can you help me?

_ 이 질문에 대한 대답으로 Yes, I would.나 Yes, I could. 등을 쓰면 웃음거리가 될지도 모른다. Certainly.나 Of course.를 쓰는 게 좋다. 부정적으로 답할 때는 I'm afraid I can't. 등을 쓴다.

3. Would you mind if + 주어 + 과거형 동사

의향을 정중히 물을 때 이 패턴을 쓸 수 있다.

- 이 책 빌릴 수 있을까요?
- 담배 피워도 될까요?

- Would you mind if I borrowed this book?
- Would you mind if I smoked?

_ mind는 부정적 의미의 동사이므로 '괜찮습니다'나 '그렇게 하세요'라고 대답할 때는 Not at all.이나 No. I'd be happy to. 등 부정어가 들어간 말을 쓴다. 구어에서는 Sure.나 OK.도 흔히 쓴다. 하지만 싫다고 할 때도 Yes를 써선 안 된다. 그럴 땐 I'd rather you didn't.라고 하면 '안 그랬으면 좋겠어요'란 뜻이 된다.

- 괜찮습니다(피우셔도 됩니다).
- 피우지 않는 편이 좋을 것 같아요.

- Not at all.
- I'd rather you didn't.

말하기 · 쓰기 연습

01 그것에 대해 조금 여쭤보면 불편하시겠어요? → Would you ☐ ☐ ☐ ☐ you
a little bit about it?

02 그 펜 잠깐만 빌릴 수 있을까요? → ☐ I borrow the pen for a second?

03 목소리 좀 낮춰주시겠어요? → Would you mind ☐ your voice down?

04 네 목소리 안 들려. 더 크게 말해줄래? → I can't hear you. ☐ you speak louder?

05 씨티이 은행입니다. 누구에게 전화를
돌려드릴까요? → Citee Bank. Whom ☐ I direct your
call to?

06 좀 더 구체적으로 말씀해주실 수 있으
시겠습니까? → ☐ you be more specific?

07 불 켜도 괜찮으시겠어요? → Would you ☐ ☐ ☐
on the light?

08 이 방 청소하는 것 도와주시겠어요? → Would you mind ☐ me clean this room?

038

모든 지원자는 이력서를 제출해야 합니다.
All applicants [　　　] **submit their resumes.**

○ '～ 해야 한다'고 하면 바로 must를 떠올리기 쉬운데, must는 '환경이나 조건, 규칙 같은 것 때문에 반드시 그렇게 해야 한다'는 뜻을 가집니다. '강력한 필요'를 나타내는 말이지요. must는 어떤 권한을 가진 사람이 쓰는 말입니다. 만약 신입사원이 '사장님, 회식에 꼭 오세요'라고 말할 때 You must ～ 라고 한다면? 바로 해고될지도 모릅니다.

○ 하지만 위의 경우는 다릅니다. 지원자들이 이력서를 제출하지 않으면 어떻게 될까요? 당연히 탈락하겠지요. 이는 회사가 정한 규칙이고, 매우 강한 필요입니다. 이렇게 '반드시 ～해야 한다'고 할 때는 must 와 have to, have got to 등의 조동사를 쓰는데, have got to는 매우 일상적인 표현이어서 공식적인 글에는 어울리지 않습니다.

tip must는 변형할 수 없는 단어여서 과거나 미래 시제에는 had to와 will have to를 쓴다는 것도 알아둘 것.

→ **All applicants must submit their resumes.**

039

나 가야 해.
I've [　　　] [　　　] **go.**

○ 빈칸은 두 개인데 그 앞에 have의 축약형 've가 있네요. 그러니 must나 have to는 안 되겠고……. 이럴 때 have got to를 쓸 수 있습니다. must나 have to와 비슷하지만, 약간 느낌이 약하며 구어에서 많이 쓰입니다.

○ 대개 have는 've로 약화되고, 아예 발음되지 않는 경우도 많습니다. 좀 더 일상적으로는 have got to를 gotta로 표현하기도 합니다. 친구와 뭔가를 하다가 '나 가야 해'라고 하는 상황에서, 미국인이라면 간단히 '아이 가러 고우'라고 말할 가능성이 큽니다. have got to는 must 또는 have to와 뜻이 같긴 하지만 매우 informal한 표현임을 잊지 마시길.

→ **I've got to go.**

의무적 필요를 표현할 때 must나 have to를 사용하는데, 좀 더 구어적인 표현으로는 have got to도 쓰인다.
불필요는 don't have to, 금지는 must not으로 표현한다.

040

너는 사과하지 않아도 돼.

You ☐☐☐ ☐☐☐ ☐☐☐ apologize.

○ must의 부정문은 must not이 아닙니다. 혼동하지 마세요. '필요'의 부정은 '불필요' 이지, '금지'가 아닙니다. 즉 '해야 한다'의 부정은 '하면 안 된다'가 아니라 '하지 않 아도 된다'란 얘기죠. 그래서 You must apologize. 즉, '너는 반드시 사과해야 한다' 의 부정은 don't have to apologize, don't need to apologize 등으로 표현합니다. 직역하면 '사과할 필요가 없다', 즉 '사과하지 않아도 된다'란 말이 되는 거지요.

○ 그럼 must not은 무엇일까요? 그건 must의 부정문이 아니라 '금지', 즉 '~하면 안 된다'를 뜻하는 표현입니다.

→ **You don't have to apologize.**

041

누구에게도 아무것도 얘기하면 안 돼.

You ☐☐☐ ☐☐☐ tell anyone anything.

○ 이 문장은 '~하지 않아도 된다' 정도가 아니라 '~하면 안 된다', 즉 명 확한 '금지'를 나타내고 있습니다. 이럴 때는 may not, cannot, must not 등이 쓰입니다. 세 가지나 되는데 무엇이 좋을까요?

○ may not이 금지를 뜻하는 건 may에 '허가'의 뜻이 있기 때문입니다. 하지만 may not은 매우 형식적인 표현이어서 요즘엔 잘 쓰지 않습니 다. 또 cannot은 일상적인 표현이긴 하지만, 다른 의미도 많이 갖고 있어 서 원어민이 아니고선 쓰기가 쉽지 않지요. 따라서 금지를 표현하고 싶다 면 must not을 쓰는 것이 가장 좋습니다.

MUST
NOT
"OTL"

→ **You must not tell anyone anything.**

C2 필요와 금지의 조동사

1. 의무적 필요를 나타낼 때에는 must와 have to를 사용한다.

must가 have to보다 느낌이 강하며 일상 대화에서는 have to가 더 흔히 쓰인다. must는 시제 변형을 할 수 없는 조동사여서, 과거 표현에는 had to, 미래 표현에는 will have to를 쓴다.

- 여러분은 도서관에서 조용히 해야 합니다.
- 나는 어젯밤에 공부를 해야 했다.(그래서 했다.)
- 너는 여섯 시까지 거기에 도착해야 한다.

- You must keep quiet in the library.
- I had to study last night.
- You will have to be there by 6.

2. 구어에서는 have to 대신 have got to를 사용하기도 한다.

- 너는 정시에 거기에 있어야(도착해야) 한다.
- 그 일을 즉시 해야 하나요?
- 우리는 무언가 해야 한다.

- You've got to be there on time.
- Have I got to do it right now?
- We've got to do something.

3. must와 have to의 부정 표현은 don't have to이다. don't need to를 쓸 수도 있다.

- 너는 그 일을 지금 당장 하지 않아도 돼.
- 그걸 너무 심각하게 받아들일 필요는 없어.
- 걔는 그 파티에 가지 않아도 되었어.

- You don't have to do it right now.
- You don't need to take it too seriously.
- He didn't have to go to the party.

4. 금지는 must not으로 표현한다. may not과 cannot에도 그런 뜻이 있다.

- 너 그거 하지 말아야 해.
- 여러분은 시험 때 부정행위를 하지 말아야 합니다.
- 여러분은 음주 상태에서 운전을 해서는 안 됩니다.

- You must not do that.
- You must not cheat on the exam.
- You must not drive when you are drunk.

말하기 · 쓰기 연습

01 너는 내 여자가 되기 위해 부자일
필요는 없어.

→ You □ □ □ □ □
rich to be my girl.

02 너는 그 f로 시작하는 단어를 내 수업에서
쓰지 말아야 한다.

→ You □ □ use the f-word
in my class.

03 법정은 피고용인들의 해고에 대한 정당한
사유를 가졌는지에 대해 고용자들이
입증해야만 한다고 말했다.

→ The Court said that employers □ □
that they had a fair reason for dismissal of
the employee.

04 그 여자는 늦게까지 일해야 했다.

→ She □ □ □ late.

05 그렇게 심각할 필요 없잖아.

→ You □ □ □ □
that serious.

06 너는 일곱 시까지는 거기 도착해야 해.

→ You □ □ □ get there by 7.

07 그 교수는 미 달러화의 주도권은
사라져야 한다고 주장한다.

→ The professor argues that US dollar
hegemony □ go.

08 너 그 남자랑 데이트하지 마.
그는 결혼한 남자잖아.

→ You □ □ date him.
He's a married man.

조언할 때 쓰는 조동사
'흡연 금지'는 must not, '담배 끊지 그래'는 should

042

너는 그 여자 만나서 사과해야 해.(그러는 게 좋아.)
You ☐☐☐☐☐ see her and apologize.

○ 내가 직업 군인이고 지휘관이라고 칩시다. 나는 지시 사항을 얘기할 때 명령문을 쓰거나 must를 많이 쓸 겁니다. 하지만 친구에게 이야기할 때에는 '당연히 이래야 하는 거 아냐?'라든지 '이렇게 하는 게 좋지'라고 얘기할 겁니다. 이런 말들을 '조언'이라고 하지요. 그런 표현에는 should나 ought to를 씁니다. 아무리 내가 군인이라도 그럴 때 외국인 친구에게 must를 쓰면 친구가 버럭 화를 내며 이렇게 말할 겁니다. '내가 니 시다바리가?'

○ 사실 should와 must를 구분해 활용하기는 매우 어렵습니다. 이전의 문법책에서는 must는 의무, should는 당위의 표현이라고들 했는데, 그렇게 해서는 구분이 좀 모호하죠. 이제 should는 '조언'이란 의미로 알아두세요.

→ **You should see her and apologize.**

043

말조심하는 게 좋아.(안 그러면 좋지 않을걸.)
You ☐☐☐☐☐ ☐☐☐☐☐ watch your mouth.

○ 조언을 하는 데에는 여러 가지 방식이 있는데, '내 말대로 하지 않으면 뭔가 나쁜 일이 있을 것'이라는 뉘앙스로 말할 때 영어에선 had better를 씁니다. had better는 조언할 때 쓸 수 있는 조동사로, 글보다는 말로 표현할 때 더 많이 쓰입니다. should나 ought to와도 비슷하지만 의미는 좀 더 강합니다. 그러므로 손윗사람이나 친하지 않은 사람에게 사용해선 안 되죠. 학생이 선생님께 '수업 준비 좀 더 해오시는 게 좋을 것 같은데요.' 하는 식으로 말하지는 않죠? 영어도 마찬가지입니다.

○ watch your mouth는 '말조심하다'라는 뜻입니다. mouth 대신 tongue을 쓰기도 합니다.

→ **You had better watch your mouth.**

044

너는 어젯밤에 공부해야 했는데.(하지 않았다.)

You ☐☐☐ ☐☐☐ ☐☐☐ last night.

- You should study harder.와 You must study harder.는 전자가 조언, 후자가 의무적 필요의 표현이라고 구분한다 해도 사실 의미상 큰 차이는 없습니다. 둘 다 앞으로 더 열심히 공부하라는 얘기죠.

- 그러나 과거 시제가 되면 얘기가 달라집니다. 의무의 과거 표현인 You had to study last night.은 '너는 공부해야 했고 그래서 했다'는 의미가 됩니다. 반면 should가 과거형이 되면 '했어야 했는데 하지 않았다'란 뜻을 갖게 됩니다.

- 그런데 이미 과거형을 하고 있는 should 의 과거형은 어떻게 표현할까요? 답은 'should have + 과거분사' 입니다. 이 말은 '~했어야 했다'란 뜻으로, 하지 않은 일에 대한 후회나 책망을 표현합니다.

→ **You should have studied last night.**

tip should 외에도 may, might, could, must와 같은 조동사 뒤에 '과거의 일'을 알려주는 내용이 붙을 때는 'have + 과거분사' 형태가 많이 사용된다.

C3 조언할 때 쓰는 조동사

1. should와 ought to

조언을 나타내는 조동사로 '~하는 것이 좋다고 생각한다', '~하는 게 당연하다'의 뜻이다. 추천할 때도 쓸 수 있다. I (we)가 주어일 때에는 have to와 거의 차이가 없다.

- 그 여자와 얘기해 봐.
  (그렇게 하는 것이 좋다, 그것이 이치에 합당하다.)
- 짐 : 내 일에 질렸어.
  탐 : 새 직업을 찾아봐야겠네.
- 일에 신경을 덜 쓰고 가족에게 좀 더 신경을 쓰셔야 합니다.
- *나는 아침 9시까지 출근해야 해.
  _ Should의 주어가 I인 경우, have to와 비슷한 의미가 된다.

- You should(ought to) talk to her.

- Jim : I'm fed up with my job.
  Tom : You should look for another one.
- You should focus more on your family and less on your work.
- *I should be at work before 9 a.m.

2. had better

should나 ought to와 비슷한 의미이지만 좀 더 강한 뉘앙스를 갖는다.

- 더 빨리 뛰어.
  (그러지 않으면 개한테 물릴지도 몰라.)
- 늦지 않는 게 좋을 거야.
  (늦으면 상사에게 밉보이거나 잘릴지도 모르지.)

- You'd better run faster.

- You'd better not be late.

You had better watch your mouth.

3. should have + 과거분사

과거에 대한 후회나 비난, 책망 등을 표현할 때 주로 쓴다. ought to have p.p.나 had better have p.p.도 쓰이지만 should가 가장 많이 사용된다.

• 창문을 열어놓고 자지 말아야 했는데…….
  (열어놓고 자서 도둑이 들었다.)

• I should not have gone to bed with
  windows open.

말하기 · 쓰기 연습

01 그 사람은 공정한 사회는 처벌의 형태로 사형을 이용해서는 안 된다고 주장했다.
→ He claimed that a just society ☐ ☐ ☐ ☐ the death penalty as a form of punishment.

02 체벌에 대한 법률이 있어야 한다.
→ There ☐ ☐ a law about spanking(physical punishment).

03 내가 그 남자에게 또 한 번의 기회를 주어야 할까요?
→ ☐ I give him another chance?

04 너는 그 공연을 보았어야 해.
지미 페이지와 로버트 플랜트가 나타나자 광란의 도가니였어.
→ You ☐ ☐ ☐ the concert. The audience went nuts when Jimmy Page and Robert Plant showed up.

05 너는 더 이상 마시지 말아야 해.
이미 취했잖아.
→ You ☐ ☐ drink any more. You're already drunk.

06 걔 혼자 있게 내버려두는 게 좋을 걸.
(아니면 너한테 짜증을 낼지도 몰라.)
→ You ☐ ☐ him alone.

07 우리는 여기에 더 머무르지 않는 게 좋겠다.
→ We ☐ ☐ ☐ remain here any longer.

08 그 규정은 더 빨리 폐지되어야 했다.
→ The regulation ☐ ☐ ☐ ☐ earlier.

갠 날 사랑해. 틀림없이, 아마도, 어쩌면 …

045

그 여자는 19살 미만임에 틀림없어.

She ☐☐☐☐ ☐☐☐☐ under 19.

○ 옆집 여학생이 담배를 사러 왔습니다. 17살이란 걸 내가 뻔히 알고 있는데 말예요. 나는 담배가게 주인에게 이렇게 말합니다. She is under 19.

○ 이번엔 다른 여학생이 담배를 사러 왔습니다. 모르는 아이지만 아무리 봐도 17살 정도로밖에 안 보입니다. 이처럼 100%는 아니지만 거의 95%는 확신하는 상황에서는 조동사 must를 사용합니다. She is under 19.이란 문장에서 is대신 must be를 넣으면 되는 거지요.

  ○ must가 더 강한 확신이라고 생각하는 경우가 있는데 그것은 오해입니다. 100% 명백한 사실은 그냥 현재 시제를 씁니다.

→ **She must be under 19.**

046

그 남자는 아픈 건지도 모르겠어.

He ☐☐☐☐ be sick.

○ 친구가 어제 아파서 결석을 했습니다. 누가 물으면 나는 He is sick.라고 말하겠죠. 친구가 오늘도 결석을 했습니다. '아직 아픈 것이 틀림없다'고 생각한 나는 He must be sick.이라 말합니다. 자, 이번에는 좀 다른 상황입니다. 친구가 결석했는데 혹시 아파서 그런 게 아닐까 생각합니다. 확신의 수준은 50% 미만입니다. 이럴 경우에는 may, might, could 세 가지 조동사를 모두 쓸 수 있습니다.

○ could나 might는 may와 can의 과거형인데 왜 그런 뜻이 될까요? 조동사의 과거형이 꼭 과거 시제를 나타내지는 않는다는 건 이제 아실 겁니다. 여기서도 might나 could는 '현재의 가능성'을 표현합니다.

tip might가 과거에 대한 추측을 표현하지 않는다는 것에 주의할 것

→ **He may(might, could) be sick.**

047

캐시는 도서관에 있을 리가 없어.
Cathy ⬚⬚⬚ be in the library.

○ 친구가 캐시에게 밥 먹자고 문자를 보냈는데 도서관에 있어서 안 된다는 답장을 받았다네요. 하지만 나는 캐시가 영화 보러 갔다는 걸 알고 있습니다. 물론 캐시가 계획을 바꿨을 가능성이 전혀 없는 건 아니지만, 나는 그애가 거짓말을 하고 있다고 99% 확신하고 있습니다.

○ 이렇게 어떤 일의 가능성이 0%에 가깝거나 거의 있을 수 없는 일이라고 확신할 때 can't를 쓸 수 있습니다. couldn't 역시 같은 의미로 사용됩니다. 여기서도 couldn't는 과거가 아니라 현재를 표현합니다.

→ **Cathy can't be in the library.**

048

티파니는 배가 고프지 않을 수도 있어.
Tiffany ⬚⬚⬚ not be hungry.

○ 친구와 만나서 샌드위치를 먹습니다. 다 먹고 나가려는데 친구가 티파니에게도 샌드위치를 사다주자고 합니다. 티파니가 다이어트를 한다며 점심을 거르는 걸 여러 번 본 나는 조금 고민이 됩니다. 뭐라고 해야 할까요?

○ 상황을 100% 아는 건 아니니 Tiffany is not hungry.라고 말할 순 없습니다. 게다가 50% 정도의 확신도 없습니다. 이렇게 '~가 아닐지도 몰라' 정도의 느낌을 표현할 때는 may not이나 might not을 사용합니다. 여기서도 might not은 과거가 아니라 현재 표현입니다.

→ **Tiffany may(might) not be hungry.**

C4 추측의 조동사 _ 현재

1. 매우 강한 긍정적 확신 : must

굳이 수치로 표현한다면 90%가 넘는 확신을 표현할 때 must를 쓴다.

- 긴 여행을 했으니 너는 분명히 피곤하겠구나.
- 그 여자는 어쩌면 그렇게 춤을 잘 추지?

  그 여자는 프로 댄서임에 틀림없어.

- You must be tired after the long trip.
- How could she dance so well?

  She must be a professional dancer.

2. 확신 없는 추측 : may, might, could

확신의 정도가 50%를 넘지 않는 경우, 즉 '그럴지도 모른다' 정도의 생각을 가지고 있을 때 쓴다.

- 조나단은 더이상 여기 살지 않을 수도 있어.
- 그 남자는 자고 있는지도 몰라.

- Jonathan may not live here anymore.
- He may be sleeping.

3. 매우 강한 부정적 확신 : cannot, could not

100%는 아닐지라도 그에 근접한 부정적 확신을 갖고 있을 때 cannot과 could not을 쓴다.

- 그 여자는 배고플 리가 없어.

  30분 전에 햄버거 두 개 먹었는데.

- 그 남자는 머리가 돌아가는 사람일 리가 없어.

  어제 경찰관을 털려다 잡혔대.

- She can't be hungry.

  She ate two hamburgers 30 minutes ago.

- He couldn't be a smart person.

  Yesterday he tried to rob a cop and got busted.

4. 확신 없는 부정적 추측 : may not, might not

역시 50%를 넘지 않는 확신을 가지고 부정적 내용을 추측할 때 may not, might not을 사용한다.

- 그것은 문제가 아닐 수도 있어.
- 그 남자는 너를 전혀 좋아하지 않는 것일 수도 있어.

  네 아버지 돈을 노리는지도 몰라.

- It may not be a problem.
- He might not like you at all.

  He may be after your father's money.

말하기 · 쓰기 연습

01 왜 그게 좋은 생각이 아닐 수도 있는지 말해줘.
→ Tell me why it ☐ ☐ ☐ a good idea.

02 넌 제정신이 아닌 게 틀림없어.
→ You ☐ ☐ out of your mind.

03 억양으로 보건대 그 여자는 강원도 출신이 분명해.
→ Judging from her accent, she ☐ ☐ ☐ Kangwondo.

04 그 여자는 독신일 거야, 아닐 수도 있고.
→ She ☐ ☐ single, or maybe not.

05 너는 나를 알지 못할지도 모르지만, 난 널 알아.
→ You ☐ ☐ ☐ me, but I know you.

06 그 여자는 집에 있을 리가 없어.
→ She ☐ ☐ in her house.

07 그 남자가 틀릴 수도 있어.
→ He ☐ ☐ wrong.

08 걔가 그렇게 똑똑할 리가 없어
→ He ☐ ☐ that smart.

09 제인은 네가 생각하는 것만큼 멍청하지 않을 수도 있어.
→ Jane ☐ ☐ ☐ as stupid as you think.

'그땐 사랑했는지도 몰라'는 추측의 조동사 + have p.p.

049

그건 사랑이었던 게 틀림없어.
It ☐☐☐ ☐☐☐ ☐☐☐☐ love.

○ 리처드 기어와 줄리아 로버츠가 출연한 〈Pretty Woman〉에 나온 노래 제목입니다. 남녀가 꿈 같은 시간을 보내고 헤어지기로 한 후 흐르는 노래죠. 90% 확신하는 추측을 말할 때 must를 쓴다고 했죠? 하지만 must는 과거형이 없는데, '~했던 게 틀림없어'라는 과거의 일에 대한 확신은 어떻게 표현해야 할까요?

현재 확신	과거 확신
must	must have P.P.

tip must가 의무를 표현할 때 과거 표현은 had to를 썼지만, 이 경우에는 안 된다. have to는 의무의 의미만 있기 때문이다.

○ 앞에서 '과거의 일을 후회할 때' should have p.p.를 쓴다고 했죠? must도 마찬가지여서, 현재의 일에 대한 확신은 must로, 과거의 일에 대한 확신은 must have p.p.로 표현합니다. 빈칸에는 must have been을 넣으면 되겠군요. must have been은 must've been으로 축약될 수 있는데, mustbeen 혹은 mustubeen으로 발음하는 경우가 많습니다.

→ **It must have been love.**

050

샐리는 그 영화를 봤을 수도 있어.
Sally ☐☐☐ ☐☐☐ ☐☐☐☐ the movie.

○ 확신 없는 추측 내용을 말할 때 may나 might, could를 쓴다고 했죠? 여기서도 문장 자체는 현재 시제니까 조동사는 그대로 써도 됩니다. 다만, 샐리가 만약 그 영화를 봤다면 그건 과거의 일이니, 조동사 뒤의 빈칸을 과거형으로 표현해주면 되겠군요.

tip 과거형이니까 might나 could만 써야 한다고? 여기서 may, might, could는 모두 '현재의 추측'을 나타내는 조동사이다. 그 뒤에 오는, 추측 내용이 과거의 일일 뿐이다. 따라서 may를 써도 완벽한 문장이다.

○ 이럴 때도 should나 must 뒤에 '과거의 일'을 표현할 때와 똑같은 방식을 쓰면 됩니다. 조동사에 have와 과거분사를 붙이는 거지요. 영화를 '보다'에 해당하는 동사로는 watch가 가장 좋습니다.

→ **Sally may(might, could) have watched the movie.**

확신이 매우 높은 과거에 대한 추측에는 must have p.p., cannot have p.p.를 사용한다. 불확실한 추측에는 may, may not 뒤에 have p.p.를 연결해서 표현한다.

051

007은 거기에 있었을 리가 없습니다.

007 ☐☐☐ ☐☐☐ ☐☐☐ there.

○ 동료 중 한 명이 그러는데 007이 어제 런던에 있었다는군요. 나는 그건 불가능하다고 생각합니다. 007과 어제 저녁까지 같이 있었기 때문이죠. 007이라면 초음속 제트기를 타고 단숨에 런던까지 갈 수 있었을지도 모르니 1%의 가능성은 있을지 몰라도, 99% 불가능한 일이라고 확신하고 있습니다.

○ 현재에 대한 99% 부정적인 확신은 cannot, could not으로 표현한다고 앞에서 배웠죠? 확신하는 사실이 과거의 일이라면 cannot have p.p.나 could not have p.p.를 사용하면 됩니다.

→ **007 cannot(could not) have been there.**

052

지민이는 연락을 받지 못했을 수도 있어.

Jimin ☐☐☐ ☐☐☐ ☐☐☐ ☐☐☐ the message.

○ 모임에 지민이가 나오지 않았습니다. 연락을 받고도 나오지 않은 것인지 아니면 연락 자체를 못 받은 건지 알 길이 없습니다. 그때 지민이의 남자친구 영구가 말합니다. '지민이는 연락을 받지 못했을 수도 있어.'

○ 영구는 지민이를 아끼는 마음에 확신 없는 추측을 하고 있네요. 추측하는 시점은 현재이지만 추측의 내용은 과거의 일입니다. may not, might not 뒤에 추측하고 있는 내용이 과거의 일임을 표현해주면 되겠죠. 이제 패턴을 충분히 익혔을 것입니다. may not have p.p.나 might not have p.p.를 쓰면 됩니다.

→ **Jimin may(might) not have gotten the message.**

C5 추측의 조동사 _ 과거

1. **과거의 일에 대한 강력한 확신 : must have + 과거분사**

- 하라는 극도로 피곤했던 게 분명해.
  23시간을 계속 잤다고 말했어.
- 그 남자는 그 책을 분명히 읽었을 거야.

- Hara must have been extremely tired.
  She said she slept for 23 hours straight.
- He must have read the book.

2. **과거의 일에 대한 확신 없는 추측 : may(might, could) have + 과거분사**

과거에 대해 확신의 정도가 50%를 넘지 않는 경우, 즉 '그랬을 수도 있다' 정도의 생각을 가지고 있을 때에는 may나 might, could에 'have + 과거분사'를 붙여 표현한다.

- 그 친구는 피곤했을 수도 있죠.
- 그 여자에게 무슨 일이 일어났을 수도 있어.

- He may have been tired.
- Something might have happened to her.

3. **과거의 일에 대한 강하고 부정적인 확신 : cannot(could not) have + 과거분사**

과거에 대해 100%는 아닐지라도 그에 근접한 부정적 확신을 갖고 있을 때 cannot과 could not에 'have + 과거분사'를 더하여 표현한다.

- 그 남자가 그런 말을 했을 리 없어.
  그 사람은 내가 아는 가장 친절한 사람이야.
- 그 여자가 그 그림을 혼자서 그렸을 리 없어.
  그 사람이 그렇게 재능이 있지는 않잖아.

- He can't have said such a thing.
  He's the kindest person I know.
- She couldn't have painted the picture for herself.
  You know, she's not that talented.

4. **과거에 대한 확신 없는 추측(부정) : may(might) not have + 과거분사**

- 그 기차는 정시에 그 역을 출발하지
  않았을 수도 있어.
- 그 남자는 그것을 할 용기가 없었는지도 몰라.

- The train may not have left
  the station on time.
- He might not have had the courage to do it.

말하기 · 쓰기 연습

01 그자는 미국에서 태어난 것이 아닐 수도 있어.
→ That guy ☐ ☐ ☐ ☐ ☐ in the U.S.

02 그 남자는 분명히 그때 돈을 많이 벌었을 거야.
→ He ☐ ☐ ☐ a lot of money then.

03 내가 네게 그렇게 말했을 리가 없어.
→ I ☐ ☐ ☐ so.

04 분명히 두려우셨겠네요.
→ You ☐ ☐ ☐ terrified.

05 김씨가 그 남자에게 그 얘길 했을 수도 있어.
→ Mr. Kim ☐ ☐ ☐ him the story.

06 그 남자는 (과거에) 부자였을지도 몰라.
→ He ☐ ☐ ☐ rich.

07 걔는 전혀 아프지 않았는지도 몰라.
→ He ☐ ☐ ☐ ☐ sick at all.

08 그 여자는 그때 놀랐을 리가 없어.
결과를 예상하고 있었거든.
→ She ☐ ☐ ☐ ☐ then.
She expected the result.

053

소프트웨어는 이번 금요일에 도착할 것입니다.
The software ☐ arrive this Friday.

○ 인터넷으로 소프트웨어를 주문하고 위와 같은 이메일을 받았습니다. arrive 앞에 무엇이 있었을까요? will? 문법적으로 틀리진 않지만 will은 '100%에 가까운 예상'에 대한 표현이라서 will arrive라고 썼다가 그날 도착하지 않으면 문제가 커집니다. 그렇다고 may를 쓰면 '도착할지도 몰라요'가 되니, 너무 무책임한 뉘앙스가 됩니다.

○ 이럴 때 should를 쓰면 '소프트웨어가 금요일에 도착할 가능성이 매우 높지만 그렇지 않을 수도 있다'는 뜻이 됩니다. 비즈니스 문서에서는 should를 많이 씁니다. 미래에 대해 '거의 확신한다'고 하면서 만약의 경우 책임을 면할 수 있기 때문이죠.

→ **The software should arrive this Friday.**

054

오후에 비가 올 수도 있어.
It ☐ rain in the afternoon.

○ 이 말을 하는 시점은 아마도 오전일 겁니다. '오후'라는 미래의 일을 추측하고 있지요. 이때 100% 확신한다면 will을 써도 됩니다. 하지만 비올 확률이 90% 이상이라는 일기예보를 봤다면 should를 쓰겠지요. 하지만 여기서처럼 '비가 올 수도 있어'라고 말할 때는 may나 might, could를 씁니다. 물론 현재에 대한 추측의 조동사입니다만 미래의 일을 예측할 때도 사용할 수 있습니다. 현재의 일을 추측하는지 미래의 일을 추측하는지는 동사를 보고 판단합니다.

○ He may be in the library.라고 말한다면 '그는 도서관에 있을 것'이란 현재의 사실을 추측하는 거지요. 하지만 It may rain.이라고 한다면 그건 미래의 일입니다. 지금 비가 오는데, '비가 올 거야'라고 추측할 리는 없으니까요.

→ **It may(might, could) rain in the afternoon.**

미래를 예측할 때 will, be going to 외에 should와 may 등도 쓸 수 있다. will은 100%
확신할 때, should는 꽤 확실한 예측에, may나 might는 불확실한 예측에 사용한다.

○ 예측할 때 쓰는 조동사

미래의 일을 예측할 때 화자가 확신하고 있다면 will이나 be going to를 쓴다(B5 미래 시제 참조).
확신에 가까운 예측에는 should, ought to를 쓴다. 확신이 별로 없는 예측은 may, might, could를
사용한다.

1. should, ought to

• 다음 경기는 환상적일 거야.	• The next game should be fantastic.
• 이 비행기는 곧 착륙할 것입니다.	• This plane should be landing soon.
• 걔는 시험을 잘 볼 거야.	• She/He should do well on the test.
* 걔는 괜찮을 거야.	* She(He) should be all right.

_ should는 현재에 대한 추측에도 쓸 수 있다.

2. may, might, could

• 톰은 오후에 도착할지도 모르지.	• Tom may arrive in the afternoon.
• 저녁에 비가 내릴지도 몰라.	• It could rain in the evening.

말하기 · 쓰기 연습

01 (선적된) 물건은 여러분이 구입하신 날짜로부터
7일 이내에 도착할 것입니다.
→ The shipment ☐ ☐ within 7 days
from the day of your purchase.

02 내일 날씨가 좋을 것입니다.
→ It ☐ ☐ fine tomorrow.

03 그들이 우리를 도울 수도 있을 거야.
→ They ☐ us.

04 그 여자는 나타나지 않을지도 몰라.
→ She ☐ ☐ show up.

C7 능력 / 가능을 말하는 조동사
'이길 수 있다'는 능력, '참가할 수 있다'는 가능

055

여기서 망치를 살 수 있나요?
□□□ I buy a hammer here?

- '할 수 있다'는 말에는 두 가지 의미가 있습니다. '~할 능력이 있다'는 뜻과 '~할 가능성이 있다'는 뜻이 그것이지요. I can lift the heavy stone.은 '능력'에 대한 표현입니다. 그런데 Can it be true?(그게 사실일까?)란 말은 어떤 얘기가 사실일 '가능성'을 묻는 문장이죠.

- '나는 ~을 할 수 있어'를 영어로 할 때 can을 쓰기는 쉽습니다. 하지만 일상에서 Can it be true? 를 활용하거나, 가게에 들어가서 '여기 망치 있어요?' 할 때 Can I buy a hammer here? 를 떠올리는 건 쉽지 않습니다. 가능성의 can을 잘 익혀두세요.

→ Can I buy a hammer here?

056

내년이면 우리는 영화 한 편을 1분 만에 다운로드 받을 수 있을 것이다.
Next year, we □□□ □□□ □□□ □□□ download a movie file in just one minute.

- '다운로드 받을 수 있다'는 can download입니다. 그런데 '다운로드 받을 수 있을 것이다'는 어떻게 될까요? will can download? 그건 불가능합니다. will과 can 같은 조동사는 연이어 쓸 수 없으니까요.

- 이런 경우를 우리는 must에서도 봤습니다. will must 라고 하는 대신 must와 같은 뜻인 동사구 have to를 대신 써서 will have to라고 표현했지요. can의 경우엔 be able to가 그런 역할을 합니다. be able to도 can과 똑같이 능력이나 가능성을 표현하는 말입니다. 그래서 '미래에 ~할 수 있을 것이다'란 말은 will be able to를 써서 표현합니다.

→ Next year, we will be able to download a movie file in just one minute.

can은 주어의 능력뿐 아니라 상황적 가능성도 표현할 수 있다. can 대신 be able to를 쓸 수 있으며 특히 미래 시제에서는 will can은 쓸 수 없고 will be able to만을 쓴다.

1. can은 능력이나 가능성을 표현한다.

- 너는 혼자 그 책상을 움직일 수 없다.(능력)
- You can't move the desk on your own.
- 그 남자는 어디서나 슛을 쏠 수 있다.(능력)
- He can shoot the ball everywhere.
- 내가 오늘 너를 보는 게 가능할까?(가능성)
- Can I see you today?

2. be able to도 can과 같은 뜻이며, can의 미래 시제는 will be able to로 표현한다.

_ 과거 표현에서는 can을 could 로 쓸 수도 있지만, could는 다른 의미로 쓰이는 경우가 많기 때문에 아예 was able to를 사용하는 편이 훨씬 심플하다.

- 그 남자는 그 일을 할 능력이 있다.(능력)
- He is able to do the job.
- 샐리가 올 수 있을까요?(가능성)
- Will Sally be able to come?
- 그 남자는 어머니를 설득할 수 있었다.(능력)
- He was able to persuade her mother.

말하기 · 쓰기 연습

01 그 남자는 누구보다도 더 높게 점프할 수 있었다. → He ☐ ☐ higher than anybody.

02 당신은 (이 책을 읽으면) 몇 가지 장난감을 혼자서 만들 수 있을 것입니다. → You ☐ ☐ ☐ ☐ ☐ several toys on your own.

03 6시에 만날 수 있을까요? → ☐ ☐ meet you at six?

04 그들은 빚을 1년 만에 갚을 수 있었다. → They ☐ ☐ ☐ repay the debt within a year.

C _ 조동사 **81**

057

어릴 적에 어머니는 밤을 구워주시곤 했다.
When I was a little kid, my mother ☐☐☐ ☐☐☐☐☐
bake chestnuts.

○ '~ 하곤 했다'는 표현은 often이나 always 같은 부사가 있으면, 과거 시제만 써도 가능합니다. 그런데 여기에는 그런 부사도 없는 데다 baked도 아닌 bake가 왔네요. 그렇다면 그 앞에 조동사가 들어간다는 얘기네요.

○ 이럴 때 조동사로는 used to나 would를 쓰면 됩니다. 혹시 '규칙적 습관'은 used to, '불규칙적 습관'은 would를 쓴다고 알고 계신가요? 하지만 원어민들은 과거의 습관적인 행위를 표현할 때 두 가지 표현을 별 차이 없이 사용합니다. 빈칸이 두 개니 used to를 넣으면 되겠군요. 하지만 would를 써도 뜻은 거의 비슷합니다.

→ When I was a little kid, my mother used to bake chestnuts.

058

사고는 일어나게 마련이다.
Accidents ☐☐☐☐☐ ☐☐☐☐☐.

Accidents **will** happen.

○ 먼저 이 문장의 답부터 알려드리지요. will happen입니다. 그럼 '인간사에 사고라는 건 으레 있기 마련이다'란 뜻이 됩니다. 신기하지요?

○ will이 등장하면 무조건 미래 얘기라고 생각하는 것은 잘못입니다. will은 '현재의 습성, 경향' 등을 나타낼 때도 쓰입니다. 예를 들어 He will often sit up all night.이라고 하면 '그는 곧잘 밤을 새곤 한다'는 의미이고, Oil will float on water.라고 하면 '기름은 (으레) 물 위에 뜬다'는 의미입니다. 앞의 것은 주어의 습성, 뒤의 것은 성질이나 경향을 표현하고 있지요.

→ Accidents will happen.

would, used to는 과거의 습관을 표현할 때 쓰는데, used to는 사람이 아닌 주어와 쓰여 습관과 관계없는 과거의 사실을 나타내기도 한다. 또한 will은 현재의 습관이나 경향도 표현한다.

1. 과거의 습관 : would, used to

would와 used to는 모두 과거의 습관을 나타낸다. used to는 과거의 지속적 상태를 나타내기도 하는데, 그럴 때에는 would가 대신할 수 없다.

- 당신은 함께 달아나자고 말하곤 했지. · You used to tell me to run away together.
- 우리는 밤새도록 노래를 부르곤 했다. · We would sing all night long.
- ＊ 그 남자는 예전에 여행 대행업자였다. ＊ He used to be a travel agent.

He would be a travel agent.(X)

2. 현재의 습성이나 경향을 나타내는 will

- 남자아이들은 으레 그래. · Boys will be boys.
- 자만하면 파멸하게 되어 있다. · Pride will have a fall.
- 존은 종종 전화해서 아무 얘기도 안 하곤 한다. · John will often call me and say nothing.

말하기·쓰기 연습

01 그 남자는 예전에 요리사였대. → He ⬜ ⬜ ⬜ a cook.

02 우리가 그 섬에 살았을 때 우리는 거의 매일 수영하러 가곤 했었다. → We ⬜ ⬜ ⬜ almost every day when we lived on the island.

03 그 여자는 아무것도 아닌 일에 걸핏하면 울곤 한다. → She ⬜ ⬜ over nothing.

04 그들은 서로 몇 시간씩 얘기하곤 했다. → They ⬜ ⬜ ⬜ each other for hours.

FOCUS

조동사	의미	예문
must	~해야 한다	I must do it right now.
	~임이 분명하다	He must be a lawyer.
	~이었음이 분명하다	She must have lost the book.
	~하면 안 된다	You must not leave the classroom.
have to	~해야 한다	I have to do it right now.
	~해야 했다	I had to take care of my baby sister.
	~할 필요 없다	I don't have to go to school today.
	~할 필요 없었다	I didn't have to go to school yesterday.
have got to	~해야 한다	I've got to go.
should	~하는 것이 당연하다(좋다)	You should apologize.
	당연히 ~했어야 한다	You should have studied last night.
	(미래에) ~일 것이다(90% 확신)	The package should arrive tomorrow.
ought to	~하는 것이 당연하다(좋다)	You ought to apologize.
	당연히 ~했어야 한다	You ought to have studied last night.
	(미래에) ~일 것이다(90% 확신)	The package ought to arrive tomorrow.
had better	~하는 게 좋아(안 하면 큰일날 수도)	You'd better tell me the truth.
may	~할 수 있을까요?	May I come in?
	~해도 좋습니다	You may come in.
	~일 수도 있다	He may be a lawyer.
	~했을 수도 있다	He may have lost the book.
might	~일 수도 있다	He might be a lawyer.
	~했을 수도 있다	He might have lost the book.
will	(미래에) ~일 것이다(100% 확신)	She will be here at 7.
	(미래에) ~할 것이다(의사, 약속)	I will make you a doll.
	반드시 ~하려 한다	I will do it at all costs.

will	~하시겠습니까?	Will you please pass me the salt?
	~하게 마련이다	Accidents will happen.
	~하곤 한다	She will sit up all night.
	(현재) ~일 것이다(강한 확신)	You will be Mr. Brown.
be going to	(미래에) ~일 것이다(100% 확신)	She is going to be here at seven.
	(미래에) ~일 것이다(명확한 계획)	I'm going to visit her this Monday.
	~하려 했으나 하지 못하였다	I was going to do it, but I didn't have time.
can	~할 수 있다(능력)	I can lift this stone.
	~할 수 있다(가능)	You can do shopping on the internet.
	~할 수 있을까요?	Can I use your phone?
	~일 리가 없다	That can't be true.
	~였을 리가 없다	She cannot have been in the theater.
could	(과거에) ~할 수 있었다	He could persuade her.
	~할 수 있을까요?	Could I use your phone?
	~일 수도 있다	He could be a lawyer.
	~했을 수도 있다	He could have lost the book.
	~일 리가 없다	That couldn't be true.
	~였을 리가 없다	She could not have been in the theater.
be able to	~할 수 있다(능력)	He is able to lift the stone.
	~할 수 있다(가능)	I will be able to help you tomorrow.
would	~하시겠어요?	Would you please pass me the salt?
	차라리 ~하겠다(rather)	I would rather stay home than visit her.
	과거의 습관	When I was young, I would often go fishing.
	~하고 싶다(like)	I would like to see her.
used to	과거의 습관	I used to visit him every Sunday.
	과거의 상태	He used to live in Pusan.

수동태에 대해서는 몇 가지 오해가 존재합니다.

첫 번째는 모든 능동태 문장을 수동태로 바꿀 수 있다는 생각입니다. 물론 그 말 자체는 틀리지 않을 수도 있습니다. 하지만 그로 인해 생겨난 '모든 능동태 문장을 수동태로 표현해도 된다'는 생각은 잘못된 것입니다. I like you를 You are liked by me.로, I need it.을 It is needed by me.라고 표현한다면, 원어민들은 여러분을 이상한 눈으로 볼지도 모릅니다. '능동태의 목적어를 주어로 만들고 동사를 be p.p. 형태로 바꾸는 것'이 수동태 학습의 전부라고 생각하는데, 그보다는 어떨 때 수동태 표현을 써야 하는지 아는 것이 더 중요합니다.

두 번째는 모든 수동태 문장을 능동태 문장으로 바꿀 수 있다는 생각입니다. 예를 들어 The light is turned on.라는 문장을 보시죠. 뜻은 '전등이 켜져 있다'입니다. 이 문장은 분명 수동태 문장이지만, 대응하는 능동태가 없습니다. Someone turns on the light.일까요? 아니죠. 불이 켜져 있다는 건 그 전에 이미 누군가가 불을 켰다는 얘기잖아요.
위의 경우처럼 수동태는 있지만, 그에 대응하는 능동태 문장이 없는 경우는 아주 흔합니다.

또 우리가 접하는 수동태 문장들 대부분은 결국 형용사화한 과거분사가 주격 보어로 쓰이는 것이라 보아도 무방합니다. 예를 들어 I am tired.는 '무언가(누군가)가 지금 나를 피곤하게 만든다'란 뜻이 아니라는 거죠. 이 문장은 그저 '나 피곤해'라는 뜻으로, '나 슬퍼'(I am sad)의 문장 구조와 별반 다르지 않습니다. 이런 경우들을 '상태 수동태'라 부르는데, 이 장의 두 번째 부분에서는 이러한 상태 수동태를 집중 해부합니다.

I will !

Unit D

수동태

059

이 건물은 1890년에 지어졌습니다.
The building ☐☐☐☐ ☐☐☐☐ **in 1890.**

○ 관광 가이드가 어떤 건물 앞에서 위와 같이 말했다고 합시다. 그가 설명하고 싶었던 포인트는 건물과 설립년도일 겁니다. 대개의 경우 이때 건물을 지은 사람은 관심사가 아닙니다. 이렇게 어떤 행위의 '주체'가 아니라 '대상'에 말의 초점이 있을 때 수동태를 사용합니다.

○ 행위의 '대상'은 문법적으로 말하면 목적어이니, 수동태는 (능동태의) 목적어였던 것이 주어가 되는 문장입니다. Someone built the building in 1890.에서 The building을 주어로 삼은 거지요. 그럴 땐 동사가 'be동사+과거분사'로 바뀝니다. 1890년에 지어졌으니 was built라고 하면 되겠죠.

→ **The building was built in 1890.**

060

그 남자에게 상이 주어졌다.
An award ☐☐☐☐ ☐☐☐☐ ☐☐☐☐ **him.**

○ 이 문장을 능동으로 표현하면 '누군가 그 남자에게 상을 주었다' 겠죠. 그런데 상을 준 주체가 누구인지 이미 알거나 관심이 없기 때문에 수동태로 표현한 겁니다.

○ 그래도 능동태 문장을 가정해본다면, Someone gave him an award.가 되겠네요. 그런데 여기에는 목적어가 두 개나 있습니다. 그렇다면 수동태도 두 가지가 가능하지요. 간접목적어 him을 주어로 바꾸면 He was given an award.가 됩니다. 상 받은 사람을 강조하는 거죠.

○ 제시된 문장은 직접목적어 an award를 주어로 했네요. 그럼 An award was given him.일까요? 직접목적어를 주어로 할 때는 간접목적어 앞에 적절한 전치사를 넣어야 합니다. give의 경우는 to입니다.

→ **An award was given to him.**

061

그 아이는 Leonardo라고 이름지어졌다.
He [ ] [ ] Leonardo.

○ 이 문장을 능동태로 바꾸면 '누군가가 그 아이를 레오나르도라고 이름 지었다'가 되겠지요. Someone named him Leonardo. 앞에서 다뤘 듯이 name이라는 동사는 목적어와 목적격 보어 모두를 취할 수 있습 니다. him은 목적어, Leonardo는 목적격 보어인 것이지요.

○ 이런 문장의 수동태는 어렵게 생각하지 말고 목적어를 주어로, 동사는 'be + 과거분 사'로, 기본형과 똑같이 하면 됩니다. 목적격 보어 Leonardo는 그대로 남겨두고요.

> → He was named Leonardo.

tip 수동태 문장에서는 목적어가 주어가 되었 으니 목적격 보어는 주격 보어가 되어야 한다. 글을 읽거나 말을 들을 때 수동태 문장인데도 보어가 있 다면 5형식 문장이 변화한 것이라고 생각하면 된다.

062

이 책은 어제 보내졌어야 했어.
This book [ ] [ ] [ ] [ ] yesterday.

○ ' ~했어야 했어'란 표현이 나왔으니 조동사가 필요하겠네요. should have p.p. 생각나시죠? 그런데 책이 '보내졌어야 한 다'고 하니 수동태일 것 같군요. 그렇다면 should have p.p.를 수동태로 써야 하겠네요.

I can **do** it .

○ 조동사가 나오는 문장도 수동태로 만들 수 있습니다. 기억해 야 할 점은 '조동사가 수동형으로 변하는 것이 아니라 본동 사 부분이 수동형으로 변한다'는 것입니다. 예를 들어 I can do it.을 수동태로 바꿔봅시다. can의 과거분사를 배운 적 있나요? 없죠. 결국 can은 놔두고 do를 바꿔야 한다는 뜻입니 다. It can be done (by me).이 되는 거죠. 이 문장에 적용해보면 'should have + be동사의 과거분사 + send의 과거분사' 형태가 되어야 합니다.

It can be **done** (by me)

> → This book should have been sent yesterday.

D1 수동태의 사용

1. 수동태는 이럴 때 쓴다

대상을 강조할 때, 주체를 알 수 없거나 알 필요가 없을 때 수동태를 사용한다.

- 그 법안을 통과시키려면 151표가 필요하다. • 151 votes are required to pass the bill.
  _151표가 가장 중요한 정보

- 안락사를 합법화하는 법안이 네덜란드에서 • A bill legalizing euthanasia was passed
  통과되었다. in the Netherlands.
  _네덜란드 법안이 네덜란드 의회에서 통과된 것은 자명한 일이니 중요한 정보가 아니다.

- 코니의 남편은 그 전투에서 부상당했다. • Connie's husband was injured in the battle.
  _적의 병사 A가 부상을 입혔는지, B가 그랬는지 그런 것은 알 수도 없고 중요하지도 않다.

2. 목적어가 두 개인 문장의 수동태

간접목적어, 직접목적어 모두가 주어가 될 수 있으나 make, buy, get, cook 등의 동사가 있을 땐 직접목적어만 가능하다. 직접목적어가 주어가 되는 경우 간접목적어 앞에 전치사를 써준다.

- 도로시는 장학금을 받았다. • Dorothy was awarded a scholarship.
  • A scholarship was awarded to Dorothy.

- 그 남자는 일자리를 제안받았다. • He was offered a job.
  A job was offered to him.

- 나를 위해 인형 하나가 만들어졌다. • A doll was made for me.
  I was made a doll.(X)

3. 목적어와 목적격 보어가 있는 문장의 수동태

수동태로 바뀌어도 보어는 그 자리에 그대로 남는다.

- 그 남자는 바보라고 여겨졌다. • He was considered to be a fool.
- 리처드 1세는 '사자왕 리처드'라고 불렸다. • King Richard I was called Richard the Lion-Hearted.
- 흡연은 폐암의 주된 이유라고 생각된다. • Smoking is thought to be the main cause of
  lung cancer.

4. 조동사가 있는 문장의 수동태

조동사를 변화시키지 않고, 조동사 뒤의 본동사를 'be동사 + 과거분사' 형태로 변화시킨다.

- 그 기술은 한 달 안에 획득될 수 없다. • The skill cannot be obtained in a month.
- 이 편지는 속달우편으로 보내져야 한다. • This letter must be sent via express mail.
- 이 성은 중세에 지어졌음에 틀림없다. • This castle must have been built
  in the Middle Ages.

01 31명이 그 사고에서 부상당했다. → 31people ⬚ ⬚ ⬚ the accident.

02 그 기타 솔로는 반 헤일런에 의해 → The guitar solo ⬚ ⬚ ⬚ ⬚
연주되었음에 틀림없어.   by Van Halen.

03 그 선수는 리버풀에 간 후 경기할 기회를 → After going to Liverpool, he ⬚ ⬚
결코 받지 못했다.   ⬚ a chance to play.

04 북한에 대한 경제 제재는 그 법안에 포함되지 → Economic sanctions on North Korea
않을 것이다.   ⬚ ⬚ ⬚ ⬚ in the bill.

05 그 공무원은 뇌물을 제공받았지만 거절했다. → The official ⬚ ⬚ a bribe but
rejected it.

06 왜 그 남자가 보수주의자라고 생각되는 거지? → Why ⬚ ⬚ ⬚ ⬚ ⬚
a conservative?

07 네덜란드는 종종 홀란드라고 불린다. → The Netherlands ⬚ ⬚ ⬚
Holland.

08 하지만 이러한 해법들은 그 회사에는 → But these solutions ⬚ ⬚ ⬚
적용될 수가 없다.   ⬚ the company.

063

이 건물은 보험에 든 상태이다.
This building ☐☐☐☐☐ ☐☐☐☐☐ .

- '이 건물은 + ~이다 + 보험에 든 상태'의 구조를 가진 문장입니다. 보험을 영어로 뭐라고 하죠? insurance. 그럼 '보험들다'는? insure입니다. 다 찾았네요. '보험에 든 상태'는 insure의 과거분사인 insured로 표현하면 되거든요.

- 이 문장도 수동태이긴 합니다만, 앞에서 본 것과는 좀 다릅니다. 건물 주인은 보험에 언제 가입했을까요? 적어도 이 말을 하기 이전, 즉 과거에 가입했겠지요. 그렇다면 The building was insured.라고 과거 시제로 써야 하는 것 아닐까요? 헷갈리지 마세요. 이 문장은 어디까지나 '지금' 보험에 들어 있는 상태라는 걸 말하고 있으니까요. 이 경우 과거분사 insured는 '보험에 든 상태인'이란 뜻의 형용사입니다. 문장의 보어로 쓰인 것이지요.

- 이렇게 '과거의 행위에 의해 이루어진 일이 지금 그 상태일 때' 수동태를 사용할 수 있는데, 이를 '상태 수동태'라고 합니다. 이런 경우에는 능동태로 바꿀 수 없으며 'by+행위자'를 쓰지도 않습니다.

→ **This building is insured.**

92

064

이 코트는 양털로 만들어져 있다.
This coat ☐☐☐ ☐☐☐ ☐☐☐ wool.

- 새로 산 코트를 입고 나간 나는 친구들 앞에서 자랑을 하고 싶습니다. ' 이 코트 100% 울이야!' 이걸 어떻게 말할까요? 영어로는 '이 코트는 양털로 만들어져 있어'라고 합니다.

- 자, 문제는 이제부터입니다. 이 코트가 만들어진 것은 분명 과거의 일입니다. 하지만 지금도 양털로 만들어져 있는 건 분명하죠. 지금 나는 이것이 '과거에 만들어졌다'는 걸 말하려는 게 아니라 '코트가 양털로 만들어져 있다'는 걸 말하려고 하는 겁니다. 그럴 땐 방금 배운 상태 수동태를 써서 is made라고 하면 '만들어져 있다'는 뜻이 됩니다.

- '양털로'란 표현은 wool 앞에 '재료'의 의미를 갖고 있는 전치사 of를 붙이면 됩니다.

→ **This coat is made of wool.**

D2 상태 수동태

1. be동사 + 과거분사

과거분사는 형용사와 같은 기능을 갖기 때문에, 보어로 기능할 수 있다. 과거분사이므로 현재의 동작을 뜻하는 것이 아니다. 그래서 by + 행위자가 따라올 수 없다.

- 캐시는 약혼한 상태이다.　　　　　　　• Cathy is engaged.
  _ 약혼은 과거에 이루어졌고 현재 그 여자는 약혼한 상태이다.

- 전등이 켜져 있다.　　　　　　　　　• The light is turned on.
  _ 누군가 과거에 켜서, 전등이 현재 켜져 있다.

- 나 지쳤어.　　　　　　　　　　　• I am exhausted.
  _ 하루 종일 일어난 일의 결과로 지금 지친 상태이다.

2. be동사 + 과거분사 + 전치사

상태 수동태는 현재 동작이 이루어지고 있음을 표현하는 것이 아니라 어떤 상태인지를 표현한다. 그래서 by가 아닌 다른 전치사들과 결합하여 쓰이는 경우가 많다.

- 물은 산소와 수소로 이루어져 있다.　　• Water is composed of oxygen and hydrogen.
  _ 지금 산소와 수소의 화학 반응이 일어나고 있다는 얘기가 아니다.

- 나는 그의 건강을 걱정하고 있다.　　　• I am concerned(worried) about his health.
  _ 근심은 현재 생겨난 것이 아니다.

- 들판이 눈으로 덮여 있다.　　　　　　• The field is covered with snow.
  _ 눈은 현재 내리고 있지 않을 수도 있다.

말하기 · 쓰기 연습

01　그 여자는 흰색 옷을 입고 있다　　　→ She is ☐ ☐ white.

02　너의 가죽 재킷이 찢어져 있네.　　　→ Your leather jacket ☐ ☐.
　　무슨 일이 일어난 거야?　　　　　　What happened?

03　나 여전히 무서워.(scare)　　　　　→ ☐ ☐ ☐ ☐ ☐.

04　그것은 울 제품이야.　　　　　　　→ It ☐ ☐ ☐ wool.

FOCUS

상태 수동태로 흔히 쓰이는 동사들

_ 아래 동사들은 상태 수동태로 흔히 쓰인다. 이 동사들의 완료형이 be동사의 현재 시제와 쓰이면 과거에 어떤 일이 일어나 현재에도 그런 상태임을 드러내고, 과거형 be동사와 함께 쓰이면 그보다 더 앞선 과거의 일 때문에 과거에 어떤 상태로 존재했음을 의미한다.

동사	타동사의 의미	be + p.p.의 의미
bend	구부리다	구부러져 있다
block	(진행을) 방해하다	막혀 있다
break	부수다	부서져 있다
close	닫다	닫혀 있다
confuse	혼란시키다	혼란스럽다
fold	접다, 포개다	접혀 있다, 포개져 있다
hide	숨기다	감추어져 있다
insure	보험 들다	보험 든 상태이다
light	(불을, 전기를) 켜다	켜져 있다
lock	잠그다	잠겨 있다
lose	길을 잃게 하다	길을 잃은 상태이다
schedule	일정을 잡다	일정이 잡혀 있다
set	(시계 등을) 맞추다	맞추어져(정해져) 있다
shut	닫다	닫혀 있다
spoil	망치다	망가진 상태이다
stick	붙이다	꼼짝달싹 못하다
sweep	쓸다	청소가 된 상태이다
tear	찢다	찢어져 있다
turn on(off)	켜다(끄다)	켜져(꺼져) 있다
wash	씻다	청소(설거지)가 되어 있다

* 창문이 깨져 있다. · The window is broken. → Someone broke the window.

(The window was broken by someone)

→ Someone breaks the window.(X)

FOCUS

∘ 상태 수동태로 전치사와 결합하는 동사들

_ 다음의 동사들은 현재의 상태를 나타내면서 동시에 전치사와 결합하여 쓰인다. 상황에 따라서는 전치사 없이 be + p.p.로 끝나기도 한다.

동사	타동사의 의미	be p.p.와 결합하는 전치사	be p.p. + 전치사의 의미
accustom	익숙하게 하다	to	~에 익숙하다
addict	빠지게 하다	to	~에 중독되어 있다
annoy	괴롭히다, 성가시게 하다	with, at	~에게(에) 화가 나다
bore	지루하게 하다	with	~ 때문에 지루하다
compose	구성하다	of	~로 구성되어 있다
concern	근심시키다	about	~에 대해 걱정하다
	관련시키다	with	~와 관련되어 있다
connect	연결하다	to	~에 연결되어 있다
cover	덮다	with	~로 덮여 있다
crowd	꽉꽉 채우다	with	~로 가득차다
dedicate	바치다, 헌정하다	to	~에 헌정되어 있다
devote	바치다	to	~에 바쳐져 있다
disappoint	실망시키다	in, with	~에 실망하다
divorce	이혼하게 하다	from	~와 이혼한 상태이다
do	하다	with	~를 끝낸 상태이다
dress	입히다	in	~을 입고 있다
engage	약혼시키다	to	~와 약혼 상태이다
equip	장비를 갖추다	with	~이 갖추어져 있다
excite	흥분시키다	at, about	~에 흥분하고 있다
exhaust	고갈시키다, 지치게 하다	from	~ 때문에 힘이 하나도 없다
expose	노출시키다	to	~에 노출되어 있다
fill	채우다	with	~로 가득차다

finish	끝내다	with	~을 끝낸 상태이다
frighten	두렵게 하다	of	~을 두려워하다
	놀라게 하다	by	~에 놀라다
interest	흥미(관심)를 끌다	in	~에 관심(흥미)이 있다
involve	연루시키다	in	~에 연루되어 있다
	관련시키다	with	~와 관련되다
know	알다	for	~로 유명하다
limit	제한하다	to	~로 제한되어 있다
make	만들다	of	~로 만들어져 있다
marry	결혼시키다	to	~와 결혼한 상태이다
oppose	대립시키다, 맞서게 하다	to	~와 대립하고 있다
please	기쁘게 하다, 만족시키다	with	~에 만족하다, 기뻐하다
prepare	대비시키다	for	~에 준비가 되어 있다
protect	보호하다	from	~로부터 보호받고 있다
provide	공급하다	with	~가 갖춰져 있다
qualify	자격을 주다	for	~할 자격을 갖추고 있다
relate	관련시키다	to	~와 관련되어 있다
satisfy	만족시키다	with	~에 만족하다
scare	두렵게 하다	of	~를 두려워하다
	놀라게 하다	by	놀라다
terrify	두렵게 하다	of	~을 두려워하다
	놀라게 하다	by	~에 놀라다
worry	걱정하게 만들다	about	~에 대해 걱정하다

여러분은 영어 문장을 '복문'으로 쓸 수 있으세요? 예? 복문이 뭐냐고요? 복문은 두 개 이상의 문장을 하나의 문장으로 꾸깃꾸깃 합쳐놓은 겁니다.

어떤 여성이 바람둥이한테 홀딱 넘어가려고 해서 '난 그 남자가 플레이보이란 걸 알아'라고 말해줬다면 그게 바로 복문입니다. 그 문장은 '그 남자는 플레이보이야'란 문장과 '난 그것을 알아'란 문장 두 개를 합쳐놓은 거니까요.

영어로 바꿔볼까요? I know that the man is a playboy. 그렇게 쉬운 걸 누가 모르냐고요? 아마 읽고 이해하는 것까지는 어렵지 않을 겁니다. 하지만 영어를 쓰거나 말할 때 그런 문장을 금방 떠올리기는 쉽지 않지요.

복문을 나중에 배울 '중문'과 헷갈리기 마세요. 중문은 두 개의 완전한 문장을 and나 but 같은 접속사를 써서 단순히 연결해놓은 것이랍니다. '나는 당신을 사랑하지만 당신은 나를 사랑하지 않아' 같은 문장이지요. 꾸깃꾸깃 합친 건 복문, 단순히 이어붙인 건 중문!

꾸깃꾸깃 합쳐진 문장, 즉 복문을 이해하기 위해서는 여러 가지 '절'들을 이해해야 하는데, 이 장에서는 우선 명사절을 딱 10개의 문장으로 정리해보겠습니다.

Unit E

명사절

that으로 시작하는 명사절
that + 문장 = 명사절

065

나 그 남자가 부자라는 거 알아.
I know ☐☐☐☐ the man is rich.

I know that

the man is rich.
완전한 문장

- 한글 제시문을 잘 보면 '나는 ~를 안다'와 '그 남자는 부자다'란 두 문장이 '~라는 것'이란 말을 고리로 연결되어 있지요. 영어에서 이처럼 '~라는 것'의 기능을 하는 것이 접속사 that입니다.

- 접속사 that이 앞에 붙은 문장은 '명사절'이 되어 다른 문장 속에 들어가 명사의 역할을 합니다. 명사가 그렇듯이 명사절도 어떤 문장의 주어나 목적어, 보어로 쓰인다는 얘깁니다. 여기서는 타동사 know의 목적어 역할을 하고 있습니다. 목적어로 쓰이는 절을 이끄는 that은 구어에서 흔히 생략됩니다.

→ I know (that) the man is rich.
→ I know the man is rich.

066

흡연이 폐암을 일으킬 수 있다는 건 잘 알려져 있다.
☐☐☐☐ is well known ☐☐☐☐ smoking can cause lung cancer.

tip 주어로 쓰이는 명사절의 that은 생략하지 않는다.

- 전체 문장 안에 Smoking can cause lung cancer. 라는 완전한 문장이 들어 있군요. 이처럼 완전한 문장이 다른 문장 속에 들어가려면, '~라는 것'이란 뜻의 접속사 that이 필요하겠죠? 그렇다면 That smoking can cause lung cancer is well known. 정답입니다. 그런데 위의 문장과는 맞지 않네요. 어떻게 된 걸까요?

- 원어민들은 주어 부분이 너무 길면 부자연스럽게 여기는 경향이 있습니다. 그래서 아무 뜻 없는 it을 형식적인 주어로 세워놓고, that절은 뒤로 보내버립니다. It is well known that ~ 이라고 쓰는 거죠. 언어 습관 같은 거니까 그냥 익숙해지도록 하세요.

→ It is well known that smoking can cause lung cancer.

that은 문장 형식 앞에 놓여 명사절을 만드는 접속사로 쓰인다. that절은 주어, 보어, 목적어, 그리고 동격절로 기능한다. 보어과 목적어로 기능하는 that절에서 that은 흔히 생략된다.

067

문제는 그 남자가 경험이 없다는 점이다.
The problem ⬚⬚ ⬚⬚ he lacks experience.

- '문제는 ~이다'라는 말은 The problem is ~.라고 하면 됩니다. 그런데 ~ 자리에 들어갈 말이 좀 복잡하죠? 하지만 He lacks experience. 앞에 '~라는 것'을 뜻하는 that만 붙이면 '그가 경험이 없다는 것'이라는 명사절이 됩니다.

- I am a boy.에서 a boy는 '보어'지요? The problem is ~의 구조도 같습니다. 주격 보어가 들어가야 할 ~자리에는 명사뿐 아니라 명사절도 들어갈 수 있습니다. 이처럼 that으로 시작하는 명사절은 보어로 쓰일 수 있고, 이럴 때의 that도 생략할 수 있습니다.

→ **The problem is (that) he lacks experience.**

068

나는 그 멍청한 영화를 5백만 명이 봤다는
사실을 믿을 수 없어.
I can't believe the fact ⬚⬚ 5 million people watched
that stupid movie.

- the fact나 the idea 뒤에 that절이 오면 '~라는 사실 / 생각'이란 뜻이 됩니다. that절이 앞 명사의 내용을 보충해주게 되며, 앞의 명사와 that절은 = 의 관계에 있게 되므로, 이런 것을 '동격절'이라고 합니다.

the fact that
the idea that

~라는 사실/생각

- 우리말만 보면 '그 영화를 5백만 명이 보았다는'이란 말이 '사실'이란 명사를 꾸미고 있으니 형용사절이라고 생각하기 쉽습니다. 하지만 영어에서 that 5 million people watched that stupid movie는 the fact와 같은, 즉 동격이므로 that절 또한 앞의 명사와 같은 명사절이라고 보는 게 맞습니다.

tip '추상명사 + 동격절'은 the fact that절, the idea that절 이런 식으로 암기해도 좋다. 우리말로 옮길 땐 '~라는 사실 / 생각'이라고 형용사절처럼 해석하는 게 자연스럽다.

→ **I can't believe the fact that 5 million people watched that stupid movie.**

E1 that으로 시작하는 명사절

○ 문장을 명사로 만드는 that

| 나는 ~을 안다. | + | 그는 결혼한 남자이다. | = | 그가 결혼한 남자라는 걸 나는 ~을 안다. |

영어에서 '~라는 것'에 해당하는 기능을 갖는 말이 that이다.

| I know ~ . | + | He is a married man. | = | I know that he is a married man. |

1. that으로 시작하는 절은 명사절로서 다른 문장의 목적어가 될 수 있다.

이 경우 that은 생략되는 경우가 많다.

| 그 남자는 ~을 안다. | + | 그의 아버지는 돈을 사랑한다. | = | 그의 아버지가 돈을 사랑한다는 걸 그 남자는 안다. |
| He knows ~ | | His father loves money. | | He knows (that) his father loves money. |

- 나는 내 자신이 특별하다고 믿은 적이 결코 없었다.
- I never believed (that) I was special.
- 그 남자는 언제나 세상은 결코 변하지 않는다고 말한다.
- He always says (that) the world never changes.

2. that으로 시작하는 절을 문장 전체의 주어로 쓸 수 있다.

이 경우 대개 가주어 it을 문두에 쓰고 that절을 문장 뒤쪽으로 옮긴다.

| ~은 명백하다. | + | 그 여자는 캘리포니아 출신이 아니다. | = | 그 여자가 캘리포니아 출신이 아니란 건 명백하다. |
| ~ is obvious | | She is not from California. | | That she is not from California is obvious.
It is obvious that she is not from California. |

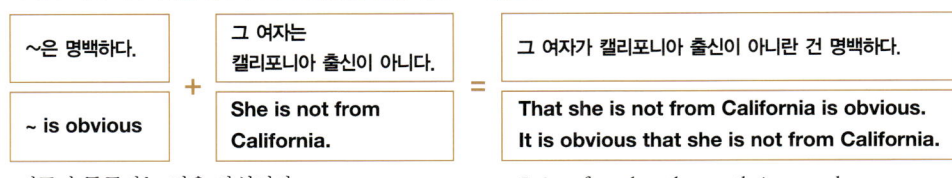

- 지구가 둥글다는 것은 사실이다.
- It is a fact that the earth is round.
- 약 2백만 명이 실업인 상태라고 추정된다.
- It is estimated that about 2 million people are unemployed.

3. that으로 시작하는 절을 문장 전체의 보어로 쓸 수 있다.

| 진실은 ~이다. | + | 그는 40세이다. | = | 진실은 그가 40세라는 것이다. |
| The truth is ~ | | He is forty. | | The truth is (that) he is forty. |

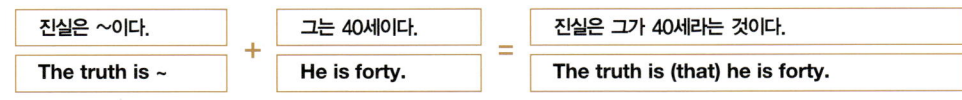

- 또 하나의 이유는 그가 말이 너무 많다는 것이다.
- Another reason is (that) he talks too much.
- 두 번째 문제점은 복사기가 언제나 고장이라는 점이다.
- The second problem is (that) the copying machine is always out of order.

4. 추상명사(fact, idea, notion, problem…) 다음에 that절이 와서 동격의 명사절로 쓰인다.

that절은 앞에 나오는(대개는 the와 결합한) 명사와 의미적으로 동일하다.

~라는 사실		앤이 지각했다		앤이 지각했다는 사실
The fact ~	**+**	**Ann was late.**	**=**	**The fact that Ann was late**

- 앤이 지각했다는 사실이 나를 화나게 했다.
- 남성이 더 강한 성이라는 생각은 절대적으로 그르다.
- 그 CEO가 일년에 5천만 달러를 번다는 사실이 나를 우울하게 만든다.

- The fact that Ann was late made me angry.
- The idea that the male is the stronger gender is absolutely wrong.
- The fact that the CEO makes 50 million dollars a year makes me depressed.

말하기 · 쓰기 연습

01 옛날 사람들은 지구가 평평하다고 믿었다.
→ Ancient people believed ⬚ the earth ⬚ flat.

02 타이거즈가 우승할 것 같지는 않다.
→ ⬚ is unlikely ⬚ the Tigers will win the title.

03 또다른 이유는 그가 추운 날씨를 견디지 못한다는 것이었다.
→ ⬚ ⬚ was ⬚ he couldn't stand cold weather.

04 너무나 많은 사람들이 굶주리고 있다는 사실이 날 슬프게 한다.
→ ⬚ ⬚ ⬚ so many people are hungry ⬚ me sad.

05 우리가 이길 것이라고 믿니?
→ Do you believe ⬚ ⬚ ⬚ win?

06 또 다른 장점은 그것이 공기를 오염시키지 않는다는 것이다.
→ Another advantage is ⬚ doesn't pollute the air.

07 그 남자가 일곱 번 결혼했다는 것은 잘 알려져 있다.
→ It is a well-known ⬚ ⬚ got married seven times.

08 물은 영원하다는 관념은 오류이다.
→ The notion ⬚ ⬚ is forever is wrong.

명사절을 이끄는 의문사
'내 지갑 어딨지?'가 '나는 몰라'와 합쳐지면?

069

너 그 남자 이름이 뭔지 아니?
Do you know ⬚ ⬚ ⬚ ⬚ ?

- '너는 ~을 아니?'인 Do you know ~? 가 나와 있군요. 남은 건 '그의 이름이 뭔지'. '그의 이름이 무엇이냐?'는 What is his name?이죠. 이것을 연결해볼까요? Do you know what is his name? 하지만 이 문장은 틀렸습니다. 왜일까요? Do you know~ 뒤에 필요한 것은 What is his name?이란 의문문이 아니라, 목적어가 되어줄 명사절이기 때문입니다.

- 그런데 의문문을 어떻게 명사절로 고칠까요? 간단해요. is와 his name의 순서만 바꾸면 됩니다. 결국 의문사는 접속사가 되고, 평서문의 어순이 되는 것입니다.

→ **Do you know what his name is?**

070

내 지갑이 어디 있는지 모르겠어.
I don't know ⬚ ⬚ ⬚ ⬚ .

where (is) my wallet ?

~ where my wallet (is).

- '나는 ~을 모르겠다(알지 못한다)'와 '내 지갑이 어디 있을까'를 합친 문장입니다. I don't know는 있으니 '내 지갑이 어디 있을까'라는 의문문을 생각해봅시다. Where is my wallet?이죠. 이제 더할 일만 남았네요. 의문사를 접속사로 쓰면 뒤 문장에서는 어순이 바뀐다는 것을 배웠죠? 주어 → 동사 순으로 바꾸어 I don't know where my wallet is.라고 하면 됩니다.

- what이나 who 등은 의문대명사이고 where나 how 등은 의문부사입니다. 하지만 의문사로 명사절을 이끄는 접속사로 쓰인다는 점에서는 비슷합니다.

→ **I don't know where my wallet is.**

의문사가 있는 의문문은 의문사 자체가 접속어 역할을 하여 문장 속의 명사절로 변할 수 있는데, 이 경우 주어 → 동사의 어순임에 유의하자. 의문사가 없는 경우 if, whether를 활용한다.

071

누구랑 함께 있는지 말해.

Tell me ☐ ☐ ☐ ☐ .

누구랑
있는지 말해!

○ 이 문장에 찔린다면 당신은 혹시 양다리? 우선, '말해'란 의미의 Tell me 뒤에 올 문장을 의문문으로 만들어보죠. '당신 지금 누구랑 함께 있어?'는 Who are you with now?입니다. 전치사를 앞으로 빼서 With whom are you now?라고 할 수도 있습니다. 차이가 뭐냐고요? 요즘 일상회화에서는 그냥 who ~ with라고 하는 경우가 많기 때문에 with whom ~ 은 문어적인 느낌이 강합니다. 하지만 어디까지나 느낌일 뿐, 문법적으로 차이가 없습니다.

○ 명사절로 만들 때에는 앞에 전치사가 있든 없든 똑같이 평서문의 어순으로 씁니다. '전치사 + 의문사'도 다른 문장과 연결되면 접속사 역할을 합니다.

→ **Tell me with whom you are. / Tell me who you are with.**

072

그 얘기 진짜인지 모르겠어.

I don't know ☐ the story ☐ true.

○ I don't know 뒤에 '그 얘기가 진짜인지'를 연결하는 문제군요. 의문문 형태인 '그 얘기가 진실일까?'는 Is the story true?이겠죠. 자, 앞의 세 문장과 차이를 발견하셨나요? 답은 의문사입니다. 의문사가 없는 의문문이잖아요.

○ 이럴 때 어떻게 해야 할까요? 의문사가 없으니 명사절을 만드는 접속사 that을 쓰고 어순을 주어 → 동사 순으로 바꾸면 될까요? 아쉽지만 땡! 어순을 고친 건 훌륭하지만 that은 쓰면 안 됩니다. 의문사(흔히 wh-의 형태)가 없는 의문문을 다른 문장에 집어넣을 때는 that이 아니라 if 또는 whether를 써야 합니다.

→ **I don't know if(whether) the story is true.**

E2 명사절을 이끄는 의문사

1. 의문사(의문대명사) what, which, who(whom, whose)가 이끄는 명사절은 목적어로 쓰일 수 있다.

명사절의 어순은 주어 → 동사 순이 된다. 주절의 동사는 know, wonder, tell인 경우가 대부분이다.

| 너는 ~를 아니? | + | 어떤 것이 더 쌀까? | = | 너는 어떤 것이 더 쌀지를 아니? |
| Do you know ~? | + | Which is cheaper? | = | Do you know which is cheaper? |

- 나는 그것이 무엇을 의미하는지를 모른다.
- 나는 누가 가장 먼저 나타날지 궁금하다.
- I don't know what that means.
- I wonder who will appear first.

2. 의문사(의문부사) where, when, why, how가 이끄는 명사절이 목적어로 쓰일 수 있다.

명사절의 어순은 주어 → 동사 순이 된다.

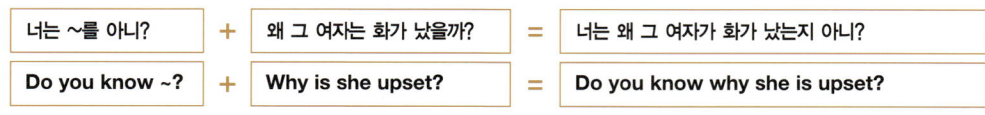

| 너는 ~를 아니? | + | 왜 그 여자는 화가 났을까? | = | 너는 왜 그 여자가 화가 났는지 아니? |
| Do you know ~? | + | Why is she upset? | = | Do you know why she is upset? |

- 나는 그 법안이 언제 통과되었는지 알지 못한다.
- 그 여자가 어떻게 그것을 했는지 궁금하다.
- I don't know when the bill was passed.
- I wonder how she did that.

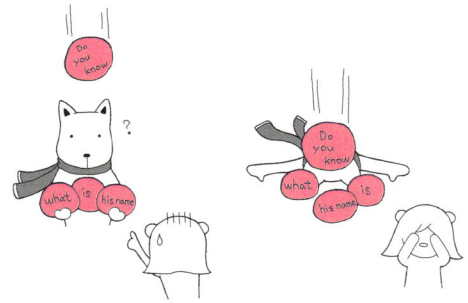

3. '전치사 + 의문사'도 접속사로서 명사절을 이끌 수 있다.

명사절의 어순은 주어 → 동사 순이 된다. 의문사 ~ 전치사 형태의 문장에서도 똑같다.

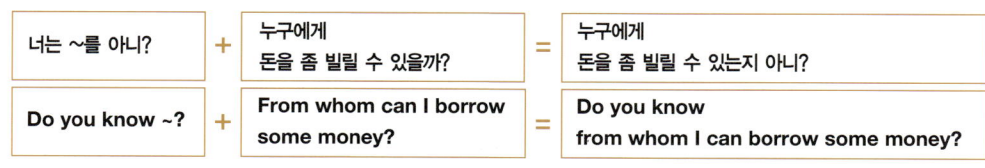

| 너는 ~를 아니? | + | 누구에게 돈을 좀 빌릴 수 있을까? | = | 누구에게 돈을 좀 빌릴 수 있는지 아니? |
| Do you know ~? | + | From whom can I borrow some money? | = | Do you know from whom I can borrow some money? |

- 나는 누구에게 그 편지가 배달되어야 하는지 모릅니다.
- 누구와 가야 할지를 결정하지 못하겠어.
- I don't know to whom the letter will be delivered.
- I can't decide with whom I should go.

4. 의문사가 없는 일반의문문을 명사절로 만들 때는 접속사로 if나 whether을 쓴다.

명사절은 주어 → 동사의 어순이 된다.

너는 ~를 아니?	+ 그들은 안전할까?	= 너는 그들이 안전한지를 아니?
Do you know ~?	+ Are they safe?	= Do you know if(whether) they are safe?

- 우리는 그들이 우리의 제안을 받아들일지 알지 못합니다.
- 그 여자가 참석할지 아닐지는 중요하지 않다.

- We don't know whether they will accept our offer or not.
- Whether she attends or not doesn't matter.

말하기 · 쓰기 연습

01 너 저 여자애가 누구인지 아니?
→ Do you know ☐ ☐ ☐ ☐ ?

02 그 남자는 플레이오프가 언제 시작하는지를 궁금해했다.
→ He wondered ☐ the playoff ☐ ☐ .

03 누구에게 그 책을 줘야 하는지 말해주세요.
→ Tell me ☐ ☐ ☐ should give the book.

04 빌은 그들이 출발했는지 궁금해했다.
→ Bill wondered ☐ ☐ ☐ .

05 나는 그 여자가 올지를 알지 못한다.
→ I don't know ☐ ☐ ☐ ☐ .

06 지금 몇 시인지 알려주실 수 있나요?
→ Could you tell me ☐ ☐ ☐ ☐ now?

07 나는 그 여자가 왜 그리 멍청한 짓을 했는지가 궁금하다.
→ I wonder ☐ ☐ such a stupid thing.

08 나는 우리가 어떤 길을 선택해야 하는지를 모르겠다.
→ I don't know ☐ ☐ ☐ ☐ take.

명사절을 이끄는 관계대명사
접속사이면서 대명사인 1인 2역의 what

073

그들이 원하는 것을 그들에게 줘.
Give them ☐☐☐☐ they want.

○ 여기서는 '그들이 원하는 것'을 영어로 표현하는 것이 포인트입니다. 접속사 that을 넣어 Give them that they want. 일까요? 아쉽지만 틀렸습니다. that 절이 이끄는 문장은 완전한 문장이어야 하는데, that 뒤의 문장에는 want의 목적어가 빠져 있기 때문이죠.

○ 이럴 때는 그냥 접속사가 아니라 뒤문장의 목적어(경우에 따라선 주어)의 역할도 할 수 있는 특수한 접속사가 필요합니다. 그것이 바로 what입니다. 이처럼 접속사와 대명사의 역할을 함께 하는 것을 '관계대명사'라고 합니다. 여기서의 what은 의문문을 이끄는 의문사가 아니라 관계대명사입니다.

→ **Give them what they want.**

074

누구든 제일 먼저 오는 사람이 그 책을 받을 것이다.
☐☐☐☐ comes first will be given the book.

○ '누구든'에 해당하는 말이라면 whoever를 쓰면 되겠군요. '무엇이든'은 whatever, '어느 것이든'은 whichever입니다. 이 -ever가 붙은 말들은 명사절을 이끌거나 부사절을 이끕니다. 여기서 whoever comes first는 '누구든 제일 먼저 오는 사람'이란 뜻의 명사절로, 문장 전체의 주어 역할을 합니다.

tip what, who, which에 – ever가 붙으면 '어떤 조건을 갖춘 모든 것(사람)'을 뜻한다. any가 그렇듯 강조의 의미를 가지게 된다. 그래서 대개 whoever는 anyone who로, whatever나 whichever는 anything that으로 바꿔쓸 수 있다.

○ 위에서 배운 관계대명사 what과 같이, 명사절을 이끄는 접속사의 역할과 그 절의 주어(또는 목적어)로 기능하는 대명사의 역할을 동시에 하고 있습니다. 이렇게 쓰이는 말들을 '복합관계대명사'라고 부릅니다.

→ **Whoever comes first will be given the book.**

what, whatever, whichever, whoever는 선행사를 요구하지 않는 관계대명사여서 명사절을 이끌 수 있다. that과 달리 이것들은 접속사와 대명사의 역할을 동시에 행한다.

1. what은 명사절을 이끄는 접속사의 역할을 수행하는 동시에 그 명사절 안에서 주어, 목적어 등으로 기능한다.

What he said surprised me.에서 밑줄친 부분은 '그가 말한 것'이란 뜻의 명사절이며, 문장 전체의 주어로 쓰였다. 또, Tell me what you need.에서 밑줄친 부분은 '네가 필요로 하는 것'이란 뜻의 명사절이며, 문장 전체의 목적어로 쓰였다. 밑줄친 절 안에서 what은 각각 he said와 you need의 목적어이다.

- 놀라운 것은 그 남자가 단지 21살이라는 것이다.
- What is surprising is that he is only 21 years old.
- 그것이 내가 원하는 것이다.
- That's what I want.

2. whatever, whichever, whoever는 what과 동일한 방식으로 명사절을 이끈다.

whatever, whichever, whoever도 명사절을 이끄는 접속사의 역할과 절 안에서 대명사의 역할을 함께 한다. what과 다른 것은 강조의 의미를 갖는다는 점이다. You can have whichever you choose.에서 밑줄친 부분은 '무엇이든 네가 고른 것'이란 뜻의 명사절이며, 문장 전체의 주어이다. 또, 밑줄친 절 안에서 whichever는 you choose의 목적어이다.

- 너는 원하는 무엇이라도 할 수 있다.
- You can do whatever you want.
- 그렇게 말하는 사람은 누구라도 제정신이 아님에 틀림없다.
- Whoever says so must be out of his(her) mind.
- 너는 네가 선택하는 그 누구와도 결혼할 수 있다.
- You can marry who(m)ever you choose.

말하기 · 쓰기 연습

01 이것이 그분(남자)께서 내게 준 것이다.
→ This is ☐ ☐ ☐ to me yesterday.

02 누구라도 가장 먼저 오는 이가 그것을 얻을 것이다.
→ ☐ ☐ ☐ ☐ will get it.

03 그 남자는 만나는 어떤 사람과도 잘 지낸다.
→ He gets along with ☐ ☐ ☐.

04 당신은 마음속에 있는 무엇이라도 말할 수 있습니다.
→ You can say ☐ ☐ on your mind.

'내가 사랑했던 그 남자가 나를 떠났네.' 이것을 영어로 어떻게 표현할까요? '그 남자가 나를 떠났네'는 The man left me.인데, 문제는 '그 남자'를 꾸며줄 '내가 사랑했던'을 어떻게 표현하느냐 하는 거죠.

'내가 사랑했다'는 I loved입니다. 원래는 목적어도 있어야겠죠. 원래는 I loved the man.이었을 겁니다. 자, 그럼 The man left me.와 I loved the man.을 하나로 묶어야 합니다. 어떻게 해야 할까요? 두 문장에는 공통분모가 있습니다. 그것은 the man이죠. 영어에서는 이런 경우 the man을 한 번 써주고, 그 뒤에 관계대명사를 써서 두 문장을 연결합니다. The man whom I loved left me. 이렇게요.

whom I loved 는 지금까지 배운 절과는 조금 모양이 다르네요. 먼저 통상적인 접속어가 쓰이지 않았고, 통상적인 목적어가 보이지 않습니다. 결국 whom이 접속사의 역할도 하면서, 목적어의 역할도 하고 있는 것입니다. 관계대명사의 특징은, 그것이 접속사의 역할과 그 절 안에서의 주어나 목적어, 혹은 보어의 역할도 한다는 것입니다.

관계대명사를 잘 활용할 수 있으면, 영어 표현 능력을 현저히 높일 수 있습니다. 폼나는 문장들을 자유롭게 만들 수 있다는 얘기죠. 우리는 대개 '김 대리가 작성한 품의서는 문제가 좀 있던데'라고 말하지, '김 대리는 품의서를 작성했지. 그 품의서는 문제가 좀 있던데'라고 말하지는 않잖아요. 자, 이제 영어로도 그렇게 말하실 수 있습니다.

I will !

Unit F

형용사절

WARMING UP

1. 형용사절은 문장 속에 존재하는 명사를 꾸며주는 절이다.

- 그 여자는 그 책을 훔쳤다.
  → 그 책을 훔쳤던 그 여자

- The woman stole the book.
  → The woman <u>who stole the book</u>.

_ 밑줄 친 부분이 형용사절이다.

2. 관계대명사로 형용사절을 만들 수 있다. 이때 관계대명사는 절의 주어나 목적어, 보어역할을 한다.

- 한 여자가 모자를 쓰고 있다.
  그 여자는 내 여동생이다.
  → 모자를 쓰고 있는 그 여자는
     내 여동생이다.

- A woman is wearing a hat.
  The woman is my sister.
  → The woman <u>who is wearing a hat</u> is
     my sister.

_ 두 문장을 연결하면 공통되는 명사(a woman / the woman) 중 하나는 남아서 선행사가 되며, 하나는 관계대명사 who로 변화
  한다. 관계대명사 who로 시작하는 절은 the woman을 꾸며주며, 그 절 안에서 who는 is wearing a hat의 주어 역할을 한다.

- 나는 집 한 채를 샀다.
  이것이 그 집이다.
  → 이것이 내가 샀던 그 집이다.

- I bought a house.
  This is the house.
  → This is the house <u>which I bought</u>.

_ 두 문장 모두에 등장하는 명사(a house / the house) 중 하나는 남아 선행사가 되며, 나머지 하나는 관계대명사 which로 변
  한다. 관계대명사 which로 시작하는 절은 the house를 꾸며주며, which는 I bought의 목적어 역할을 한다.

형용사절 1 _ 관계대명사
'예전의 내가 아니야'를 영어로 어떻게 말할까?

075

기타를 연주했던 애가 내 여자친구야.
The girl ☐☐☐ ☐☐☐☐ ☐☐☐ ☐☐☐☐ is my girlfriend.

○ '그 여자애는 내 여자 친구야'와 '그 여자애가 기타를 연주했다'란 두 개의 문장이 합쳐진 문장입니다. 두 번째 문장이 '기타를 연주했던'으로 변해 '여자애'라는 명사를 꾸며주고 있는 것이죠. 이제 '연주했다'를 '연주했던'으로 바꿔주는 말을 생각해내면 위의 문제가 풀립니다. 영어에서는 이런 기능을 관계대명사, 혹은 관계부사가 수행합니다. 여기서는 who나 that을 사용해야 합니다.

○ 그런데 who는 문장을 형용사절로 바꾸어 명사를 꾸미게 하는 접속사의 기능 외에, 또 다른 역할도 합니다. who가 이끄는 문장인 who played the guitar에서 who를 손으로 가려보세요. 문장에서 뭐가 안 보이죠? 그렇죠, 주어가 없습니다. 이때 who는 the girl을 선행사로 하는 접속사의 역할뿐 아니라 절의 주어 역할도 하고 있는 겁니다.

○ 이렇게 접속사의 역할과 주어의 역할을 함께 행하는 말을 '주격 관계대명사'라고 부릅니다. 꾸며주는 말(선행사)이 사람이면 who나 that을, 동물이나 사물이면 which와 that을 사용합니다.

→ **The girl who(that) played the guitar is my girlfriend.**

076

저 남자가 내가 얼마 전에 얘기했던 그 사람이야.
That man is the guy 〔　　　〕 I was talking about the other day.

○ That man is the guy.는 '저 남자가 그 사람이야'란 뜻의 완전한 문장입니다. I was talking about the other day.는 '얼마 전에 얘기했다'란 뜻입니다. 그런데 about의 목적어가 안 보이는 불완전한 문장입니다.

○ 빈칸에 들어갈 단어는 I was talking about the other day.를 절로 만들어 연결해줄 접속사의 역할과, 절 안에서의 목적어 역할을 겸해야 합니다. 관계대명사가 필요한 거지요. 이렇게 절의 목적어 역할을 하는 관계대명사를 '목적격 관계대명사'라고 합니다.

○ 목적격 관계대명사에는 whom, which, that 등이 있고, 사람이 선행사인 경우 whom과 that을 쓰는데, 생략하기도 합니다.

→ That man is the guy (whom, that) I was talking about the other day.

077

나는 예전의 그 남자가 아니야.
I am not the man 〔　　　〕 I used to be.

tip I am not what I used to be.라고 표현해도 이 문장과 같은 뜻이다. 의문사 what이 관계대명사로 쓰이면 선행사(이 경우엔 the man)의 역할까지 하기 때문.

○ 이 문장에는 I am not the man.(나는 그 남자가 아니다)이란 말과 I used to be the man.(나는 예전에는 그 남자였다)라는 말이 같이 들어 있습니다. 사람이 변했다는 얘기지요. 두 문장의 공통 단어는 the man입니다. 공통단어가 관계대명사로 변하여 다른 문장의 명사(여기서는 the man)를 꾸미는 것이 바로 형용사절입니다.

○ 그런데 I used to be the man.이라는 문장에서 the man은 보어입니다. 빈칸에 들어갈 관계대명사는 the man을 대신하고 있으니, 절의 보어 역할을 하는 거지요. 이런 경우엔 오직 that만이 가능하며, 관계대명사는 생략할 수 있습니다.

→ I am not the man (that) I used to be.

관계대명사를 이용해 형용사절을 만들 수 있다. 이렇게 만들어진 형용사절은 절 앞의 명사나 대명사, 즉 선행사를 수식한다. 관계대명사는 접속사와 대명사의 기능을 동시에 수행한다.

078

손이 묶인 그 남자는 어제 체포되었다.
The man [＿＿＿] hands are tied was arrested yesterday.

○ The man was arrested yesterday.와 His hands are tied.가 합쳐진 문장입니다. 하지만 빈칸에 his를 넣을 순 없겠지요. 그러면 두 문장을 연결하는 접속사 자리가 없어지니까요. 여기서 필요한 것은 his, 즉 대명사의 소유격 역할과 접속사의 역할을 겸할 관계대명사입니다. 그런 역할을 하는 것이 '소유격 관계대명사' whose입니다.

○ 다른 관계대명사가 이끄는 절의 문장은 주어, 목적어, 보어 중 한 가지가 없는 불완전한 문장입니다. 하지만 소유격 관계대명사가 이끄는 절은 위 문장의 hands are tied처럼 완전한 문장이라는 차이가 있습니다. 소유격 관계대명사 whose는 사람과 사물 모두에 쓸 수 있다는 것도 알아두세요.

→ The man whose hands are tied was arrested yesterday.

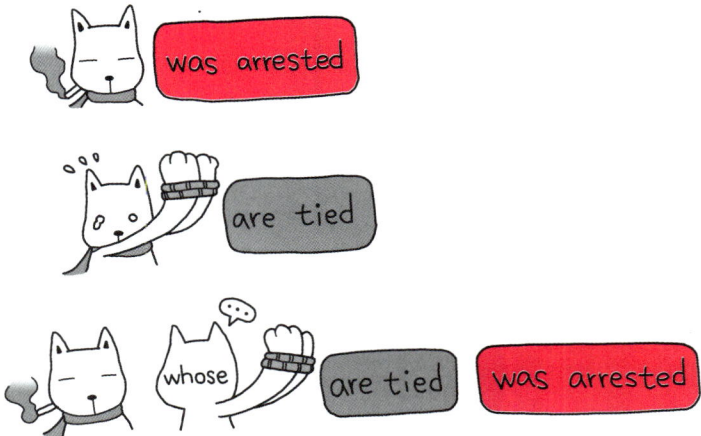

형용사절은 명사 혹은 대명사(선행사)를 수식하는 기능을 가지며, 관계대명사를 이용해 만들 수 있다. 관계대명사가 다른 접속사와 다른 것은, 접속의 기능뿐 아니라 형용사절 내부에서 대명사 기능도 갖는다는 점이다. 관계대명사는 앞에 오는 명사(선행사)에 따라, 형용사절 내부에서의 기능에 따라 형태가 달라진다.

선행사 \ 절 속의 역할	주어	목적어	보어	소유격
사람	who, that	whom(who), that, 생략	that, 생략	whose
사물, 동물	who, that	which, that, 생략	that, 생략	whose, of which

1. 주어 역할을 하는 관계대명사

- 이것은 기계이다. 그 기계는 세상을 바꾸었다.
  → 이것이 세상을 바꾼 기계이다.
- 엄마, 쟤가 어제 나를 때렸던 남자아이야.
- 나는 감옥에 다녀온 일이 있는 어떤 남자를 안다.

- This is a machine. The machine changed the world.
  → This is the machine which(that) changed the world.
- Mom, that's the boy who hit me yesterday.
- I know a man who has been to the prison.

2. 목적어 역할을 하는 관계대명사

목적격 관계대명사는 형용사절 안에서 목적어 역할을 하며, 그 절은 선행사를 수식한다. 목적격 관계대명사는 흔히 생략된다.

- 이것이 그 컴퓨터이다.
  나는 그 컴퓨터를 기다리고 있었다.
  → 이것이 내가 기다리고 있던 그 컴퓨터이다.
- 이것이 당신이 주문했던 책입니다.
- 내가 사길 원했던 책은 품절이었다.

- This is the computer.
  I have been waiting for the computer.
  → This is the computer which I have been waiting for.
- This is the book (which, that) you ordered.
- The book (which, that) I wanted to buy was sold out.

3. 보어 역할을 하는 관계대명사

형용사절 내부에서 관계대명사가 보어 기능을 한다. 이런 경우 관계대명사는 that을 사용하거나 생략한다.

- 제인은 예전의 그 여자가 아니다.
  _ was 다음에 보어가 없다. that이 그 역할을 하고 있는 것이다.
- 나는 과거의 나의 조각들일 뿐이야.
- 그 여자는 그 여자의 어머니 같은 여자가 아니다.

- Jane is not the woman (that) she was.
- I'm just the pieces of the man (that) I used to be.
- She is not the woman (that) her mother was.

4. 소유격 관계대명사

형용사절 내부에서 소유격의 기능을 한다. whose는 사람이나 동물, 사물 등에 모두 쓸 수 있지만, 동물이나 사물에는 of which 를 쓰기도 한다. 문장이 장황해지므로 부사구로 바꾸는 것이 좋다.

- (그의) 구두가 하얀 그 남자는 제임스 본드이다.
- (그것의) 지붕이 붉은 그 집은 메리의 집이다.

- The man whose shoes are white is James Bond.
  * The man in white shoes is James Bond.
- The house whose roof is red is Mary's.
- The house of which the roof(the roof of which) is red is Mary's.
  * The house with the red roof is Mary's.

말하기 · 쓰기 연습

01 어제 내게 전화했던 남자가 오늘 또 전화했다.
→ The man ▢ ▢ ▢ me yesterday called me again.

02 어제 네가 만났던 남자는 내 친구야.
→ The man ▢ ▢ ▢ yesterday was one of my friends.

03 그 산에 추락했던 그 비행기는 ABC 회사 소유였다.
→ The plane ▢ ▢ into the mountain belonged to the ABC Corporation.

04 그 여자는 친절했던 옛날의 그 여자가 아니다.
→ She is not the kind woman ▢ ▢ was.

05 내가 사고 싶었던 그 책은 품절이었다.
→ The book ▢ ▢ to buy was sold out.

06 그 남자가 내가 얘기하는 유일한 사람이다.
→ He is the only person I ▢ ▢ .

07 저 사람이 자신의 두 아들이 모두 하버드에 간 여자다.
→ That is the woman ▢ ▢ ▢ went to Harvard.

08 나는 예전의 내 모습의 그림자일 뿐이야.
→ I'm just the shadow of the man ▢ ▢ ▢ ▢ .

형용사절 2 _ 관계부사
전치사를 품은 관계대명사는 관계부사

079

컴퓨터를 살 수 있는 상점을 아세요?
Do you know any store ☐ I can buy computers?

○ 관계대명사 which를 넣어도 될까요? 관계대명사는 형용사절 내부에서 주어, 목적어, 보어, 소유격 중 하나의 역할을 수행한다고 했는데, 빈칸 뒤에 나오는 I can buy computers 는 완벽한 문장이군요.

○ 여기서 가게(store)는 구입할 대상, 즉 buy의 목적어가 아니라, 거기에서 무언가를 사는 장소입니다. 즉, I can buy computers in a store 가 되죠. 이런 경우 관계대명사를 쓴다면 관계대명사 앞에 in을 쓰거나, 관계부사 where를 써야 합니다.

→ **Do you know any store where I can buy computers?**

080

당신과 처음 키스했던 날을 결코 못 잊을 거야.
I'll never forget the day ☐ I first kissed you.

○ 여기서도 빈칸 뒤의 I first kissed you.는 완전한 문장입니다. 그래서 빈칸에는 관계대명사를 넣을 수 없습니다. 우선 문장을 나누어봅시다.

○ 나는 그날을 결코 잊지 못할 것이다. / 나는 그날 당신과 처음으로 키스했다. 이것을 영어로 하면, I will never forget the day. / I first kissed you on the day.입니다.

○ 뒷문장에는 the day 앞에 전치사 on이 있네요. 공통분모 중 하나는 선행사가 되고 다른 하나는 관계대명사가 되는 것 기억하시죠? 그래서 위의 문장은 on which로 연결할 수 있습니다. I will never forget the day on which I first kissed you. 여기서 '그날'은 '그때'란 말로 고칠 수 있습니다. 따라서 on which는 when으로도 표현할 수 있지요.

→ **I'll never forget the day when I first kissed you.**

081

그것이 걔가 화가 났던 이유이다.
That was the reason ⬚ he was angry.

○ 이제 패턴을 아시겠죠? 관계부사는 그것이 이끄는 절이 형용사절이라는 면에서
관계대명사와 같습니다. 하지만 관계대명사 뒤에는 불완전한 문장이 오는 반
면, 관계부사 뒤에는 완전한 문장이 옵니다. 자, he was angry.는 어떤가요?
주어, 동사, 보어로 이루어졌으니 완벽하네요. 그럼 관계부사겠죠?

○ 그렇다면 관계부사 중 어느 것일까요? 관계부사는 선행사에 따라 결정됩니다.
장소면 where, 시간이면 when, 선행사가 '이유'라면? why, 즉 for which입니다.
그런데 the reason과 why는 너무나 당연한 결합이라서 둘 중 하나는 생략되는 경우가
많죠.

→ That was (the reason) why he was angry.

082

나는 네가 그 일을 한 방식이 싫다.
I don't like ⬚ ⬚ you did the job.

○ 패턴은 앞에서 본 문장들과 유사하지만, 결론은 조금 다릅니다. you did the job
이 완전한 문장이므로 빈칸에 관계대명사는 올 수 없습니다. 대신 전치사와
결합한 관계대명사나 관계부사가 와야 하지요.
I don't like the way. You did the job in the way.
→I don't like the way in which you did the job.

○ in which는 how로 대체할 수 있죠. 하지만 현대 영어에서는 대개 그렇게 쓰지
않습니다. 따라서 '~하는 방식'은 the way in which, the way that, the way, how
등이 사용되죠. 현실적으로는 세 번째 네 번째가 가장 많이 쓰입니다.

→ I don't like the way you did the job.

F2 형용사절 2 _ 관계부사

관계부사로 시작하는 절들도 형용사절로 선행사를 꾸민다. 관계부사는 '전치사＋관계대명사'의 의미라고 생각할 수 있는데, 선행사에 따라 사용 가능한 관계부사가 달라진다.

선행사	장소 명사	시간 명사	the reason	the way(manner)
관계부사	where	when	why	how
관계대명사와 결합하는 전치사	in, on, at	in, on, at, during	for	in

1. '전치사 + 관계대명사'와 관계부사

관계부사는 공통되는 명사 중 하나가 전치사에 이어지는 경우 쓰이며, 그래서 '전치사 + 관계대명사'로도 표현 가능하다.

- 이것이 그 건물이다.
  내 여자친구는 그 건물에서 / 여기서 일한다.
  → 이것이 내 여자친구가 일하는 건물이다.

- This is the building.
  My girlfriend works in the building / here.
  → This is the building in which my girlfriend works.
  This is the building (which) my girlfriend works in.
  This is the building where my girlfriend works.

- 그 여자는 자기가 화난 이유를
  내게 말하지 않았다.
- She did not tell me the reason why(for which)
  she was upset.

- 그 기차가 떠날 시간을 말해줘.
- Tell me the time when(at which) the train will leave.

2. 관계부사 혹은 선행사의 생략

선행사가 일반적 의미를 갖는 명사인 경우 관계부사와 선행사 중 하나는 생략이 가능하다.

- 이곳이 내가 사는 곳이야.

- This is the place where I live.
  This is the place I live. This is where I live.

- 그것이 그가 그 여자를 떠난 이유였다.

- That's the reason why he left her.
  That's the reason he left her. That's why he left her.

3. **관계부사와 선행사 중 반드시 하나는 쓰지 말아야 하는 how**

선행사와 관계부사 중 하나를 생략할 수도 있고 다 쓸 수도 있는 when, where, why와 달리 how는 선행사와 동시에 쓸 수 없다. ~하는 방식은 the way in which, the way that, 또는 the way, how 등이다. 하지만 the way how는 쓰지 않는다.

- 저게 덩크슛을 하는 방법이지요.

- 어떻게 그 요새에서 탈출했는지 말해줄 수 있나요?

- That's the way you dunk the ball.
  That's how you dunk the ball.

- Could you tell me the way you escaped the fort?
  Could you tell me how you escaped the fort?

말하기 · 쓰기 연습

01 여기가 내가 일하는 곳이야.
→ This is ☐ ☐ ☐ .

02 그게 앤디가 지각했던 이유야.
→ That's ☐ ☐ Andy was late.
  That's ☐ Andy was late.

03 그것이 그 남자가 부자가 된 방법이야.
→ That's ☐ he became rich.

04 왜 우리가 결혼하지 말아야 하는지 한 가지 이유만 말해줘.
→ Give me one reason ☐ we should not get married.

05 나는 여전히 빌을 처음 보았던 날을 기억한다.
→ I still remember ☐ ☐ I first saw Bill.

06 여기가 내가 걔를 마지막으로 본 곳이에요.
→ This is ☐ ☐ last saw him.

083

그분께는 두 아들이 있었는데, 그들은 유명해졌다.
He(She) had two sons, ☐☐☐☐ became famous.

○ 만일 빈칸이 두 개라면 and와 they를 쓰면 될 텐데, 빈칸이 하나뿐이네요. 이럴 땐 접속사의 기능과 대명사의 기능을 함께하는 관계대명사를 넣으면 되겠네요. 그런데 문제는 관계대명사절은 형용사절이라 했는데 이 경우는 뒤의 절이 앞의 절을 꾸미는 것이 아니라는 겁니다. '그분께는 두 아들이 있었다'와 '그들(두 아들)은 유명해졌다'는 단순히 연결되고 있습니다.

○ 관계대명사 앞에 ','가 있으면 명사절은 앞의 선행사를 꾸미는 기능 대신, 정보를 추가하는 기능만을 갖습니다. ','가 없으면 '유명해진 두 아들'이 되겠지만, ','가 있기 때문에 ', 그리고 그들은'의 의미가 됩니다. 이것을 흔히 '계속적 용법'이라 부릅니다.

→ He(She) had two sons, who became famous.

084

내 수업에는 20명의 학생들이 있는데,
그들 중 대부분은 여학생이다.
In my class there are 20 students, ☐☐☐ ☐☐ ☐☐☐☐
are female students.

○ 빈칸 앞의 문장은 완전한 문장입니다. 우선 and를 이용해 뒷문장을 연결해봅시다. 그러면 and most of them이 됩니다. 그런데 네 단어네요.

○ 위에서 관계대명사 앞에 ','가 있으면 그것이 접속사와 대명사의 역할을 한다고 했죠. 그럼 그것을 확장해봅시다. '콤마 + and they'가 '콤마 + who'로 바뀔 수 있듯이, '콤마 + and most of them'은 '콤마 + most of whom'으로 바뀔 수 있습니다. and와 them, 즉 접속사와 대명사는 관계대명사가 되고, 그 앞에 most of가 붙는 것입니다. 계속적 용법은 독자적으로 쓰이기도 하지만 of와 연결되기도 합니다.

→ In my class there are 20 students, most of whom are female students.

085

나는 코엑스 몰에 갔는데, 거기서 보스와 마주쳤다.
I went to COEX Mall, ☐ I came across my boss.

- '나는 보스를 만났던 코엑스 몰에 갔다'는 조금 이상하지요? 코엑스 몰은 고유명사인데, '내 보스와 만났던'이 수식하니까 어색한 거죠. 그보다는 '나는 코엑스몰에 갔는데, 거기서 보스를 만났다'가 더 나은 문장입니다.

- 관계부사절은 장소를 뜻하는 선행사를 꾸밀 수 있지만, 이런 문장에서는 선행사를 수식한다기보다는 부가적 정보를 준다고 보는 편이 자연스럽습니다. 앞에서도 언급했듯이 관계사를 이용하여 부가적 정보를 전달할 때에는 ', '를 사용합니다. '콤마 + where'는 '그런데 거기에서' 정도의 의미가 되므로 , '콤마 + and there' 정도로 바꿀 수 있을 것입니다. '콤마 + 관계부사'의 활용은 why나 how에는 해당되지 않고, where와 when에만 해당된다는 것도 기억하세요.

→ I went to COEX Mall, where I came across my boss.

F3 관계사절과 구두점의 사용

콤마(구두점)는 말을 하는 경우 약간의 쉼이 일어남을 의미한다. 그래서 콤마가 관계사 앞에 쓰이면 의미의 흐름이 그 지점에서 단절되고, 관계사절은 더 이상 선행사와 하나의 의미 단위가 아닌 것이 된다. 콤마 없이 쓰이는 관계사절이 선행사를 설명하는 필수적 의미를 담고 있다면, 콤마가 있는 경우는 추가적 정보를 전달한다.

1. 형용사절을 이끄는 관계대명사와 ', + 관계대명사'의 차이

- 그분에게는 변호사가 된 두 아들이 있었다.
  - 그에게 아들이 몇 명 있는지는 알 수 없으며, 변호사가 된 아들이 두 명이라는 것만 알 수 있다.
- He had two sons who became lawyers.

- 그분에게는 두 아들이 있었고, 그들은 변호사가 되었다.
  - 아들은 두 명이며, 두 명 모두 변호사가 되었다.
- He had two sons, who became lawyers.

- 박찬호는 — 그는 최초의 한국인 메이저리그 선수였다 — 올해 필라델피아에서 뛰고 있다.
  - 고유명사 뒤에는 콤마가 쓰인다
- Chanho Park, who became the first Korean Major League player, is playing for Philadelphia this year.

2. 관계대명사의 계속적 용법의 확장

계속적 용법으로 쓰이는 관계대명사는 수를 나타내는 말과 연결되어 쓰이기도 한다.

- 7명의 사내가 물을 찾으러 나갔지만, 그들 중 둘만이 돌아왔다.
- 7 guys went out for water, just two of whom returned.
  7 guys went out for water, but just two of them returned.

- 세 명의 남자가 있었는데, 그들 중 한 명은 유명한 래퍼였다.
- There were three men, one of whom was a famous rapper.
  There were three men, and one of them was a famous rapper.

124

3. 관계부사의 계속적 용법

관계부사절은 콤마 뒤에 쓰여 독립적인 절을 형성하기도 한다. when과 where만이 이런 용법으로 쓰이며, 이런 경우 부가적 정보가 전달된다.

- 샘은 국립박물관에 갔는데,
  거기서 옛 친구 피터를 만났다.
- 회의는 목요일에 열릴 것이고,
  그때 새로운 CFO가 소개될 것입니다.

- Sam visited the National Museum,
  where he met an old friend, Peter.
- The meeting is going to be held on Thursday,
  when the new CFO will be introduced.

말하기 · 쓰기 연습

01 그 사건은 1989년에 일어났는데,
그때 나는 고등학생이었다.

→ The incident happened in 1989, ☐ I was in high school.

02 나는 스미스 씨를 방문했는데,
그 사람은 턱수염을 기른 키가 큰 남자였다.

→ I visited Mr. Smith, ☐ ☐ a tall man with a beard.

03 우리는 20명의 남자들을 보냈지만,
그들 중 아무도 돌아오지 않았다.

→ We sent 20 men, ☐ ☐ ☐ returned.

04 그 남자는 20개의 사과를 샀는데,
그 중 몇 개는 썩어 있었다.

→ He bought 20 apples, some ☐ ☐ were rotten.

05 필은 화가 났고, 그것은 이해할 만한 일이다.

→ Phil was angry, ☐ was understandable.

06 그 여자는 부산으로 갈 예정인데,
거기서 나는 여름 휴가 기간에 머물렀다.

→ She is going to Pusan, ☐ I stayed during the summer vacation.

준동사란 동사로부터 파생되어 명사나 형용사 등의 기능을 하는 것들을 가리킵니다. 준동사에는 동명사, 부정사, 분사 등이 있습니다. 동명사는 명사적인 기능을 하며, 분사는 형용사적 기능을 합니다. 부정사는 명사, 형용사, 부사의 기능을 모두 수행합니다. 대략 정리해보면 다음과 같습니다.

구분	동명사	현재분사	과거분사	부정사
형태	-ing	-ing	-ed, 불규칙	to ~
의미	~하는 것	~하고 있는 / ~하게 하는	~된	~하는 것, ~할, ~하기 위하여, ~하기에는 등

명사가 있는데 왜 굳이 준동사가 필요할까요?
우리말을 먼저 보죠. 우리말에 '건설'이라는 명사가 있습니다. 그런데 '건설하다'라는 동사가 있고 거기에서 파생된 '건설하기'나 '건설하는 것'이라는 말도 있습니다. 명사가 있는데 명사의 기능을 하는 이런 말이 또 있는 것은 쓸데없는 일일까요? 그렇지 않습니다. '이 다리를 건설하는 것은 쉽지 않겠어.'란 말을 해야 할 때, '이 다리를 건설은 쉽지 않겠어'라고 할 수는 없지 않겠습니까?

같은 이유로 영어에도 동명사가 존재하는 것입니다. constructing a bridge는 가능하지만, construction a bridge는 불가능하니까요. 명사처럼 사용하되 목적어를 취하는 등의 동사적 성질을 가지는 말, 이것이 준동사입니다.

Unit G

명사처럼 쓰이는 준동사

086

그 여자를 설득하는 것은 어려워.

□□□ □□□ is difficult.

○ '그 여자를 설득하는 것'까지가 주어군요. '그 여자를'은 her입니다. 그럼 '설득하는 것'이란 말만 남았습니다. 주어 자리이니 명사를 써야 할 것입니다. 영어에는 '설득'이란 뜻의 명사가 있습니다. persuasion이 그것이지요. 하지만 persuasion은 명사라서 her라는 대명사를 목적어로 삼을 수 없습니다. 따라서 동사를 변형시켜 명사처럼 사용하는 한 단어가 필요합니다. 아하, 동명사겠군요. persuading은 동명사여서 목적어를 가질 수 있지요.

○ 여기서 persuading her는 문장의 주어 역할을 합니다. 이렇게 동명사는 명사처럼 주어, 목적어, 보어로 기능하며, 명사와 달리 동사적 특성도 갖습니다.

➜ **Persuading her is difficult.**

087

그 여자를 설득하는 것은 어려워.

□□□ is difficult □□□ □□□ her.

○ 같은 문제가 또 나왔네요? 하지만 자세히 보면 영어 표현의 어순이 다릅니다. 그렇다면 다른 표현 방법도 있다는 얘기지요.

○ 동명사 외에 to부정사도 주어, 목적어, 보어로 기능할 수 있습니다. 그래서 이 문장은 To persuade her is difficult.로도 표현할 수 있습니다. 그런데 제시된 문제와는 뭔가 좀 다르군요. 이 문장도 틀린 것은 아니지만, 원어민들은 이처럼 주어가 긴 경우, 대부분 의미 없는 it을 문장 앞에 쓰고, to부정사 부분은 문장 뒤쪽으로 보냅니다. 그래서 정답은 It, to, persuade입니다.

➜ **It is difficult to persuade her.**

동명사와 to부정사는 문장에서 명사가 담당하는 주어, 목적어, 보어 등의 역할을 수행할 수 있다. 단 일반 명사와 다른 것은 그 자체가 목적어를 취하는 등의 동사적 성질 역시 가진다는 점이다.

088

성급하게 행동하는 것이 우리에게 이롭지는 않다.

☐☐ doesn't benefit us.

☐☐☐ doesn't benefit us.

○ '성급하게 행동하는 것'이 주어네요. 먼저 '행동하는 것'이란 말을 생각해봅시다. 동명사와 부정사가 모두 쓰일 수 있으니 acting이나 to act가 되겠죠. 이제 남는 문제는 '성급하게'를 어떤 단어로 표현할 것인가와, 어디에 놓을 것인가 하는 겁니다.

○ 동명사와 부정사는 동사의 성질과 명사의 성질을 함께 가지므로, 명사일 때처럼 형용사로 꾸밀지 동사일 때처럼 부사로 꾸밀지 헷갈릴 수 있습니다. 명사의 경우에는 hasty action 처럼 앞에서 형용사가 꾸미고, 준동사의 경우에는 부사가 뒤에서 꾸밉니다.

→ **Acting hastily doesn't benefit us.**

→ **To act hastily doesn't benefit us.**

089

그 여자를 보는 것은 그 여자를 사랑하는 것이었네.

☐☐ her was ☐☐ her.

☐ her was ☐ her.

○ 이 말은 곧 '그 여자를 보자마자 사랑에 빠졌다'는, 즉 '첫눈에 반했다'는 말이죠. 여기서 '그 여자를 보는 것'은 Seeing her, 혹은 To see her입니다. 그리고 '그 여자를 사랑하는 것'은 loving her, 혹은 to love her입니다.

○ 동명사와 to부정사는 주어로도 쓰이지만, 보어로도 쓰입니다. 주의할 것은 만일 주어에 동명사가 쓰였다면 보어도 동명사를 써야 하고, to부정사가 주어였다면 보어도 to부정사여야 한다는 점입니다.

→ **To see her was to love her.**

→ **Seeing her was loving her.**

G1 동명사와 부정사의 명사적 용법 1

동사 원형에 −ing를 붙여 동명사로 만들거나 to를 붙여 부정사로 만들면, 문장 속에서 명사의 역할을 할 수 있다. 명사와 다른 점은 여전히 동사의 성격을 지닌다는 점이다.

I like soccer. → I like playing soccer.

_ like의 목적어이며, soccer를 목적어로 취함(명사에는 없는 기능)

Basketball is fun. → To play basketball is fun.

_ 문장의 주어이며, basketball 이라는 목적어를 취함

1. 주어로 쓰이는 동명사

동명사는 문장의 주어로 기능할 수 있다. 하지만 명사와 달리 관사가 붙지 않으며, 동사의 성질을 지니기 때문에 뒤에 목적어나 수식어구가 올 수 있다.

- 가끔은 혼자 있는 것이 좋지.
- 그 회의에 참석한 것은 나에게 많은 도움이 되었다.
- 방향을 바꾸는 것이 불평하는 것보다는 더 유용할 것이다.

- Sometimes, being alone is good for you.
- Attending the conference helped me a lot.
- Changing direction would be more useful than complaining.

2. 주어로 쓰이는 to부정사

to부정사 또한 주어로 쓰일 수 있다. 그런데 to부정사 뒤에 수식어구들이 붙어 길어질 경우에는 대개 주어 자리에 가주어 It을 쓰고 to부정사구를 문장 뒤로 보낸다.

- 그 남자를 납득시키는 것은 쉽지 않았다.
- 그 프로젝트를 일주일 안에 끝내는 것은 힘들다.

- To convince him was not easy.
  It was not easy to convince him.
- To finish the project in a week is difficult.
  It is difficult to finish the project in a week.

3. 동명사와 to부정사의 수식

동명사와 to부정사는 형용사가 아니라 부사로 수식한다. 부사(구)는 동명사나 to부정사의 뒤에 위치한다.

- 혼자 여행하는 것은 쉽지 않았다.
- '효율적으로 일하기'가 그분 연설의 주제였다.
- 정기적으로 운동하는 것이 중요하다.

- Traveling alone was not easy.
- 'To work efficiently' was the topic of his speech.
- It is important to exercise regularly.

4. 보어로 쓰이는 동명사와 to부정사

동명사와 to부정사는 보어로도 쓰일 수 있다.

- 보는 것이 믿는 것이다(백문이 불여일견).
- 그 남자의 첫 번째 직업은 차를 수리하는 것이었다.
- 내가 필요로 하는 것은 자는 것이다.

- Seeing is believing.
- His first job was repairing cars.
- What I need is to sleep.

말하기 · 쓰기 연습

01 그 남자를 이해하는 것은 불가능하다. → ☐ ☐ is impossible.

02 그것을 비밀스럽게 하는 것이 중요하다. → It is important ☐ ☐ ☐.

03 중요한 것은 정시에 도착하는 것이다. → What is important is ☐ ☐ ☐ ☐.

04 우리의 슬로건은 '열심히 일하기'가
아니라 '효율적으로 일하기'이다.
→ Our motto is not working ☐,
but working ☐.

05 그 남자애가 가장 좋아하는 오락거리는
여자아이들을 놀리는 것이다.
→ The boy's favorite amusement is ☐ girls.

06 사라 코너를 채용한 것은 큰 실수였다. → It was a big mistake ☐ ☐ Sarah Conner.

07 단지 그 여자와 함께 있었던 것이 그 남자를
행복하게 만들었다.
→ Just ☐ ☐ ☐ made him happy.

08 내가 원하는 모든 것은 너와 함께 있는 거야. → All I want is ☐ ☐ ☐ ☐.

090

나 담배 끊었어.
I quit [　　　].

- 담배는 cigarette이니까 I quit cigarette. 일까요? 이 말은 직역하면 '담배를 멈췄다, 중단했다'가 됩니다. 우리말로도 확실히 어색하죠? '담배를 끊었다'는 우리말의 진짜 의미는 '담배 피우기를 중단했다'입니다. 그러니 '담배 피우기'란 표현을 찾아야 하지요.

- '담배 피우다'는 smoke라는 동사이니, '담배 피우기'는 to smoke 아니면 smoking 이겠군요. 그런데 quit이라는 동사는 목적어로 동명사만을 씁니다. 따라서 빈칸엔 smoking. 동명사나 부정사가 목적어로 쓰일 때는 동사에 따라 무엇을 쓸지가 결정됩니다.

→ **I quit smoking.**

091

나는 그들과 그것을 공유하는 것에 반대한다.
I object to [　　　] [　　　] [　　　] them.

- '공유하는 것'이란 말로는 to share와 sharing이 가능합니다. 그런데 빈칸 앞에 to가 있으니 to share로 표현하면 될 것 같지요? 그런데 여기엔 함정이 있습니다.

- object 뒤에 나온 to는 '~에'의 의미를 갖는 전치사라는 거죠. object는 '반대하다'란 의미의 자동사여서, '~에 반대하다'는 object to로 표현해야 합니다. 전치사 다음에는 동사 원형이 아니라 전치사 다음에는 명사를 써야 합니다. 이 경우 준동사 목적어로는 동명사만 쓰지요. 그래서 share가 아니라 sharing을 써야 합니다. 전치사 to를 to부정사의 to로 착각하기 쉬우니 조심하세요.

→ **I object to sharing it with them.**

092

곧 여러분을 방문하길 희망합니다.

We ▢▢▢ ▢▢▢ ▢▢▢ you soon.

○ '~하기를 희망하다'는 hope, '방문하다'는 visit입니다. 단어는 다 찾았네요. '방문하기'를 희망하는 것이니, visit를 명사처럼 쓰는 방법만 정하면 되겠습니다. 동명사와 to부정사 중 어느 쪽이 좋을까요?

○ 100% 적용되는 것은 아니지만, to부정사에는 '미래 지향적 특성'이 있습니다. I want to visit you.라는 말은 '나는 너를 방문하기를 원한다'는 뜻이지요. 원하는 것은 현재의 일이지만 보러 가는 것은 나중, 즉 미래의 일이지요. 이렇게 준동사구의 의미가 본동사의 시제보다 미래를 표현할 경우 목적어로는 to부정사를 쓰는 경우가 많습니다. 위 문장에서도 희망하는 시점은 현재입니다만 방문하는 시점은 그 후의 일이기 때문에 to부정사가 어울립니다.

→ **We hope to visit you soon.**

093

그 남자는 나에게 입 닥치라고 말했다.

He told me ▢▢▢ ▢▢▢ up.

○ '입 닥치다'는 shut up입니다. 빈칸이 두 개니까 두 번째에는 shut이 들어갈 것이고, 나머지 하나는? 예, to입니다. 그런데 대체 왜 to부정사를 쓰는 걸까요?

○ tell은 to부정사를 목적격 보어로 취하는 동사입니다. tell 외에도 '~에게 ~하라고 말하다, 명령하다, 설득하다, 강요하다, 권고하다, 허용하다, 장려하다, 기대하다' 등의 의미를 갖는 많은 동사들은 목적어(~에게) 뒤에 목적격 보어 (~하라고)로 to부정사를 씁니다.

○ 여기서 me는 told의 목적이고, to shut up은 목적격 보어입니다. tell은 to부정사를 목적격 보어로 취하는 동사이므로 동명사는 쓸 수 없습니다.

→ **He told me to shut up.**

G2 동명사와 부정사의 명사적 용법 2

1. 동명사만을 목적어로 취하는 동사

다음의 동사 뒤에는 동명사만이 목적어로 쓰일 수 있다. 빈번히 사용되는 패턴이니 반사적으로 쓰고 말할 수 있도록 연습해두자.

finish, quit, stop 끝내다, 중지하다	give up 포기하다	keep on 계속하다
delay, postpone, put off 미루다, 연기하다	avoid 피하다	mind 꺼리다
appreciate 감사하다 suggest 제안하다	enjoy 즐기다	mention 언급하다

- 유리는 축구하는 것을 즐긴다.
- 창문 좀 열어주시겠어요?
- 그 CEO는 직원들에게 연설하는 것을 연기했다.

- Yuri enjoys playing soccer.
- Would you mind opening the window?
- The CEO put off addressing the staff.

2. 동명사를 목적어로 취하지만 착각하기 쉬운 동사구

다음은 동사구에 to가 포함되어 있어서 to 부정사를 목적어로 하는 동사인 것처럼 착각하기 쉬운 것들이다. 그러나 여기서의 to는 대개 '~에'를 뜻하는 전치사이고, 전치사는 동명사를 목적어로 취한다.

object to, be opposed to ~에 반대하다	dedicate oneself to, devote oneself to ~에 헌신하다
look forward to ~을 기대하다	be used to, be accustomed to ~에 익숙하다

- 우리는 당신을 만날 것을 고대하고 있습니다.
- 김씨는 가난한 이들을 돌보는 데 헌신했다.
- 그들은 밤새워 일하는 데 익숙했다.

- We are looking forward to meeting you.
- Mr. Kim devoted himself to taking care of the poor.
- They were used to working overnight.

3. to부정사만을 목적어로 취하는 동사

다음의 동사는 to부정사만을 목적어로 취한다. 이때 부정사의 의미는 본동사보다 미래인 경우가 많다.

agree 동의하다	ask 요청하다	choose 고르다	decide 결정하다
expect 기대하다	fail 실패하다	hope 희망하다	intend 의도하다
learn 배우다	manage 겨우 해내다	mean 의도하다	offer 제안하다, 신청하다
plan 계획하다	pretend ~인 체하다	promise 약속하다	refuse 거절하다
tend ~하는 경향이 있다	want 원하다	would like 기꺼이 ~하다	

- 짐은 우리 당을 지원하는 것에 동의했다.
- 당신의 감정을 상하게 하려는 의도는 아니었습니다.

- Jim agreed to support our party.
- I didn't mean to hurt you.

4. to부정사를 목적격 보어로 취하는 동사

다음의 동사는 '누구에게', '~을 하라고' 말하거나 허락하거나 요구하거나 기대한다는 뜻을 가진다. 문장의 구조를 살펴보면 '누구에게'가 목적어, to부정사 '~하라고'가 목적격 보어인 5형식 문장이다.

~에게 ~하라고 말하다 **advise, ask, encourage, order, persuade, remind, teach, tell**
~에게 ~하라고 허락하다, 기대하다, 요구하다, 원하다 **allow, expect, require, want**
~가 ~을 하게 하다, 강제하다 **get, compel, force, oblige**

- 의사는 나에게 운동을 하라고 권고했다.
- 나는 FC서울이 그 경기에서 이길 것이라 기대한다.
- 그 경찰관은 운전자에게 차에서 나오라고 명령했다.

- The doctor advised me to work out.
- I expect FC Seoul to win the game.
- The officer ordered the driver to get out of the car.

말하기 · 쓰기 연습

01 그 남자는 자신의 할아버지를 방문할 것을 제안했다. → He [   ] [   ] his grandfather.

02 아버지는 그 비용을 지불하는 것에 동의하셨다. → Father [   ] [   ] [   ] for the bill.

03 그분은 세상을 더 나은 곳으로 만드는 데
자신을 바쳤다. → He(She) devoted himself [   ] [   ] the
world a better place to live in.

04 제니퍼는 그 회사에게 그 자선 단체를
도와달라고 설득했다. → Jennifer [   ] the company [   ]
the charity.

05 그 여자는 혼자 있는 데 익숙했다. → She was [   ] [   ] alone.

06 나는 너를 계속 사랑할 거야. → I will keep [   ] [   ] you.

07 포스의 어두운 면을 사용하는 것을 배워라. → [   ] [   ] the dark side of the force.

08 나는 그 남자가 올 것이라고 기대하지 않는다. → I don't [   ] [   ] [   ] .

094

비가 내리기 시작했다.

▢ began ▢ ▢.

○ 영어에서 '비가 내리다'는 rain입니다. 그럼 주어는 무엇일까요? '비가' 란 말은 rain 안에 들어 있으니 다른 것을 생각해야 합니다. 이럴 때 쓰는 것이 it입니다. 날씨 등을 표현할 때 문장의 꼴을 갖추기 위해 쓰는 의미 없는 주어지요. 그래서 '비가 오고 있다'는 It is raining. 입니다. 그럼 '비가 오기 시작했다'는 어떻게 하면 될까요?

○ 첫 단어는 It일 테고, began 뒤에는 rain이란 동사를 동명사나 to 부정사로 변형해 넣으면 됩니다. 둘 중 어느쪽을 써도 상관 없습니다. 어떤 동사는 동명사와 부정사 모두를 목적어로 취하고 의미 차이도 없는데, begin도 그런 동사 중 하나죠. 여기서는 빈칸이 두 개니까 to rain이라고 해야겠지요.

→ **It began to rain.**

095

나는 그 여자를 한번 보았던 것을 기억한다.

I remember ▢ ▢ once.

○ '그 여자를 보았던 것'이란 말이 들어가야겠네요. '그 여자를'은 her니까 남은 한 칸에는 seeing일 텐데, '보는 것'이나 '보기'란 뜻의 seeing이 '보았던 것'이란 말도 표현할 수 있을까요? 걱정하지 마세요. remember나 forget 뒤에 목적어로 동명사가 오면 과거의 일을 나타내는 것이라는 합의가 사람들의 머릿속에 있으니까요.

○ 그런데 이 동사들의 목적어 자리에 to부정사가 오면 뜻이 완전히 달라집니다. I remember to see her.라고 하면 '나는 그 여자를 보기로 한 것을 기억한다'는 말이 되거든요. 차이를 아시겠습니까? remember나 forget 같은 동사는 뒤에 동명사가 나오면 과거의 일을, to부정사가 나오면 미래의 일을 나타냅니다.

→ **I remember seeing her once.**

동명사와 부정사 모두를 목적어로 취할 수 있는 동사들도 있다. 이 동사들 중에는 어느 쪽을 취하든 의미가 달라지지 않는 경우가 있고, 목적어에 따라 의미가 달라지는 경우가 있다.

096

당신의 남편이 사망했음을 알리게 되어 유감입니다.

We regret 〔　　　　〕 〔　　　　〕 you that your husband passed away.

- regret은 '후회하다'와 '유감이다' 두 가지 뜻을 가진 동사입니다. 두 가지를 구별해서 쓰는 방법은 간단합니다. 후회한다면 분명 과거의 일을 얘기하겠죠. 지금이나 미래의 일을 후회할 수는 없으니까요. 그럴 때는 regret ~ing, 즉 동명사를 씁니다.

- 반대로 regret to ~ 라고 하면 '~하게 되어 유감이다'라는 뜻이 됩니다. regret to tell은 '말하고 싶지 않지만 해야 하고, 그런 말을 하게 되어 안타깝다'는 뜻이죠. that절의 내용 때문에 헷갈리지 마세요. '남편이 사망했다는 것'은 과거의 일이지만, 그 사실을 유족에게 알리는 것은 현재의 일이니까요.

→ **We regret to tell you that your husband passed away.**

097

청국장을 먹어봐.(청국장을 먹는 것을 시도해봐.)

〔　　　　〕 〔　　　　〕 chonggukjang.

- try는 '애쓰다'란 뜻으로 많이 알려져 있지만 '시험 삼아 해보다'란 뜻도 갖고 있습니다. 예를 들어 Try the hat.이라고 하면 '그 모자가 어울리는지 한번 써봐'란 말이 되지요.

- try도 목적어의 형태에 따라 뜻이 달라지는 동사입니다. try to ~ 라고 to부정사를 쓰면 대개 '~하려 애쓰다, 노력하다'란 뜻입니다. 또, try ~ing라고 동명사를 쓰면 '새로운 시도를 해보다, 시험삼아 ~하다'란 의미가 됩니다.

→ **Try eating chonggukjang.**

G3 동명사와 부정사의 명사적 용법 3

1. 동명사와 to부정사를 모두 목적어로 취하고 의미도 비슷한 동사

begin, start 시작하다	continue 계속하다	like, love, hate 좋아하다, 사랑하다, 미워하다

- 그들은 구멍을 파기 시작했다.
- 이민자들의 수는 계속 증가했다.
- 제레미는 시를 쓰는 것을 좋아한다.

- They started digging(to dig) a hole.
- The number of the immigrants continued rising(to rise).
- Jeremy likes writing(to write) poems.

2. remember(forget) 뒤에 동명사가 오면 과거의 일, to부정사가 오면 미래의 일

- 나는 진과 올림픽 공원에 갔던 일을 기억한다.
- 가스를 잠가야 한다는 것을 잊지 마(잊지 말고 잠가).
- 윌은 종종 문을 잠가야 한다는 것을 잊는다.

- I remember visiting Olympic Park with Jean.
- Don't forget to turn off the gas.
- Will often forgets to lock the door.

3. regret 뒤에 동명사가 오면 '후회하다', to 부정사가 오면 '~해서 유감이다'

- 그놈의 얼굴에 주먹을 날린 것을 나는 후회하지 않는다.
- 이런 말 하게 되어 미안한데, 너는 정신병자야.
- 당신의 원서가 너무 늦게 도착했음을 알리게 되어 유감입니다.

- I don't regret punching his face.
- I regret to tell you this, but you're a lunatic.
- We regret to inform you that your application arrived too late.

4. try 뒤에 동명사가 오면 '시도해보다', to 부정사가 오면 '~하려 애쓰다'를 의미한다.

- 나는 나의 슈팅 기술을 향상시키려 애쓰고 있다.
- 소설 쓰는 것을 시도해본 적이 있니?
- 의사들은 그 남자의 고통을 덜어주려 애썼지만 소용이 없었다.

- I'm trying to improve my shooting skills.
- Have you tried writing a novel?
- Doctors tried to relieve his pain in vain.

말하기 · 쓰기 연습

05~07번은 to부정사와 동명사 중 어울리는 준동사를 선택하는 문제입니다.

01 나는 지는 것을 싫어한다.
→ I ☐ ☐ ☐ .

02 그 남자는 계속해서 운동했다.(work out)
→ He continued ☐ ☐ ☐ .

03 나는 그 남자를 설득하려 애써왔다.
→ I ☐ ☐ ☐ persuade him.

04 당신의 구독기간이 만료되었음을 알려드리게 되어 유감입니다.
→ We ☐ ☐ ☐ ☐ that your subscription has expired.

05 나는 그 남자를 한 번 보았던 것을 기억한다.
→ I remember (to see / seeing) him once.

06 불을 꺼야 한다는 것을 잊지 가.
→ Don't forget (to turn / turning) the light off.

07 나는 그날 밤 외출했던 것을 후회하고 있어.
→ I regret (to go / going) out that night.

08 채식을 시도해보지 그래?
→ Why don't you ☐ ☐ a vegetarian diet?

098

그 여자는 부자였던 것으로 보인다.
She seems ☐ ☐ ☐ rich.

○ seem은 '~처럼 보이다'입니다. '그 여자는 부자처럼 보인다'라면 seem to be rich. 혹은 seem rich.입니다. 그런데 '부자였던 것처럼 보인다'는 어떻게 표현해야 할까요? seemed rich.라고 하면 '부자처럼 보였다'가 되어버립니다. 그런데 위의 문장은 '지금' 보기에 '과거에 부자였던 것처럼' 느껴진다는 뜻입니다.

○ 이처럼 부정사구의 내용이 본동사의 시점보다 과거의 일인 경우에는 to have p.p.의 형식을 사용합니다. to부정사는 본래 to + 동사 원형이니 to was는 불가능합니다. 때문에 to have p.p 구조가 생긴 거지요. 이를 '완료부정사'라고 부르기도 하는데, 특히 seem이나 appear와 함께 쓰이는 경우가 많습니다.

→ **She seems to have been rich.**

099

나는 그렇게 대접받는 것을 원하지 않았다.
I didn't ☐ ☐ ☐ ☐ like that.

○ '나는 ~하기를 원하지 않았다'란 말은 I didn't want to~입니다. 이제 '대접받다'란 단어를 찾아 준동사로 만들어주면 되겠군요. 그런데 영어에는 그런 단어가 없습니다. '대접하다'라는 뜻의 treat가 있을 뿐이지요. I didn't want to treat.라고 하면 '나는 대접하기를 원하지 않았다'가 되고 맙니다. 게다가 treat는 타동사인데 목적어가 없으니 문법적으로도 틀린 문장이네요.

○ treat를 가지고 '대접받다'란 표현을 만들려면 수동태를 써야 합니다. 자연히 '대접받는 것'이란 뜻의 부정사도 수동형이 되어야 하죠. 수동태가 be p.p.니까 그 앞에 to만 붙여주면 되겠군요. want to be treated가 답입니다.

→ **I didn't want to be treated like that.**

부정사구나 동명사구의 내용상 시제가 본동사 시제보다 앞설 경우 to have p.p.나 having p.p.를 쓰며, 수동형 부정사와 동명사는 각각 to be p.p.나 being p.p.로 표현한다.

100

배달을 늦게 해서 죄송합니다.
We are sorry for ☐ ☐ the delivery.

○ be sorry 다음에 이유를 쓸 때는 전치사 for를 씁니다. 전치사의 목적어로 to부정사는 올 수 없습니다. 여러 가지 정황으로 보아 동명사를 써야겠네요.

○ 그런데 이 말을 하는 시점에는 배달이 이루어진 것 같으니, 결국 사과를 하는 것은 지금의 일이고, 배달이 지연된 것은 과거의 일입니다. 이렇게 본동사의 시제와 동명사의 내용상의 시제가 다른 경우 '완료동명사'를 사용할 수 있습니다. to부정사의 경우에서도 시간 차이를 to have p.p.로 보여주었듯이 동명사도 having p.p.를 사용해 시제 차이를 드러낼 수 있습니다. 그러므로 for having delayed를 사용하면 시제상 앞선 것에 대해 사과하고 있음이 드러날 수 있습니다.

→ We are sorry for having delayed the delivery.

101

그 여자는 아첨받는 것을 좋아한다.
She likes ☐ ☐.

○ 역시 핵심은 '아첨받는 것'입니다. like 동사 다음에는 to부정사도 올 수 있고, 동명사도 올 수 있습니다. 그런데 '아첨받다'라는 동사는 없으니 '아첨하다'란 뜻의 동사 flatter의 수동형을 생각해보아야 합니다.

○ 동명사의 수동태는 being p.p.입니다. 부정사의 수동형이 to be p.p.인 것과 같은 방식이죠. 빈칸이 두 개이니 being flattered를 쓰면 되겠죠. 원어민들은 듣기 좋은 말을 들었을 때 I'm being flattered 라는 말을 합니다. '나는 지금 아첨받고 있네요.' 정도로 직역할 수 있겠네요.

flattering

being flattered

→ She likes being flattered.

G4 부정사와 동명사의 완료형, 수동형

1. to have p.p.

본동사의 시제보다 부정사의 내용상 시제가 앞서는 경우 완료부정사를 쓴다.

- 그 여자는 많은 일을 겪었던 것처럼 보인다.
- 캐시는 살이 좀 빠진 것처럼 보여.
- 종이는 중국에서 발명되었다고 믿어진다.

- She seems to have gone through a lot.
- Cathy appears to have lost some weight.
- Paper is believed to have been invented in China.

2. to be p.p.

수동형 to부정사는 to be p.p.로 쓴다.

- 나는 다른 팀으로 트레이드되기를 원합니다.
- 모든 이는 사랑받기를 바라지.
- 누가 해고되기를 원하겠어?

- I want to be traded to another team.
- Everyone likes to be loved.
- Who wants to be fired?

3. having p.p.

동명사의 시제가 본동사의 시제보다 명확히 앞서면 완료동명사를 쓴다. 단 remember나 forget, regret 등의 목적어로는 일반적인 동명사를 쓰는 것이 보통이다.

- 더 빨리 편지를 쓰지 않아서 죄송해요.
- 그 남자는 그 나라에서 노예처럼 취급받았던 것을 언급했다.
- 찰리는 여러 파트너를 가졌던 것에 대해 떠벌렸다.

- Sorry for not having written to you earlier.
- He mentioned having been treated like a slave in the country.
- Charlie boasted about having had multiple partners.

4. being p.p.

수동형 동명사는 being p.p.를 쓴다.

- 그 남자는 진실을 듣는 것을 좋아하지 않는다.
- 그 선수는 시카고로 이적된 후 경기를 계속 잘하고 있다.
- 한 남자가 기차에 치인 후 사망하였습니다.

- He doesn't like being told the truth.
- The player has played well after being traded to Chicago.
- A man died after being hit by train.

01 제때에 돈을 돌려드리지 않았던 것을 죄송하게 → I am sorry not ☐ ☐ ☐ the
    생각합니다.   money in time.

02 그 남자는 그 돈을 잃어버린 것으로 보인다.   → He seems ☐ ☐ ☐ the money.

03 이 방은 페인트칠할 필요가 없다.   → This room doesn't need to ☐ ☐.

04 그 노인께서는 독일에서 오신 것으로 보인다.   → The old man appears ☐ ☐ ☐ from
                                                    Germany.

05 그는 줄기 세포의 숫자에 관해 거짓말을 했던   → He apologized to the public ☐ ☐
    것에 대해 대중들에게 사과했다.   ☐ about the number of stem cells.

06 그 남자는 그 여자가 그에게 그러한 공포를   → He felt anger against her ☐ ☐
    주었다는 것에 분노를 느꼈다.   ☐ him such a fright.

07 샘은 니콜이 해고될 것이라고 예상하지 않았다.   → Sam didn't expect Nicole ☐ ☐
                                                    ☐ off.

08 그 의사는 그 남자의 죽음이 구타의 직접적   → The doctor said his death was the direct result
    결과였다고 말했다(직접적 사인은 구타였다).   ☐ ☐ ☐.

'난 걔가 노래하는 게 좋아', singing의 주인은?

> **102**
>
> ## 그들은 샘이 거기에 가야 한다고 주장했다.
> **They insisted on** ☐☐☐ ☐☐☐ **there.**

○ insist는 두 가지 형태로 쓸 수 있습니다. 첫째, that절을 써서. They insisted that Sam go there. 둘째, that절 대신 명사나 명사구를 써서. 그런데 이때는 꼭 on을 붙여야 합니다. 결론부터 말하자면 답은 They insisted on Sam going there.입니다. to go를 쓰지 않고 going을 쓴 것은 on 때문입니다. 전치사 뒤에는 동명사가 와야 하니까요.

○ 이때 동명사 앞에 Sam을 쓴 것은 insist하는 사람은 '그들'이지만 going을 하는 주체는 Sam이란 걸 알려주기 위한 겁니다. 이렇게 동명사의 주체가 문장 전체의 주체와 다를 때는 의미상의 주어를 붙여야 합니다. 위 문장에서 Sam을 빼고 They insisted on going there.라 하면 '그들은 (자신들이) 거기에 가야 한다고 주장했다'가 됩니다.

tip 의미상의 주어는 원래 소유격을 쓰지만 요즘은 Sam이나 him과 같이 목적격을 쓰는 경우가 더 많다.

→ **They insisted on Sam(Sam's) going there.**

They insisted on going there.

They insisted on his/him going there.

103

내가 집중하는 것이 어렵다.

It's difficult ☐☐☐ ☐☐☐ ☐☐☐☐ ☐☐☐.

○ 맨 앞에 있는 It은 무의미한 주어입니다. 흔히 가주어라고 하지요. 진짜 주어는 '집중하는 것'이고, 그것은 to concentrate라고 표현할 수 있습니다. 그럼 문장을 만들어보지요. It's difficult to concentrate. 이 문장은 '(누구에게나) 집중하는 일은 힘들다'는 뜻이 됩니다. to concentrate의 의미상의 주어는 '모든 사람'이 되는 거지요. '내가' 집중하는 것이 힘들다는 얘기를 하려면 의미상의 주어를 따로 써줘야 합니다.

tip for 대신 of를 쓰는 경우도 있다. 사람의 성질이나 성격을 나타내는 형용사(good, fine, bad, nice, honest, kind, unkind, wise, clever, stupid, foolish, silly, polite, sweet, wrong, right, thoughtful, considerate, cruel, rude, careful, careless, generous……)가 부정사와 함께 쓰이면 'of + 목적격'으로 의미상의 주어를 표현한다.

○ 부정사의 의미상 주어는 대개 'for + 목적격'으로 표현합니다. 이 경우에는 for me를 쓰면 되겠지요.

→ **It's difficult for me to concentrate.**

1. 동명사의 의미상 주어

동명사의 주체가 문장 전체의 주어와 다른 경우 동명사 앞에 그 주체를 소유격이나 목적격으로 써서 밝혀준다. 대명사의 경우 소유격으로, 명사의 경우 목적격을 쓰는 것이 표준적인 용법이지만 점점 목적격을 쓰는 사람이 늘고 있다.

- 그 남자는 우리가 늦은 것에 대해 불평을 했다.
- He complained about our(us) being late.
- 여러분이 저희를 지원해주신 것을 감사드립니다.
- We appreciate your(you) having supported us.
- 나는 지민이가 포함되는 것에 반대하지 않아.
- I don't object to Jimin(Jimin's) being included.

2. to부정사의 의미상 주어

'for + 목적격'을 사용한다. 특정한 형용사가 부정사와 함께 쓰이면 'of + 목적격'을 쓰기도 한다.

- 그 남자를 설득하는 것은 나에게 쉬운 일이었다.
- It was easy for me to persuade him.
- 그렇게 말씀하시다니 당신은 참 친절하군요.
- It's very kind of you to say so.
- 어른 앞에서 그렇게 말하는 것은 무례한 짓이다.
- It is rude of you to talk like that to your elders.

말하기 · 쓰기 연습

01 모든 이가 그분(남자)이 해고되는 것을 유감으로 여겼다. (dismiss)
→ Everyone regretted ☐ ☐ ☐.

02 우리는 그 남자가 인기의 중심인 것에 분개했다.
→ We resented ☐ ☐ the center of attraction.

03 나는 미안하다고 말하는 것이 힘들다.
→ It's hard ☐ ☐ ☐ ☐ I'm sorry.

04 우리 아이를 도와주셨다니 참 친절하시군요.
→ It's very kind ☐ ☐ ☐ helped my child.

146

부정사라면서 to는 어디로 사라졌지?

104

선배들은 그에게 소주를 마시도록 강요했다.
His older friends ⬜⬜⬜ him ⬜⬜⬜ Soju.

○ 요즘도 이런 선배들이 있나요? '~하게 강요했다'로는 force, compel, oblige 등이 가능합니다. 하지만 이 동사들은 뒤에 to drink가 와야 하니 여기선 곤란하겠군요.

○ 힌트를 드리지요. 뒤의 빈칸에 들어갈 단어는 drink입니다. '~하게 시키다'라는 뜻을 가진 몇몇 동사들(사역동사)은 목적어 뒤에 to부정사 대신 동사원형을 목적격 보어로 쓰거든요. 이런 것을 '원형부정사'라고 합니다.

○ 사역동사에는 make와 have, let이 있는데, let은 '허용하다'라는 뜻이 강해서 이 상황과 맞지 않습니다. 또 make와 have 중에서는 강제적인 뉘앙스가 강한 make가 더 어울립니다. have는 짐꾼에게 짐을 옮기게 하거나 이발사에게 머리를 자르게 하는 등, 맡은 이에게 할 일을 시키는 경우에 많이 쓰입니다.

→ **His older friends made him drink Soju.**

G6 원형부정사와 분사를 목적격 보어로 취하는 동사들

나는 머리를 잘랐다
105

I ☐☐☐☐ my ☐☐☐ ☐☐☐.

tip 다른 예를 들어보자. '나는 차를 수리했
다'는 말은 'I had my car repaired.'이다. have
대신 get을 써도 똑같은 말이 된다.

○ '콩글리시'가 되기 쉬운 문장이죠. '나는 머리를 잘랐다.'니 I cut my head? 이제 나는 머리 없는 괴물이 되었나요? head가 아니라 hair죠?

○ 아마도 이 얘기는 '나는 이발사(미용사)에게 나의 머리를 자르게 시켰다'
란 말일 겁니다. 머리를 스스로 자르는 경우는 흔하지 않으니까요. 그것을 영어로 옮기면 I
had a barber(hair dresser) cut my hair.입니다. 그런데 머리를 잘라주는 사람은 당연히
이발사나 미용사일 테니 굳이 말할 필요가 없지요. 그럴 땐 수동형을 쓰는 게 좋습니다. I
had 뒤의 목적어를 my hair로 바꾸고, 그 뒤의 목적격 보어로는 과거분사를 써줍니다. 머
리카락은 '잘려진' 것이니까요. 그런데 cut의 과거분사는 cut입니다. 그래서 I had my
hair cut.이 된 거죠.

→ **I had my hair cut.**

나는 그 여자가 춤추는 것을 보았다.
106

I ☐☐☐☐ her ☐☐☐☐.

○ '보다'는 see, look at, watch 등으로 표현할 수 있는데, her 앞의 빈칸이 하
나이니 look at은 일단 제외. watch도 '쳐다본다'는 뉘앙스가 강하니 가장
평범한 see가 좋겠습니다. '보았다'니까 첫 칸에는 saw를 넣읍시다. 마지
막 빈칸에는 무엇을 넣어야 할까요? dancing? 아니면 dance?

○ 결론은 '둘 다 가능하다'입니다. see나 hear, feel, smell같이 사람
의 감각과 관련된 동사를 흔히 '지각동사'라고 하지요. 지각동사는 목
적격 보어로 원형부정사, 현재분사, 과거분사를 씁니다. 위의 문장은 I saw
her dancing(dance).이라고 쓰면 됩니다.

→ **I saw her dancing(dance).**

107

내가 설거지하는 것을 도와줘.
Help ☐ ☐ the dishes.

○ 동사원형을 목적격 보어로 쓰는 동사에는 have, make, let, 지각동사 외에도 help가
있습니다. help의 특징은 원형부정사와 to부정사를 모두 목적격 보어로 쓸 수 있다는
점입니다. 현대 미국어는 원형을 점점 더 많이 쓰는 경향을 보이고 있습니다.

○ '설거지하다'는 wash the dishes입니다. '내가 설거지를 한다'는? I wash the dishes.
이지요. 그런데 위의 경우 '나'는 help의 목적어이기도 하므로 첫 칸에는 me를 넣으면 됩
니다.

→ **Help me wash the dishes.**

G6 원형부정사와 분사를 목적격 보어로 취하는 동사들

1. 사역동사 + 목적어 + 원형부정사

make는 강제적으로 시킨다는 뉘앙스를 가지며, have는 그 일을 할 만한 사람에게 요청하여 시킨다는 의미로 많이 쓰인다. let 은 '허용'을 의미하므로 진정한 의미의 '사역'동사는 아니다.

- 아버지께서 내가 집에 머물게 시키셨다.
- 나는 짐 옮기는 사람에게 나의 옷가방을 옮기게 했다.
- 어머니는 내가 그 향수를 사용하는 것을 허락하셨다.

- Father made me stay at home.
- I had a porter carry my suitcase.
- Mother let me wear the perfume.

2. have(get) + 목적어 + 과거분사

have는 어떤 일의 전문가에게 그 일을 하도록 시킨다는 의미로 많이 쓰이므로, 문맥상 주체가 당연시되는 경우가 많다. 그래서 행위자는 빠지고 대상만 언급되는, 결국 과거분사가 사용되는 문장이 흔히 사용된다.

- 나는 사진을 찍었다

  _ 내가 셔터를 누르는 것이 아니라 내가 사진의 주인공이 된다는 말.
- 나는 차를 수리했다.
  _ 당연히 차 정비하는 전문가가 고쳤을 것이다.
- 나는 그 셔츠가 다려지게 맡겼다.

- I had my picture taken.
  I had a photographer take my picture.
  I had my picture taken.

- I had my car repaired.

- I got the shirt ironed.

3. 지각동사 + 목적어 + 원형부정사 / 현재분사 / 과거분사

see, hear, feel, smell, notice, observe, watch, look at, listen to 등의 동사들은 목적어 뒤에 원형이나 분사를 넣어 목적격 보어로 쓸 수 있다.

- 나는 그 여자가 거기 서 있는 것을 보았다.
- 나는 그 여자가 내 품에서 떨고 있는 것을 느꼈다.
- 나는 내 세대의 최고의 지성들이 파괴되는 것을 보았다.

- I saw her standing there.
- I felt her trembling in my arms.
- I saw the best minds of my
  generation destroyed.

4. help + 목적어 + 원형부정사 / to부정사

- 내가 너를 돕는 것을 도와줘.
  _ 영화 〈제리 맥과이어〉에 나왔던 대사.

- Help me help you.

- 우리 회사는 여러분이 더 나은 미래를 만드는 것을 돕고 있습니다.

- We are helping you make better future.

- 방 청소하는 것을 도와주실 수 있나요?

- Could you help me clean the room?

말하기 · 쓰기 연습

01 그 친절한 땅주인은 그가 하루 머무는 것을 허용했다.

→ The kind landowner ☐ ☐ ☐ for a day.

02 당신은 그들이 머물게 할 수 없다.

→ You can't ☐ ☐ ☐.

03 무언가를 배달시키고 싶습니다.

→ I would like ☐ ☐ ☐ ☐.

04 그 남자는 자신의 모든 돈을 도난당했다.

→ He ☐ all his money ☐.

05 나는 그 선수가 KO당하는 것을 본 적이 없다.(knock out)

→ I have never ☐ the player ☐ ☐.

06 나는 집이 흔들리는 것을 느꼈다.

→ I felt the house ☐.

07 내가 화장실 청소하는 것을 도와줘.

→ Help ☐ ☐ the bathroom.

08 캐서린이 바이올린 연주를 하는 것을 들었다.

→ I heard Catherine ☐ ☐ ☐.

이번에는 부정사의 형용사적 용법을 생각해봅시다. 멀쩡한 형용사가 있는데 왜 군이 부정사의 형용사적 용법이 있어야 하죠? 예를 들어봅시다. '만나다(meet)' 에서 파생된 형용사는 없습니다. 하지만 '만날 사람'과 같이 형용사적인 쓰임은 필요하죠. 그것을 'to meet'이라고 표현할 수 없다면, 또다른 형용사가 필요할지 도 모릅니다.

또 우리는 '마실 (목적의) 무언가'라는 표현을 필요로 합니다. '수리해야 할 (필요 가 있는) 라디오' 같은 표현도 필요하고요. 이런 것들을 부정사를 이용해 표현합니 다. something to drink, a radio to repair와 같아요.

부정사의 형용사적 용법이 있는데 분사는 또 왜 필요한 걸까요? 앞에서 보았듯 부정사는 미래지향성을 갖기 때문에 '마실'이나 '수리해야 할' 등과는 어울리 지만, '마시고 있는'이나 '고용된' 등을 표현하지는 못하거든요.

이렇게 '우유를 마시고 있는', '고용된', '고용하는' 등을 표현하는 것이 영어의 분사입니다. a boy drinking milk, workers employed by the company, a company employing a lot of people 등의 표현들이 가능하다는 것이죠.

명사 수식어구를 잘 표현하려면 이 부분에 대한 학습이 필수적입니다. to부정사 나 분사를 잘 사용하면 관계대명사를 사용하는 것보다 간결하면서도 품격 있는 문장을 만드실 수 있습니다.

I will !

Unit H

형용사와 부사로 기능하는 준동사

'마실 것 좀 주세요'에서 '마실'이 영어로?

108

나는 해야 할 것들의 목록을 작성했다.
I made a list of things ☐☐☐ ☐☐☐.

~하고 있는
a sleep**ing** baby

~된 / ~당한
a wound**ed** animal

things **to** do
~할 / ~ 해야 힐

○ 준동사는 형용사처럼 명사를 꾸밀 수도 있습니다. '해야 할 것'이 란 말도 '하다'란 동사를 변형시켜 '것'이란 명사를 꾸미는 말이지 요. 동사의 형용사적 변형에는 두 가지가 있습니다. 하나는 분사입 니다. a sleeping baby라고 하면 '자고 있는 아기'란 뜻이죠.

○ 그렇다면 두 번째 방법인 to부정사는 왜 필요한 걸까요? 현재분 사는 대개 '~하고 있는'이란 뜻입니다. 과거분사는 대개 '~된'의 뜻이고요. '~해야 할, ~할 필요가 있는'이란 의미는 전달할 수가 없습니다. 반면 to부정사에는 미래지향성이 있어서 필요나 목적의 의 미를 띠는 '~해야 할'이란 말이 됩니다.

→ **I made a list of things to do.**

109

나는 살 집이 필요하다.
I need a house ☐☐☐ ☐☐☐ ☐☐☐.

live in   a house

a house   to   live in

○ '뭔가 먹을 것'은 영어로 어떻게 말할까요? 위에서 배운 것을 적용하면 something to eat이겠지요. 이 말을 '뭔가를 먹다'라는 일반적인 문장의 형 태로 바꾸면 어떻게 될까요? eat something입니다.

○ 그렇다면 '살 집'은 어떻게 표현할까요? a house to live? 그 렇게 생각하기 쉽지만 틀린 표현입니다. '어떤 집에서 살다'를 live a house라고 하나요? 아니죠. live in a house입니다. 그 러니 '살 집'도 a house to live가 아니라 a house to live in 이 되어야 하죠.

→ **I need a house to live in.**

110

그 남자는 2만 점을 득점한 최초의 선수이다.
He is ☐ ☐ player ☐ ☐ 20,000 points.

○ '최초의'는 the first입니다. 서수가 붙는 명사 앞에는 the를 쓴다는 걸 잊지 마세요. 이제 player를 꾸며줄 '득점한'만 영어로 옮기면 되겠군요. score는 동사로 쓰면 '점수를 얻다(득점하다)'란 뜻입니다. 형용사절을 활용해서 who has scored나 who scored, 또는 that scored라고 할 수 있겠군요. 하지만 좀 더 간결한 표현은 없을까요?

○ 명사 앞에 서수, 최상급, next, last, only 등과 같은 수식어가 올 경우 그 명사는 to부정사로 꾸밀 수 있습니다. 예를 들어 '선택된 가장 어린 사람'은 the youngest person to be chosen입니다. '거짓말을 할 마지막 사람'은 the last person to tell a lie입니다. 이 말은 '결코 거짓말하지 않을 사람'이라는 의미로 쓰이죠.

→ He is the first player to score 20,000 points.

111

그 전시회는 방문자들에게 피카소의
작품들을 볼 기회를 제공할 것이다.
The exhibition will offer visitors the ☐ ☐
☐ works of Picasso.

○ '기회'는 chance, '보다'는 see를 쓰기로 합니다. 그래서 답은 chance to see입니다. 여기서 정답보다 중요한 것은 왜 to부정사를 쓰는가 하는 겁니다.

○ 많은 추상명사들(ability, attempt, chance, desire, failure, inability, opportunity, unwillingness, willingness 등)이 to부정사의 수식을 받습니다. 추상명사에 to부정사가 붙으면 구체적 의미가 부여되지요. 예를 들어 willingness to pay는 '지불 의지(의사)', attempt to hack은 '해킹 시도'가 됩니다.

→ The exhibition will offer visitors the chance to see works of Picasso.

H1 명사를 꾸미는 부정사

to부정사는 명사의 뒤에 붙어 명사를 수식할 수 있다. 이것을 흔히 '형용사적 용법'이라고 부르는데, 대개 다음의 세 가지 경우에 사용된다.

1. 목적이나 필요를 나타내는 경우 to부정사가 명사를 수식할 수 있다.

> **work to do** 해야 할 일(즉 행해질 필요가 있는 일)
> **a meeting to discuss new policies** 새 정책들을 토론하기 위한(목적의) 회의

- 나는 할 말이 없어(꼭 얘기할 필요가 있는 말이 없어).
- 마실 것(마실 목적의 무언가) 좀 줘.
- 나는 기댈 누군가(기댈 목적의 누군가)가 필요해.
- 고쳐야 할 몇 가지 것들(고칠 필요가 있는 것들)이 있다.
- 나는 (그것을 가지고) 쓸 펜이 필요하다.

- I don't have anything to say.
- Give me something to drink.
- I need somebody to lean on.
- There are several things to mend.
- I need a pen to write with.

2. 서수, 최상급, next, last, only 등이 꾸며주는 명사 뒤에는 to부정사를 쓸 수 있다.

- 해야 할 다음 일은 계란을 삶는 것이다.
- 그 여자는 최초로 변호사가 된 여성이었다.
- 말을 한 유일한 사람은 의장이었다.

- The next thing to do is to boil eggs.
- She was the first woman to become a lawyer.
- The only person to speak was the chairperson.

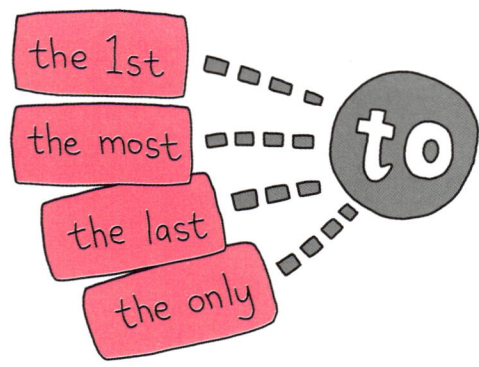

3. 다음의 추상명사는 to부정사를 붙여 구체적 의미를 표현할 수 있다.

ability 능력	**attempt** 시도	**chance** 기회	**desire** 욕망	**failure** 실패
inability 무능	**opportunity** 기회	**unwillingness** 마지못함		**willingness** 기꺼이 하는 마음

- 일본인은 과거를 잊는 능력을 가진 것처럼 보인다.

- 그들은 협상하고자 하는 의사를 보였다.

- 그 증상은 집중 못하는 것(집중함에 있어서의 무능력)을 포함한다.

- The Japanese seem to have the ability to forget the past.

- They indicated their willingness to negotiate.

- The symptom includes inability to concentrate.

말하기 · 쓰기 연습

01 나는 먹여야 할 아이들이 넷 있다.
→ I've got four children [ ] [ ].

02 그 남자는 한 시즌에 60개의 홈런을 친 최초의 선수였다.
→ He was [ ] [ ] [ ] [ ] hit 60 home runs in a season.

03 나는 앉을 의자가 필요하다.
→ I need a chair [ ] [ ] [ ].

04 샌더스는 슈퍼보울과 월드시리즈 모두에서 경기했던 유일한 사람이다.(play, man)
→ Sanders is [ ] [ ] [ ] [ ] in both a Super Bowl and World Series.

05 서로 의사소통을 하는 데 있어서의 우리의 무능함은 많은 오해들을 일으킨다.(communicate)
→ Our [ ] [ ] [ ] with one another causes numerous misunderstandings.

06 우리는 여러분에게 아이폰을 얻을 수 있는 기회를 제공합니다.(win)
→ We offer you the [ ] [ ] [ ] an iPhone.

112

나는 어젯밤에 공부하러 도서관에 갔다.
I went to the library ☐☐ ☐☐ **last night.**

○ 빈칸을 빼면 '나는 어젯밤에 도서관에 갔다'가 되네요. 그러므로 빈칸 두 개는 '공부하러'여야 합니다. '공부하러'는 곧 '공부하기 위하여'와 같은 말입니다. 이것을 어떻게 표현할까요?

○ 아주 간단합니다. to study죠. to부정사는 동사나 형용사, 다른 부사 등을 꾸미는 기능도 가집니다. 그런 기능을 갖는 것이 부사라서, 이런 경우 부정사의 '부사적 용법'이라고 부릅니다. 부사적 용법 중에는 목적을 나타내는 경우도 있어서, to와 원형을 결합시키면 '~하기 위하여'의 뜻이 완성됩니다. 위의 문장에서 to study는 '도서관에 갔다'란 동사구를 꾸미는 부사구입니다.

→ **I went to the library to study last night.**

113

만나서 반갑습니다.
I'm glad ☐☐ ☐☐ **you.**

○ I'm glad.도 '주어 + be동사 + 형용사'로 된 완전한 문장입니다. 따라서 빈칸에는 '만나서'란 말이 들어가면 되겠죠. '만나서'는 내가 왜 glad한지 그 이유를 알려주는 말이지요. 이렇게 형용사를 꾸밀 때에도 to부정사를 쓸 수 있습니다.

○ to부정사는 glad나 sorry와 같이 감정을 나타내는 형용사와 쓰여 감정의 원인, 혹은 이유를 나타내줍니다. '만나다'는 meet이나 see로 표현할 수 있으므로, 여기서는 to see나 to meet를 쓰면 되겠죠. 그 밖에도 태도(ready, reluctant), 난이도(difficult, easy), 개연성(likely, certain) 등을 나타내는 형용사들도 to부정사로 수식할 수 있습니다.

→ **I'm glad to meet(see) you.**

to부정사는 동사와 형용사를 꾸며줄 수 있다. 동사를 꾸미는 경우 목적, 결과 등을 나타내며, 형용사를 꾸미는 경우 감정, 난이도, 가능성, 태도 등을 나타내는 형용사들과 자주 쓰인다.

114

그 집은 내가 사기에는 너무 비싸다.

The house is ☐ ☐ for me ☐ buy.

- '너무'를 표현하는 단어에는 too와 so가 있습니다. 노래 〈So hot〉아시죠? 그런데 so 는 that절과 함께 쓰이는 경우가 많습니다. This house is so expensive that I can't buy it.(그 집은 너무 비싸서 내가 살 수 없다.) 이런 식이지요.

- 그런데 '너무 ~해서 ~할 수 없다', '~하기엔 너무 ~하다'의 표현으로는 too~ to~를 써도 됩니다. 형용사나 부사 앞에 too를 쓰고 그 뒤 에 to부정사를 쓰는 거지요. 예를 들어 '너무 무거 워 들기 어렵다'는 too heavy to lift 죠.

- 위 문장의 경우에는 too expensive to buy라고 하 면 되겠군요. 이때 to buy는 형용사 expensive를 꾸며주는 부사구입니다.

→ **The house is too expensive for me to buy.**

115

나는 그 집을 사기에 충분한 돈을 가지고 있다.

I have ☐ ☐ ☐ buy the house.

- 이번에는 위 문장과 반대의 경우네요. '돈'은 money, '충분한'은 enough입니다. enough는 명사를 꾸밀 때 앞에서도, 뒤에서도 꾸밀 수 있어서, enough money, money enough가 다 가능합니다. 남은 것은 한 단어네요. 무엇이겠습니까? 예, to겠지요. to buy the house 는 형용사 enough를 꾸며주어 '그 집을 사기에 충분한'의 의미를 형성합니다.

> **tip** _ enough가 부사로 쓰이기도 한다. '충분 히'란 뜻으로 형용사나 다른 부사를 꾸며주는데, 그 럴 때는 rich enough, fast enough와 같이 반드시 뒤에 붙인다.

→ **I have enough money(money enough) to buy the house.**

H2 부정사의 부사적 쓰임

> to부정사는 동사, 형용사, 부사, 그리고 절을 꾸미는 부사구의 기능을 할 수 있다.

1. to부정사는 동사(구)를 꾸며주어 행위의 '목적'을 나타낼 수 있다.

to부정사는 '목적'을 나타내는 역할을 할 수 있는데, 이때 to 앞에 in order나 so as를 붙이면 목적의 뜻이 더 분명해진다.

- 나는 건강을 유지하기 위해 매일 운동한다.
- 너는 먹기 위해 살지만, 나는 살기 위해 먹는다.
- 그 남자는 컴퓨터를 사러 쇼핑몰에 갔다.

- I work out every day (in order) to stay healthy.
- You live to eat, but I eat to live.
- He went to a shopping mall to buy a computer.

2. to부정사는 다음의 형용사들 뒤에서 형용사를 꾸며주는 기능을 할 수 있다.

a. 감정 형용사(과거분사)

| glad 기쁜 | sorry 유감인 | happy 행복한 | sad 슬픈 | content 만족하는 |
| surprised 놀란 | amazed 놀란 | astonished 놀란 | pleased 기쁜 | delighted 즐거워하는 |

b. 난이도를 나타내는 형용사

| easy 쉬운 | difficult 어려운 | hard 힘든 | impossible 불가능한 | possible 가능한 |

c. 가능성을 나타내는 형용사

| sure 확실한 | certain 확실한 | likely ~할 것 같은 | unlikely ~할 것 같지 않은 |

d. 하고자(하지 않고자) 하는 태도를 나타내는 형용사

| eager 갈망하는 | ready 준비가 된 | anxious ~하고 싶어 하는 | willing 기꺼이 ~하는 |
| determined 결심한 | reluctant 마지못해 하는 | hesitant 주저하는 | afraid 꺼리는 |

- 지니는 그 소식을 들어서 놀랐다.
- 그 남자는 설득하기 어렵다.
- 그분은 분명히 올 거야.
- 나는 기꺼이 너를 도울 거야.

- Jeannie was surprised to hear the news.
- He is hard to persuade.
- He(She) is sure to come.
- I'm ready(willing) to help you.

160

3. too ~ to ~ : 너무 ~ 해서 ~ 할 수 없는

- 걔는 그것을 이해하기에는 너무 어리다.
- 그 노트북 컴퓨터는 내가 사기에는 너무 비싸.
- 당신은 너무나 멋있어서 현실이 아닌 것 같아요.

- He is too young to understand it.
- That laptop computer is too expensive for me to buy.
- You're just too good to be true.

4. enough to ~ : ~ 하기에 충분한. enough는 명사의 앞 혹은 뒤에서, 형용사나 부사 뒤에서 꾸민다.

- 당신은 나의 남자가 될 만큼 강한가요?
- 나는 네 애비가 될 만큼 나이가 들었다.
- 이 방은 500명을 재울 만큼 크다.

- Are you strong enough to be my man?
- I'm old enough to be your father.
- This room is large enough to accommodate 500 hundred people.

말하기 · 쓰기 연습

01 몸을 유지하기 위하여 그 여자는 아이스크림과 육류를 피했다.
→ ☐ ☐ ☐ ☐ in shape, she avoided ice creams and red meat.

02 그들은 전제를 막을 만큼 충분히 강하지 못했다.
→ They were not ☐ ☐ ☐ stop the tyranny.

03 나는 그들을 다시 보아서 기분이 좋았다.
→ I was happy ☐ ☐ again.

04 그들은 몹시 그 결과를 알고 싶어 했다.
→ They were ☐ ☐ the result.

05 아이슬란드는 2011년까지는 EU에 가입할 것 같다. (join)
→ Iceland is ☐ ☐ ☐ EU by 2011.

06 이 MP3 플레이어는 무엇보다도, 사용하기 쉽습니다.
→ This MP3 player, most of all, ☐ ☐ ☐ ☐.

07 단정 짓기는 너무 이릅니다. (tell)
→ It's ☐ ☐ ☐ ☐.

'놀란 아이'는 scaring child일까? scared child일까?

116

벤치에 앉아 있는 여자애를 봐.
Look at the girl ☐☐☐☐ ☐☐☐☐ the bench.

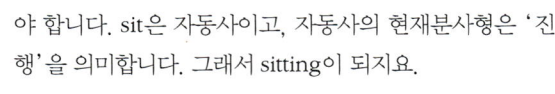

- 우리가 표현해야 하는 것은 '~에 앉아 있는'입니다. '앉아 있는'이라는 의미를 갖는 독자적 형용사는 없으므로 '앉다'란 의미의 동사 sit을 변형시켜야 합니다. sit은 자동사이고, 자동사의 현재분사형은 '진행'을 의미합니다. 그래서 sitting이 되지요.

- the bench 앞에 들어갈 '~에'는 on입니다. 벤치 위에 앉는 거니까요. 위쪽으로 접촉이 이루어지면 on이라는 것 기억하세요. 분사가 혼자 쓰일 때에는 명사 앞에서 꾸미지만, on the bench와 같이 분사 뒤에 구가 따라오면 명사 뒤에서 꾸미게 됩니다.

→ **Look at the girl sitting on the bench.**

117

사랑은 낙엽과 함께 사라져버렸네.
Love is ☐☐☐☐ with ☐☐☐☐ leaves.

tip 대부분의 자동사는 여기서와 같은 명사 수식에 쓰이지 않는다. 그러니 한정된 몇 개의 샘플을 익히고, 그 범위 내에서만 이런 표현을 쓰는 것이 좋다.

- 먼저 be동사와 결합하여 '사라져버렸네'가 될 말을 찾아보죠. gone입니다. be gone은 수동태가 아니라, '사라진'이라는 의미의 형용사화한 과거분사 gone이 be동사 뒤에 쓰인 것입니다.

- '낙엽'은 '떨어진 나뭇잎들'이죠. '떨어지고 있는 나뭇잎들'이라면 falling leaves라고 표현하겠죠. 하지만 '떨어진'은 현재는 그 동작(떨어지는 것)이 이루어지고 있지 않음을 의미합니다. 이렇게 어떤 동작이 끝났음(완료)을 나타내는 경우 자동사의 과거분사형이 사용될 수 있습니다.

→ **Love is gone with fallen leaves.**

분사도 명사를 꾸밀 수 있는데, 현재분사는 진행이나 능동의 의미를, 과거분사는 수동의 의미를 갖는다. 현재분사는 자동사, 타동사 모두 자유롭게 쓰이나, 명사를 수식할 때는 자동사의 과거분사는 거의 쓰이지 않는다.

118

그것은 혼란스러운 문제이다.

It is a ☐☐☐☐☐ problem.

- 영어의 어떤 동사들은 기본 의미가 우리말 표현 방식과 다릅니다. 예를 들어 surprise나 astonish 등은 '놀라다'가 아니라 '놀라게 하다, 놀라게 만들다'입니다. 따라서 '놀라운 소식'은 '놀랍게 만드는 소식'이므로 a surprising news처럼 현재분사를 사용해 표현합니다.

- 위의 예문에서 '혼란스러운 문제'는 누군가를 '혼란스럽게 만드는 문제'죠. 그래서 a confusing problem으로 표현합니다. 결국 타동사의 현재분사는 영향을 주는 주체를 수식하는 거죠. 여기서는 어떤 '문제'가 혼란스럽게 만드는 주체입니다.

→ It is a confusing problem.

119

겁에 질린(놀란) 아이는 울음을 터뜨렸다.

The ☐☐☐☐☐ child burst into tears.

- 영어에서 '놀라게 하다'의 의미를 갖는 동사는 꽤 많은데, 여기서처럼 '겁나게 하다'란 의미도 함께 갖는 동사로는 terrify, scare, frighten 등이 있습니다. 그런데 이것을 현재분사로 쓰면 '놀라게 하는 아이, 겁나게 하는 아이'의 의미가 됩니다. 그러니 여기서는 그 반대의 의미를 갖도록 바꿔주어야 됩니다.

- 앞에서 '~하게 만드는'의 의미로 명사를 꾸밀 때 현재분사를 쓴다고 했죠. 반대로 '~된'의 의미인 경우에는 과거분사를 씁니다. 그래서 여기에서는 '겁나게 된, 놀란'의 의미로 frightened를 써야 합니다. 예를 들어 그 아이를 놀라게 한 것이 호랑이라면, '호랑이가 frighten의 주체, 아이는 그 대상'인 것이죠.

→ The frightened(scared, terrified) child burst into tears.

H3 명사를 꾸미는 분사

분사는 현재분사와 과거분사로 나뉜다. 자동사의 현재분사는 어떤 행위가 진행되고 있음을, 과거분사는 어떤 행위가 완료되었음을 의미한다. 타동사의 현재분사는 행위의 주체를 수식하고, 과거분사는 행위의 대상을 수식한다.

1. 자동사의 현재분사가 명사를 꾸며줄 때

자동사의 현재분사는 진행을 의미한다.

- 물에 빠지고 있는 사람은 지푸라기라도 잡으려 한다.
- A drowning man will clutch at a straw.

- 내 침대에서 자고 있는 저 아기는 나의 조카딸이야.
- The baby sleeping in my bed is my niece.

- 연단에 서 있는 저 남자가 누구지?
- Who is the man standing on the podium?

2. 자동사의 과거분사가 명사를 꾸며줄 때

자동사의 과거분사는 일반적으로 명사를 수식하는 용법으로 쓰이지 않는다. fallen(떨어진), drowned(물에 빠진, 익사한), gone(사라진) 등 몇 가지 예외만 암기하고 있자.

- 그 수색대는 물에 빠진 10대 소년의 시체를 찾았다.
- The search crew found the body of drowned teenage boy.

- 지나간 날들은 잊어버려(신경 쓰지 마).
- Forget about the days gone by.

3. 타동사의 현재분사가 명사를 꾸며줄 때

타동사의 현재분사는 행위의 주체를 수식한다. 의미는 능동이다.

- 내가 당신에게 하나의 놀라운 얘기를 말해줄게요.
- I'll tell you an amazing story.

- 그들은 아무런 고통도 수반하지 않는 동물 실험에 항의했다.
- They protested against animal tests involving no pain whatsoever.

- 하는 실망스런 경기 수행 후 웨이브(팀이 어떤 프로 선수에 대한 권리를 포기하고 방출하는 것)되었다.
- Ha was waived after a disappointing performance.

4. 타동사의 과거분사가 명사를 꾸며줄 때

타동사의 현재분사는 행위의 대상을 수식한다. 의미는 수동이다.

- 이것은 신중현에게 바쳐진(헌정된) 앨범이다.
- 그들은 더 잘 장비가 갖추어진 배를 샀다.
- 흡연에 노출된 비흡연자들은 더 높은 치매의 가능성에 직면한다.

- This is an album dedicated to Joonghyun Shin.
- They bought better-equipped boats.
- Nonsmokers exposed to tobacco smoke face higher risk of dementia.

말하기 · 쓰기 연습

01 어떻게 하면 나의 우는 아기를 달랠 수 있을까? → How can I comfort ☐ ☐ ☐ ?

02 그 두 명의 부상당한 남자들은 치명적인 상태는 아니었다. → The ☐ ☐ ☐ ☐ not in critical condition.

03 가장 잘 알려진 추락한 천사는 루시퍼이다. → The best-known ☐ ☐ is Lucifer.

04 나는 매우 재미있는 한 플래시 게임을 찾았다.(amuse) → I found ☐ ☐ flash game.

05 기타 연주하는 저 남자애는 누구지? → Who is that boy ☐ ☐ ☐ ?

06 런던이 싫증난 사람은 인생이 싫증난 것이다.(tire) → A man ☐ London is ☐ ☐ life.

07 나는 재미있는 연설을 위한 아이디어들을 필요로 합니다.(entertain) → I need ideas for ☐ ☐ .

08 그 사람은 그 침공 이래로 영국군의 101번째 작전 중 사망자이다. → He is the 101st British soldier ☐ in action since the invasion.

우리는 앞에서 명사절과 형용사절을 배웠습니다. 명사절은 I know that John is rich. 의 밑줄 친 부분과 같이 문장 안에서 목적어나 주어 등의 기능을 합니다. 이럴 경우 콤마는 사용되지 않지요. 또 형용사절은 This is the book that I bought yesterday.의 밑줄친 부분과 같이 명사를 꾸며주는 역할을 하고, 이 역시 콤마로 분리되지 않습니다.

그런데 부사절은 명사절이나 형용사절과는 다릅니다. '비가 많이 와서, 우리는 외출하지 않았다' 는 문장을 볼까요? 이것을 영어로는 Because it rained a lot, we didn't go out.으로 표현할 수 있습니다. 이 문장은 형용사절이나 명사절이 사용된 문장과 달리 확연히 구분되는 두 부분이 콤마를 기준으로 하여 분리되어 있습니다. 또, 밑줄친 부분은 어떤 명사나 동사 등의 한 단어를 꾸미는 것이 아니라 '우리는 외출하지 않았다' 라는 부분 전체를 꾸미고 있습니다.

위의 we didn't go out 부분을 주절, 주절을 꾸미는 부분을 부사절이라 부릅니다. 부사절은 시간, 이유, 목적, 대조 등을 나타내며 주절을 뒷받침해줍니다. 시간을 나타내는 부사절은 앞에 시제 부분에서 정리했었죠? 여기서는 원인, 목적, 대조 등을 나타내는 부사절을 정리해봅니다.

Unit 1

부사절

WARMING UP

'부사절'을 학습하기 위해서는 먼저 알아두어야 할 것이 있습니다.

1. 등위 접속사와 종속 접속사

_ 접속사는 두 문장을 하나의 문장으로 이어주는 역할을 합니다. 접속사는 '등위접속사'와 '종속접속사'로 나눌 수 있습니다.

• She is Jessica, and he is Richard.   • 저 여자애는 제시카이고 남자애는 리처드야.
• And he is Richard, she is Jessica.(X)

_ and로 연결된 앞뒤의 정보는 어느 것이 더 주된 정보라고 말할 수 없습니다. 그래서 and 등을 '등위 접속사'라고 부릅니다. and, but, so 등이 그런 것이죠.

_ 두 번째 문장은 좀 우스꽝스럽죠? 등위접속사는 결합되는 문장들의 사이에, 즉 절과 절 사이에 쓰여야 하며 문장 앞으로 갈 수 없습니다.

• Even if it rains, I will go out.   • 비가 오더라도 나는 외출할 것이다.

_ 위의 문장에서 우리는 '비가 오더라도'라는 정보보다는, 외출할 것이라는 정보가 더 주된 것임을 알 수 있죠. 그래서 'I will go out' 부분을 주절, even if절을 종속절이라 부릅니다. 그리고 주절과 종속절을 이어주는 접속사를 종속접속사라 부릅니다. because, though, even if, while, that 등이 여기에 해당됩니다.

• Because it was raining, he did not go out.   • 비가 오고 있었기 때문에, 그 남자는 나가지 않았다.
  He did not go out because it was raining.

_ 위에서 보이는 것처럼 부사절을 이끄는 종속접속사는 문두에 쓰일 수도 있고, 두 절 사이에 쓰일 수도 있습니다. 두 절 사이에 쓰일 때는 콤마를 쓰지 않는 것이 원칙입니다(while, whereas는 제외).

2. 부사절

• Because it rained a lot, we didn't practice.   • 비가 많이 와서, 우리는 연습하지 않았다.

_ 이 문장에서 '비가 많이 와서'는 '우리는 연습하지 않았다'를 꾸며주고 있습니다. 이렇게 주절을 꾸며주는 역할을 하는 절을 부사절이라고 부릅니다. 부사절은 시간, 원인과 결과, 목적, 대조, 조건 등을 표현하며, 우리가 풍성한 영어 문장을 만들어낼 수 있는 기반을 제공합니다.

인과의 문장 연결하기, 목적 표현하기
'~해서', '~하기 위해'라는 문장으로 문장 꾸미기

120

배달이 지연되었기 때문에 그 회사는 지불을 거절했다.

[ ] the delivery was delayed, the company refused to pay.
The delivery was delayed, [ ] the company refused to pay.

○ 두 문장 모두에서 원인은 앞 절에 표현되었습니다. 그런데 빈칸의 위치가 다르군요. 앞 문장은 우리말의 구조와 같습니다. '배달이 지연되었기 때문에'죠. 이럴 때는 종속접속사인 because를 쓰면 원인을 나타내는 부사절이 완성됩니다.

○ 두 번째 문장의 빈칸에도 because를 넣으면 어떻게 될까요? '그 회사가 지불을 거절했기 때문에 배달이 지연되었다'라는 전혀 다른 의미의 문장이 되네요. 또 여기엔 콤마가 있는데, 종속접속사가 문장 중간에 쓰일 땐 콤마를 쓰지 않는 것이 일반적입니다. 따라서 여기엔 because가 아닌 so를 쓰지요. so는 문장 가운데에 '원인 +, so + 결과'의 형식으로 쓰여 원인과 결과를 갖는 문장을 연결해줍니다.

→ Because the delivery was delayed, the company refused to pay.
→ The delivery was delayed, so the company refused to pay.

121

그 여자가 너무 예뻐서 그 남자는 눈을 뗄 수가 없었다.

Because she was so beautiful, he couldn`t take his eyes off her.

She was ⬚ beautiful ⬚ he couldn`t take his eyes off her.

She was ⬚ a beautiful woman ⬚ he couldn`t take his eyes off her.

○ '너무 ~해서 ~하다'는 because를 써서 표현할 수도 있지만, so ~ that이나 such ~ that을 사용해서 표현할 수도 있습니다. 그러니 두 경우 모두 두 번째 빈칸에는 that이 들어가겠죠? 이제 어느 쪽이 so고 어느 쪽이 such인지를 판단하면 됩니다.

○ so나 such는 모두 형용사나 부사와 결합하는데, 다른 점은 such의 경우 뒤에 반드시 명사가 와야 한다는 것입니다. 즉 I'm so hot.은 가능해도, I'm such hot.은 불가능하다는 얘기죠. 대신 I'm such a beautiful girl.이라 해야 하지요. 그러므로 빈칸 뒤에 형용사 beautiful만 있는 앞 문장에는 so가, a beautiful girl이 있는 뒷 문장에는 such가 들어갑니다.

→ She was so beautiful that he couldn`t take his eyes off her.

→ She was such a beautiful woman that he couldn`t take his eyes off her.

122

나는 건강을 유지하기 위해 매일 운동한다.

I work out every day ⬚⬚ ⬚⬚ I can stay healthy.

- 위 문장의 다른 표현을 우리는 이미 보았습니다. I work out every day (in order) to stay healthy. 그런데 위의 빈칸은 이런 구조와는 달라 보이네요. 여기엔 I work out every day.와 I can stay healthy.라는 두 개의 문장이 있네요. 이 중 두 번째 문장이 앞 문장의 목적이라는 의미를 가질 수 있도록 연결해주면 됩니다.

- 이 경우 so that을 사용하면 됩니다. so that 다음에는 주어가 오고 조동사(can, could, will, would)와 결합된 동사가 옵니다.

→ **I work out every day so that I can stay healthy.**

11 인과의 문장 연결하기, 목적 표현하기

1. 종속접속사 because, since, now that이나 등위접속사 so로 연결할 수 있다. 종속접속사는 문장 맨 앞에 올 수도 있고, 문장 중간에서 두 절을 연결하기도 하지만, 등위접속사는 가운데서만 연결한다.

- 존은 아팠다.
  존은 학교에 가지 않았다.
- 존은 아파서 학교에 가지 않았다.

- John was sick. He did not go to school.

- Because John was sick, he did not go to school.
- John did not go to school because he was sick.
- John was sick, so he did not go to school.
- So John did not go to school, he was sick. (X)

- 걔는 그 테스트를 준비하지 않았기
  때문에 시험에서 낙제했다.

- Because he did not prepare the test, he failed the test.
- He failed the test because he did not prepare the test.
- He did not prepare the test, so he failed the test.

- 바클리는 11번 슛을 쏘아 한 개만 성공했다.
  코치는 그를 벤치에 앉혔다.
- 바클리는 11번 슛을 쏘아 한 개만 성공했기
  때문에, 코치는 그를 벤치에 앉혔다.

- Barkley made just one out of 11 shots.
  The coach benched him.
- The coach benched Barkley because he made just one
  out of 11 shots.
- Because Barkley made just one out of 11 shots,
  the coach benched him.
- Barkley made just one out of 11 shots, so the coach
  benched him.

2. so ~ that, such ~ that

두 표현 모두 '매우 ~하여 결과적으로 ~하다'를 표현한다. so 다음에는 형용사, 부사만 쓰는 것이 일반적이며, such 다음에는 '형용사 + 명사', 혹은 명사가 온다. such는 어순을 익히는 것이 중요하다. 'such a + (형용사) + 명사'의 어순을 반드시 외우자.

- 제이슨은 대단한 바보여서 듣는 말은
  모두 다 믿는다.
- 정말 날씨가 좋아서 우리는 집 안에
  있을 수가 없었다.
- 아이버슨은 너무나 재빨라서 누구도
  그를 수비할 수 없다.

- Jason is such a moron that he believes everything
  he hears.
- It was such nice weather that we couldn't stay at home.
  The weather was so nice that we couldn't stay at home.
- Iverson is so quick that nobody can guard him.

3. 목적을 나타내기 위해 목적이 표현되는 절 앞에 so that을 사용할 수 있다. that은 생략되기도 한다.

- 한 이민자가 감옥에서 영어를 배우기 위해 범죄를 저질렀다.
- An immigrant committed a crime so that he could learn English in prison.
- 나는 집중하기 위해 TV를 꺼 달라고 아내에게 부탁했다.
- I asked my wife to turn the TV off so that I could concentrate.

말하기 · 쓰기 연습

01 그 남자는 시험 준비를 하지 않았다. 그래서 그는 시험에서 낙제했다.

→ ☐☐ he did not prepared for the test, he failed the test.

→ He did not prepared for the test, ☐☐ he failed the test.

02 성미는 미국에서 태어나 자랐기 때문에 한국어를 잘하지 못한다.

→ Sungmi was born and raised in the United States, ☐☐ she does not speak Korean well.

→ ☐☐ Sungmi was born and raised in the United States, she does not speak Korean well.

03 짐은 가끔 그런 멍청한 일을 저지르기 때문에 나는 그를 신뢰할 수가 없다.

→ Sometimes Jim does ☐☐ ☐☐ things ☐☐ I have no confidence in him.

04 나는 네가 그 주제를 더 잘 이해할 수 있도록 기사를 하나 보내주겠다.

→ I'll send you an article ☐☐ ☐☐ you ☐☐ understand the topic better.

05 그들은 너무나 놀라서 아무것도 할 수 없었다.

→ They were ☐☐ ☐☐ ☐☐ they couldn't do anything.

06 그 여자는 지각하지 않으려고 옷을 빨리 입었다.

→ She dressed quickly ☐☐ ☐☐ she would not be late.

'~ 이지만'으로 문장과 문장 연결하기

123

눈이 내리기 시작했지만, 우리는 계속 경기했다.

[＿＿＿] it started to snow, we kept playing.

It started to snow, [＿＿＿] we kept playing.

○ 대조를 나타내는 문장은 두 종류로 나눌 수 있습니다. 하나는 '그 여자는 부자이다. 그 남자는 가난하다.'와 같이 두 문장이 직접적으로 대조되는 경우입니다. 하지만 위의 문장에 나온 눈이 온다는 것과 경기를 계속한다는 것은 서로 상반되는 것이 아니네요. 다만, 눈이 오면 경기를 중단할 것이라는 것이 일반적인 인식이니, 두 문장은 '비록 ~ 하더라도'와 같은 역접의 의미로 연결될 수 있는 것입니다.

○ 이렇게 '비록 ~하지만'의 의미를 갖는 절은 접속사 though, although, even though 를 써서 나타낼 수 있습니다. 이 접속사들은 because처럼 부사절을 이끄는 종속접속 사여서, 문장 앞에도 올 수 있고, 문장 중간에 올 수도 있습니다. 따라서 첫 번째 문장 에는 though 등을 넣으면 됩니다. 하지만 두 번째 문장에 though를 넣으면 '비록 우 리가 계속 경기를 했지만 눈이 내리기 시작했다'는 황당한 문장이 되네요. 여기에는 but을 넣어야 합니다. but은 so와 같은 등위접속사여서, 연결되는 두 문장의 사이에서 이어주는 역할만 합니다.

→ **Though(Although, Even though) it started to snow, we kept playing.**

→ **It started to snow, but we kept playing.**

124

토니는 책을 많이 읽지만, 걔 동생은
전혀 읽지 않는다.

◻◻◻ Tony reads a lot, his brother never reads.
Tony reads a lot, ◻◻◻ his brother never reads.

○ 이번에는 두 문장이 직접적 대조를 보이는 경우입니다. 이럴 때에는 though 류의 접속사를 쓰면 '비록 토니는 많이 읽지만, 동생은 전혀 읽지 않는다'란 말이 되어버립니다. 이럴 때는 '토니는 많이 읽는 반면, 동생은 전혀 읽지 않는다'가 더 어울리겠죠? 이렇게 '반면에'의 의미를 갖는 말은 while과 whereas입니다. 둘 다 종속접속사여서, 문두에도 쓸 수 있죠.

○ 그런데 while과 whereas는 다른 종속접속사들과 좀 다릅니다. '그는 아파서 학교에 안 갔다'를 '그는 학교에 안 가서 아팠다'로 변형하면 의미가 달라지죠? '비록 비가 왔지만 외출했다'를 '비록 외출했지만 비가 왔다'로 바꾸어도 이상합니다. 하지만 '천장은 노란 색인 반면, 벽은 파란 색이다'는 '벽은 파란 색인 반면 천장은 노란 색이다'로 바꿔도 의미가 바뀌지 않습니다. 그래서, while과 whereas는 두 번째 문장에도 들어갈 수 있습니다. 물론 but을 쓰는 것이 가장 편하겠지만요.

→ While(Whereas) Tony reads a lot, his brother never reads.
→ Tony reads a lot, but(while, whereas) his brother never reads.

12 대조되는 문장 연결하기

1. 직접적으로 대조되지 않지만 역접으로 연결할 수 있는 경우

두 문장이 직접적으로 대조되지 않지만 통상적인 인식 때문에 역접으로 연결될 수 있는 문장들을 연결할 때에는 though, although, even though 등의 종속접속사를 쓰거나, 등위접속사 but을 사용한다.

- 그 병사들은 아무것도 보지 못했지만
  계속해서 총을 쐈다.
- Though the soldiers saw nothing, they kept firing.
  The soldiers saw nothing, but they kept firing.

- 비록 그 남자가 몇 가지 실수를 저지르긴 했지만,
  나는 여전히 그를 신뢰한다.
- Although he has made a few mistakes,
  I still trust him.
  He has made a few mistakes, but I still trust him.

2. 직접적 대조를 이루는 두 문장의 연결

종속접속사로는 while, whereas를 쓸 수 있으므로 문장 앞에 접속사가 올 경우에는 while, whereas를 쓴다. 등위접속사로는 but을 쓴다. 앞 뒤 절이 정확한 대조를 이루는 경우 순서가 바뀌어도 문제가 없으므로 while, whereas는 but의 위치에서 쓰일 수도 있다.

- 메리는 키가 크고 날씬했지만,
  동생은 작고 통통했다.
- While Mary was tall and slender,
  her sister was short and plump.
- Mary was tall and slender,
  while her sister was short and plump.
- Mary was tall and slender,
  but her sister was short and plump.

- 구라는 말이 많다. 반면 그의 아내는 과묵하다.
- While Goora is talkative, his wife is taciturn.
- Goora is talkative, while his wife is taciturn.
- Goora is talkative, but his wife is taciturn.

01 비록 그 여자는 그 남자애를 좋아하지
않았지만 그애를 도와주기로 했다.

→ ☐ she did not like the boy, she agreed
to help him.

→ She did not like the boy, ☐ she agreed
to help him.

02 비록 그 남자는 암으로 죽어가고 있었지만,
그 책 쓰는 일을 중단하지 않았다.

→ ☐ he was dying of cancer,
he didn't stop writing the book.

→ He was dying of cancer, ☐ he didn't
stop writing the book.

03 그 여자는 연속극을 좋아하지만,
남편은 좋아하지 않는다.

→ She likes soap operas, ☐ her husband
does not.

→ ☐ she likes soap operas, her husband
does not.

04 원화 강세는 수출회사들에게 장애물이
될 수 있다. 반면에 그것은 수입회사들에게
이득을 줄 수 있다.

→ A strong won can be an obstacle to
exporting companies, ☐ it can benefit
importing companies.

조건을 나타내는 부사절과 부사어
'~라면'이라는 조건을 거는 부사절

제품에 하자가 있으면 우리는 그것을
바꾸어드릴 것입니다.

_____ the product has defects, we will replace it with a new one.

○ '제품에 하자가 있으면'이란 말은 조건을 표현합니다. 조건을 표현할 때에는 일단 if를 사용할 수 있습니다. 그런데 앞에서도 다루었듯이, 의미가 미래여도 시간과 조건의 부사절에서는 현재 시제를 사용합니다.

○ 이 경우 사실 제품은 이미 만들어진 상태이니, 그 제품에 하자가 있다면 그것은 현재의 일일 수도 있습니다. 그렇다면 제품의 하자는 소비자가 구입한 후인 미래에 인식될 것이고, 교환도 미래에 이루어질 것입니다. 이런 경우 if절에는 현재형을, 주절에는 미래형을 사용하면 됩니다.

→ If the product has defects, we will replace it with a new one.

혹시 네가 나에게 연락할 필요가 있을지
모르니 전화번호를 알려줄게.

_____ _____ you need to reach me, I'll give you my phone number.

○ 종종 우리는 '그럴 일은 별로 없겠지만, 만일 그런 일이 있다면'이라는 뉘앙스로 말하는 경우가 있습니다. 그런 경우 in case나 in the event (that)이라는 접속어를 사용할 수 있습니다. 위의 화자는 '네가 나에게 연락할 일은 없겠지만 혹시 모르니까 전화번호를 알려주겠다'고 말하는 것입니다. 이럴 때, '~한 경우에 대비하여'로는 in case가 쓰입니다.

→ In case you need to reach me, I'll give you my phone number.

127

네가 가만히 있지 않으면 네 사진을 찍을 수 없어.

I can`t take your picture ⬚⬚⬚ you do ⬚⬚⬚ keep still.

I can`t take your picture ⬚⬚⬚ you keep still.

○ '~하지 않으면'을 표현하는 방법 중 가장 쉬운 것은 if절에 not을 쓰는 것이지요. 그런데 그 방법 말고도 다른 방법이 있습니다. unless를 사용할 수 있는데, unless는 '~하지 않는다면', 즉 if ~ not의 뜻입니다. 그래서 unless로 시작하면 동사를 부정할 필요가 없게 됩니다.

○ 따라서 뒤에 부정어가 없는 첫 번째 문장의 빈칸에는 unless를 쓰면 되지요. 하지만 두 번째 문장의 경우에는 if를 쓰고 do 뒤에 부정어 not을 넣어주어야 합니다.

→ I can`t take your picture if you do not keep still.

→ I can`t take your picture unless you keep still.

128

비가 오더라도 나는 수영하러 갈 것이다.

I will go swimming ⬚⬚⬚ ⬚⬚⬚ it rains.

○ even though를 써도 될까요? 하지만 그렇게 되면 '비가 오지만 나는 수영하러 갈 것이다'가 됩니다.

○ 하지만, 우리가 만들고자 하는 문장의 의미는 '지금은 비가 오지 않는데 앞으로 비가 오더라도, 그것과 상관없이 나는 수영하러 갈 것이다'입니다. 이런 경우에는 even if를 사용합니다. even if는 '어떤 조건이 형성되더라도'의 의미로, 행위자는 그 조건에 개의치 않겠다는 것을 의미합니다. 그래서 even if는 '~하든 그렇지 않든'의 의미를 갖는 whether or not과 유사한 의미를 가집니다.

→ I will go swimming even if it rains.

I3 조건을 나타내는 부사절과 부사어

1. if

if절은 ① 일반적인 조건(과거, 현재, 미래에 다 통용될 수 있는 일), ② 아직 알지 못하는 현재의 조건, ③ '미래에 어떤 조건이 형성된다면' 등을 표현한다.

- 눈이 오면 길이 미끄럽다.
- 그 남자가 정직하면 그를 고용하겠다.
- 걔가 경기에서 이긴다면 나는 황홀경을 느낄 거야.

- Roads are slippery if it snows. — ①
- If he is honest, I will employ him. — ②
- I will be ecstatic if he wins the game. — ③

2. in case, in the event that

'그럴 일은 없겠지만 혹시 그럴 일이 생기면', '~할 경우에 대비하여'의 의미를 갖는 절에는 in case, in the event that을 쓸 수 있다.

- 혹시 비가 내릴지 모르니 우산을 가져갈래.
- 미자가 혹시 전화할지 모르니, 나는 나가고 싶지 않아.
- 우리가 앞으로 영영 못 볼지도 모르니 나는 네가 잘되길 빌어.

- I will bring my umbrella in case it rains.
- I don't want to go out in case Mija calls me.
- In case we'll never meet again, I want to wish you well.

3. if ~ not, unless

'~하지 않으면'을 표현하는 방법에는 당연히 if절에 not을 쓰는 것과 unless 를 접속사로 써서 부사절을 만드는 방법이 있다. 접속사로 사용 가능하다.

- 당신이 나를 지금 알지 못한다면 당신은 영원히 나를 알지 못할 것입니다.
- 네가 나를 돕지 않는다면 나는 그 일을 해낼 수 없어.

- If you don't know me by now, you will never know me.
- If you don't help me, I can't get it done.
- Unless you help me, I can't get it done.

4. even if

'(비록) ~한다 해도, ~하더라도'의 의미를 가지며, whether ~ or not을 써서 비슷한 의미를 표현할 수도 있다.

- 회계직원을 믿지 마세요. 그 사람이 당신의 어머니라 해도.
- 케이트 윈슬렛은 여우주연상을 타지 못하더라도 오스카 파티를 할 계획이다.
- 네가 반대하더라도 나는 그 집을 살 거야.

- Don't entrust your bookkeeper, even if she is your mom.
- Kate Winslet plans to throw Oscar party even if she doesn't win the Best Actress Award.
- I will buy the house even if you oppose.

01 누군가를 사랑한다면 그를 자유롭게 해주세요. → [   ] you love somebody, set him(her) free.

02 혹시 네가 궁금할지 모르니까 그 얘기 다 해줄게. → Just [   ] [   ] you're curious,
I'll tell you the whole story.

03 네가 네 선생님을 좋아하든 싫어하든
너는 그 분의 말을 따라야 한다. → [   ] [   ] [   ] your teacher
[   ] [   ], you should obey him.

04 당신이 그것을 놓쳤을지 모르니 다시 한 번
얘기할게요. → I'll say it over [   ] [   ] you missed it.

05 네가 이길 거라고 완전히 확신하고 있지 않다면,
소송을 취하해라. → [   ] you are absolutely sure you'll win,
drop the case.

06 정보가 더 필요하시면 333-2222로 전화하세요. → [   ] [   ] further information,
please call 333-2222.

07 다른 얘기를 듣지 않는다면(별 얘기 없으면)
사진을 찍으셔도 됩니다. → [   ] you are told otherwise, you may take
photographs.

08 네가 거기 가기를 바라지 않는다고 해도 너는
가야 한다. → [   ] [   ] you don't want to go there,
you have to.

영어에서는 부사절로 표현할 것을 분사를 사용해 표현하는 경우도 있습니다. 그것을 흔히 '분사구문'이라고 부르는데, 기본적 방법은 다음과 같습니다.

- **Because he lacked confidence, he gave up.**

  ① 접속어 지움 ➡ ② 주어 지움 ➡ ③ 동사를 분사로 교체

  ⇨**Lacking confidence, he gave up.**

분사구문은 분사를 이용해 부사절을 더 축약적으로 표현하는 방식입니다. 하지만 구어체에서는 잘 사용하지 않습니다.

부사절은 또한, on the other hand, in addition, however, in short, for example, therefore 같은 연결사를 이용해 표현할 수도 있습니다. 그런데 우리나라 사람들은 접속사와 연결사의 차이를 잘 모르는 경우가 많습니다. 자, 다음 세 가지 예를 봅시다.

- **Though he tried his best, he failed.** ⇨ 그는 비록 최선을 다했지만 실패했다.
- **He tried his best, but he failed.** ⇨ 그는 최선을 다했지만, 실패했다.
- **He tried his best. However, he failed.** ⇨ 그는 최선을 다했다. 하지만, 실패했다.

위의 두 예는 각각 한 문장이고, 마지막 예는 두 문장입니다. 접속사는 품사와 품사, 구와 구, 절과 절 등을 연결합니다. 마지막 문장이 두 문장이라는 것은 곧 however는 접속사가 아니라는 얘기죠. however처럼, 접속사는 아니지만 문장과 문장이 매끄럽게 이어지도록 하는 부사(어)들을 연결사라고 부릅니다. 연결사는 문장 전체를 꾸미는 부사로, 절을 연결하는 것이 아니라 뒤에 오는 문장 속에 위치합니다. 접속사를 사용해 절과 절을 직접적으로 연결하는 것도 가능하지만, 연결사를 사용할 수 있다는 것도 알아두세요.

I will !

Unit J

분사구문과 연결사의 활용

129

그 소설가는 강원도에서 돌아오는 중에 체포 되었다.

The novelist was arrested while ☐☐☐☐☐ back from Gangwon-do.

---

tip 그런데 이 분사구문들은 대화에서는 잘 사용하지 않으며, 글에서만 주로 사용한다.

o 시간의 부사절 중 '~하고 있는 중에'라는 절을 표현할 때 while을 사용한다는 건 이미 배웠습니다. 절 안에는 주어와 동사가 있어야 하죠. 그 소설가가 남자라면 '돌아오는 중에'는 while he was coming back이어야 하는데, 빈칸은 하나뿐이네요.

o 이 경우 coming 앞의 he was는 생략할 수 있습니다. 두 절의 주어가 같고(the novelist = he), 시제도 같다면(was – was) 주어와 be동사는 생략할 수 있거든요. 그러면 while coming back이 되는데, while까지도 생략이 가능해서 coming back만으로도 쓸 수 있습니다. 분사로 시작하는 구로 부사절을 대신한다고 해서, 이런 표현들을 '분사구문'이라 합니다.

→ The novelist was arrested while coming back from Gangwon-do.

接속사를 이용해 두 절을 연결하는 대신 분사를 이용해 부사절을 대체하는 경우도 있다. 이것을 흔히 분사구문이라 부른다. 그러나 분사구문은 문어적 표현이어서 일상 회화에서는 사용하지 않는 것이 좋다.

130

그 보고서를 완성한 후에 그 남자는 약혼자를 만나러 갔다.

After [_____] the report, he went to see his fiancee.

○ after도 시간의 부사절을 이끌 수 있는 접속사입니다. 이 부사절의 통상적인 표현은 After he completed the report입니다. 그런데 빈칸이 하나뿐이니, 이번에도 '분사구문'을 생각해봐야겠군요.

○ 분사구문은 구이므로 주어를 필요로 하지 않습니다. he completed에서 주어를 생략하고, 동사를 -ing형으로 바꾸면 됩니다. while절에서는 접속사도 생략이 가능하지만, since, after, before 등 시간의 차이를 보일 필요가 있는 경우에는 접속사를 써주어야 합니다. 모든 분사구문에서 접속사가 생략 가능하다고 하는 문법책도 있는데, 시간 차이가 있는 경우에는 접속사를 써주세요.

→ After completing the report, he went to see his fiancee.

131

필요한 정보가 부족하여 그 남자는 그 계획을 포기했다.

[_____] the necessary information, he gave up the plan.

○ 이번에는 인과 표현 문장입니다. he gave up the plan 부분이 결과를 표현하니 문장의 전반부에서는 원인이 표현되어야 하겠네요. 이런 경우 가장 흔한 because절을 쓰면, Because he lacked the necessary information이 됩니다. 이 경우도 분사구문으로 표현이 가능합니다. 두 절의 주어가 모두 he이니 주어는 생략하고, 동사 lacked는 lacking으로 바꿉니다.

○ 이유를 나타내는 분사구문에서는 접속사 because도 사라집니다. 그래서 결국 Lacking으로 시작하게 되는데, 그것이 이유의 부사절을 대체합니다.

→ Lacking the necessary information, he gave up the plan.

> **132**
>
> 나는 전에 거기에 가보았기 때문에, 관광
> 가이드가 필요하지 않다.
> ⬜⬜ ⬜⬜ there before, I don't need a tour guide.

○ 우선 절을 사용한 문장을 만들어봅시다. 접속사는 because를 쓰면 되겠죠. 그 다음, '가본 일이 있다'는 경험을 의미하니, 현재완료형으로 쓰는 것이 좋습니다. 그래서 Because I have been there before가 됩니다. 이제 그것을 분사구문으로 바꾸어봅시다. 먼저 접속사 because는 분사구문에서 쓰지 않으니 없애고, 주어도 두 절이 같으니 없애버립니다.

○ 남은 것은 동사를 분사로 바꾸는 것인데, 앞에서 다룬 것과는 차이가 있네요. 지금까지는 부사절과 주절의 시제가 같은 경우만 보았는데 이번에는 시제가 다릅니다. 부사절은 현재완료이고, 주절은 현재형입니다. 이 경우 '완료분사구문'을 쓸 수 있습니다. 완료분사구문은 having p.p.를 사용하는 것인데, 부사절과 주절의 시제 관계가 과거-현재이거나 현재완료-현재, 과거완료-과거인 경우 사용합니다.

→ **Having been there before, I don't need a tour guide.**

Because he lacked the necessary information,

Lacking the necessary information,

시간과 원인 등의 부사절은 분사를 사용한 구로 바꾸어 표현할 수 있다. 그런데 이는 문어적 표현이므로 대화에서는 사용하지 않는 것이 좋다.

1. 동시에 일어나는 일의 표현 : while, as절

주어를 생략하고, 동사를 - ing형으로 바꾸어 부사절을 대체한다. 이 경우 접속사는 쓰기도 하고 쓰지 않기도 한다.

- 학교 쪽으로 걷고 있던 중에 나는 소나기를 만났다.
  - While I was walking toward the school, I was caught in a shower.
  - While walking toward the school, I was caught in a shower.
  - Walking toward the school, I was caught in a shower.

- 에프마트로 운전하고 있을 때, 김씨는 개 한 마리를 치었다.
  - While Mr. Kim was driving to F-Mart, he hit a dog.
  - While driving to F-Mart, Mr. Kim hit a dog.
  - Driving to F-Mart, Mr. Kim hit a dog.

2. 시간 차이를 보이는 일의 표현 : since, before, after절

역시 주어를 생략하고 동사를 - ing형으로 바꾸지만, 접속사는 생략하지 않는 것이 의미 전달에 유리하다.

- 자신의 차로 개 한 마리를 친 이후 김씨는 계속 우울해한다.
  - Since Mr. Kim hit a dog with his car, he has been depressed.
  - Since hitting a dog with his car, Mr. Kim has been depressed.

- 여기 오기 전에 그는 한국에서 영어를 가르쳤다.
  - Before he came here, he (had) taught English in Korea.
  - Before coming here, he taught English in Korea.

3. 이유를 나타내는 분사구문

이 경우에는 분사만 쓰고 접속사는 쓰지 않는다.

- 그 일을 할 능력이 없었기 때문에, 사라는 포기했다.
  - Because Sarah was unable to perform the job, she gave up.
  - Being unable to perform the job, Sarah gave up.
  - Because Sarah was unable to perform the job, she gave up.

- 할아버지를 방문하는 걸 원하지 않았기 때문에 제임스는 아픈 척했다.
  - James feigned to be sick because he did not want to visit his grandfather.
  - Not wanting to visit his grandfather, James feigned sickness.

4. 주절과 부사절의 시제가 다른 분사구문

주절과 부사절의 시제 차이가 명확한 경우 완료분사구문(having p.p.)을 사용한다.

- 가지고 있던 모든 돈을 다 써버려서, 그들은 전기세를 낼 수 없었다.

- Because they had spent all their money, they couldn't pay the electricity bill.
- Having spent all their money, they couldn't pay the electricity bill.

말하기 · 쓰기 연습

01 어떤 여성이 쥐들을 죽이려 애쓰다가 자기 자신을 쏘았다.
→ A woman shot herself ☐ ☐ to kill mice.

02 나는 다락에서 다른 무언가를 찾다가 흥미로운 책을 한 권 발견했다.
→ I found an interesting book ☐ ☐ something else in the attic.

03 여기 온 이래로 나의 개는 계속 아프다.
→ ☐ ☐ here, my dog has been sick.

04 신문을 다 읽으신 후에는 그것을 원래 자리에 놓으세요.
→ After ☐ ☐ the paper, put it back where it was.

05 그 행사를 전에 준비해보았기 때문에 그 남자는 무엇을 할지 정확히 알았다.
→ ☐ ☐ for the event before, he knew exactly what to do.

06 그 여자의 행복에 장애물이 되지 않기를 바랐기에 조지는 그 소도시를 떠났고, 결코 돌아오지 않았다.
→ ☐ ☐ ☐ become an obstacle to her happiness, George left the town and never came back.

07 자신감이 없어서 그 소녀는 그 대회에 나가지 않았다.(lack)
→ ☐ ☐ , the girl didn't participate in the contest.

08 그 얘기를 하고 나서, 그 개똥지빠귀는 날아갔다.
→ ☐ ☐ the story, the robin flew away.

188

분사구문 2 _ 과거분사를 활용한 분사구문

과거분사로 시작하는 수동태 분사구문

133

그걸 한 번 더 설명해달라는 요청을 받았을 때
그 선생님은 화를 냈다.

When [　　　　] to explain it one more time, the teacher got
angry.

○ 우선 when을 사용한 부사절을 만들어볼까요? When he was asked to explain~입
니다. 그런데 빈칸이 하나이니 부사절로 표현해선 안 되겠네요. 이런 경우에
는 분사를 활용한 분사구문으로 표현할 수 있습니다.

○ 접속사 when은 분사구문에서 생략할 수도 있고 생략하지 않을 수도 있습
니다. 두 절의 주어가 같으니 주어는 생략. 동사는 was asked이니 being
asked가 될 텐데 빈칸이 하나밖에 없네요. 이럴 땐 asked만 쓰면 됩니다. 부사
절이 수동태인 경우 분사구문으로 바꾸면 being은 생략하고 과거분사로 시작하는 것
이 보통입니다.

> being + P.P.
> 일때는 being을
> 생략!

→ When asked to explain it one more time, the teacher got angry.

134

비록 피곤했지만, 짐은 자는 데 어려움을 겪었다.
[　　　　] [　　　　], Jim had trouble falling asleep.

○ 먼저 though를 접속사로 하여 부사절을 만들어보면 Though Jim was exhausted가
됩니다. 이것을 분사구문으로 만들면, he는 생략되니 Being exhausted죠. 접속사를
생략하지 않으면 Though being exhausted고요. 둘 중 어느 쪽이 더 좋을까요?

○ 물론 모두 문법적으로 틀린 건 아니지만, 가장 적절한 표현은 Though exhausted입니
다. 왜일까요? 앞에서도 말했듯이 분사구문이 being p.p.로 시작하는 경우 being은
일반적으로 생략됩니다. 반면 though는 대조의 부사절을 분사구문으로 바꿀 경우 정
확한 상황 파악을 하는 데 도움이 되거든요.

→ Though exhausted, Jim had trouble falling asleep.

과거분사를 활용한 분사구문의 경우 being 혹은 having been이 생략되어 있다고
생각할 수 있다. 이 경우 분사구문은 수동의 의미를 갖게 된다.

1. 과거분사를 사용한 분사구문

부사절에 수동태가 있을 경우 분사구문은 being p.p.의 형태가 되지만, being은 대개 생략하므로 과거분사형으로 시작하는 분사구문이 된다. having been p.p.가 올 경우에도 having been은 생략하는 경우가 많다.

- (두려워) 놀라서, 그 아이는
  아무 말도 못했다.
- 그 아이를 도와달라고 요청받았을 때
  그 남자는 고개를 끄덕였다.

- 그 남자는 그 회의에 대해 공지받지 못했기
  때문에 회의에 참가하지 않았다.

- Because the kid was scared, he couldn't say a word.
- Scared, the kid couldn't say a word.
- When he was asked to help the child, he nodded.
- When asked to help the child, he nodded.
- Asked to help the child, he nodded.
- Because he had not been notified of the meeting, he
  did not attend.
- Not having been notified of the meeting, he did not attend.
- Not notified of the meeting, he did not attend.

2. 대조의 부사절 분사구문으로 표현하기

though로 시작하는 부사절을 분사구문으로 바꿀 때에는 though를 생략하지 않는 것이 좋다.

- 한 여성은 폭발로 부상을 입었음에도
  치료를 거부했다.
- 비록 피곤했지만 조던은 45점을 득점했다.

- Though injured by an explosion, a woman refused
  medical assistance.
- Though tired, Jordan scored 45 points.

말하기·쓰기 연습

01 일을 끝낸 후 지쳐서 그 남자는 일찍 잠자리에 들었다. → ☐☐ after work, he went to
bed early.

02 비록 암으로 죽어가고 있었지만, 스미스 씨는 매일
글을 썼다. → ☐☐ ☐☐ of cancer,
Mr. Smith wrote every day.

03 비록 실망했지만 나는 개를 비난하지 않았다. → ☐☐ ☐☐, I didn't blame him.

04 그 얘기를 전에 들었기 때문에 나는 흥미가 없었다. → ☐☐ the story before,
I was not interested.

135

눈이 내리기 시작했지만, 우리는 계속 경기했다.
Though it started to snow, we kept playing.
It started to snow, but we kept playing.
It started to snow. ☐, we kept playing.

○ 앞에서도 한 번 나왔던 표현입니다. 연결사와 접속사의 차이를 보기 위해 같은 예문을 활용합니다.

○ 부사절을 학습할 때는 '비록 ~하지만, ~하다'의 의미를 표현할 때 종속접속사 though나 등위접속사 but을 사용했습니다. 그런데 세 번째 줄에 있는 예는 두 문장으로 구성되어 있네요. 빈칸 앞에는 한 문장이 이미 끝난 상태이고, 빈칸은 새로운 문장의 첫 번째 단어입니다. 이런 경우 연결사를 쓸 수 있습니다. 여기서는 연결사 however나 nevertheless (그럼에도 불구하고)를 쓰시면 됩니다.

→ It started to snow. However(Nevertheless), we kept playing.

136

토니는 책을 많이 읽지만, 개 동생은 전혀
읽지 않는다.
While Tony reads a lot, his brother never reads.
Tony reads a lot, but (while, whereas) his brother never reads.

Tony reads a lot. [_____], his brother never reads.
Tony reads a lot. His brother, [_____] [_____] [_____] [_____],
never reads.

○ 이번에는 'A는 ~인 반면, B는 ~이다'의 표현입니다. 부사절에서는 이럴 때 while, whereas, but 등을 접속사로 쓴다고 했죠. 그런데 세 번째 네 번째 예문은 각각 두 문장으로 구성되어 있습니다. 이럴 때는 연결사를 쓰죠. 첫 빈칸에는 However를 쓰면 됩니다. however는 직접적 대조를 나타낼 때도 쓸 수 있습니다.

○ 그런데 nevertheless는 여기서 쓸 수 없습니다. 예를 들어 '천장은 파랗다. 그럼에도 불구하고, 벽은 하얗다'는 말이 안 되죠? 그럴 때는 '천장은 파란 반면, 벽은 희다.'와 같이 표현해야 합니다. 상반된 내용이 이어질 때에는 on the other hand(반면에), in contrast(이와는 대조적으로) 등을 쓸 수 있습니다. 빈칸의 수로 보아 여기서는 on the other hand겠네요.

→ Tony reads a lot. However, his brother never reads.
→ Tony reads a lot. His brother, on the other hand, never reads.

137

배달이 지연되었기 때문에 그 회사는 지불을 거절했다.

Because the delivery was delayed, the company refused to pay.

The delivery was delayed, so the company refused to pay.

The delivery was delayed. ☐, the company refused to pay.

○ 원인을 표현하는 문장이 종료되고, 새로 시작하는 문장에서 결과를 표현할 때에는 therefore나 thus, consequently, as a result 등의 연결사를 사용합니다.

○ therefore는 우리말 '그래서'와 흡사하고, thus도 마찬가지이나 좀 딱딱한 말입니다. consequently와 as a result는 '그 결과(로)' 정도의 의미인데, 언제나 쓸 수 있는 말은 아닙니다. '나 어제 아팠어. 그 결과 집에 누워 있었어' 는 좀 우스꽝스럽죠. 인과의 연결사에는 여러 가지가 있고 모두 알아둘 필요가 있지만, therefore를 쓰는 것이 가장 무난합니다.

tip 그리 길지 않은 문장들이 연결될 때라면 접속사 because나 so를 쓰는 경우가 더 흔하다는 것도 알아둘 것

→ The delivery was delayed. Therefore, the company refused to pay.

J3 연결사 _ 연결사를 활용한 인과, 대조 등의 표현

1. though나 but으로 연결될 수 있는 경우의 연결사 사용

직접적 대조가 아니라 '비록 ~이지만'의 의미를 갖는 역접일 경우 however나 nevertheless를 써서 두 문장으로 표현할 수 도 있다.

- 비록 그 친구가 몇 가지 실수를 저지르긴 했지만, 나는 여전히 그를 신뢰한다.
- 그는 몇 가지 실수를 저질렀다. 그럼에도 불구하고 나는 여전히 그를 신뢰한다.

- Although he has made a few mistakes, I still trust him.
- He has made a few mistakes, but I still trust him.
- He has made a few mistakes. However, I still trust him.
- He has made a few mistakes. Nevertheless, I still trust him.

- 그 여자는 미국에서 태어났지만, 영어를 할 줄 모른다.
- 그 여자는 미국에서 태어났다. 그럼에도 그 여자는 영어를 말할 줄 모른다.

- Though she was born in the U.S., she can't speak English.
- She was born in the U.S., but she can't speak English.
- She was born in the U.S. However, she can't speak English.
- She was born in the U.S. Nevertheless, she can't speak English.

2. while이나 but으로 연결될 수 있는 경우의 연결사 사용

직접 대조를 이루는 문장들이 연결된 복문이나 중문을 대신하여, however나 on the other hand, in contrast 등의 연결사가 사용된 두 문장으로 표현할 수 있다.

- 메리는 키가 크고 날씬했지만, 동생은 작고 통통했다.

- While Mary was tall and slender, her sister was short and plump.
- Mary was tall and slender, while her sister was short and plump.
- Mary was tall and slender, but her sister was short and plump.

- 메리는 키가 크고 날씬했다. 하지만 동생은 작고 통통했다.

- Mary was tall and slender. However, her sister was short and plump.
- Mary was tall and slender. On the other hand, her sister was short and plump.

- 필은 토크쇼 보는 것을 매우 좋아한다. 반면 그의 아내는 그것을 혐오한다.

- Phil likes watching talk shows. On the other hand, his wife hates it.
- Phil likes watching talk shows. However, his wife hates it.

3. 인과를 나타내는 연결사 therefore

because, so 등을 사용하여 연결하는 복문이나 중문 대신에 therefore 등의 연결사를 사용하는 두 문장을 만들 수 있다. as a result, consequently 등도 사용 가능하다.

- 바클리가 11번 숏을 쏘아 한 개만 성공했기 때문에 코치는 그를 벤치에 앉혔다.
  - Because Barkley made just one out of 11 shots, the coach benched him.
  - Barkley made just one out of 11 shots, so the coach benched him.

- 바클리는 11번 숏을 쏘아 한 개만 성공했다. 그래서 코치는 그를 벤치에 앉혔다.
  - Barkley made just one out of 11 shots. Therefore, the coach benched him.

- 날씨가 더워서 우리는 외출하지 않았다.
  - It was hot. Therefore, we didn't go out.
  - Because it was hot, we didn't go out.

- 날씨가 더웠다. 그래서 우리는 외출하지 않았다.
  - It was hot, so we didn't go out.

말하기·쓰기 연습

| 01 | 제임스는 키가 작다. 그럼에도 불구하고 그는 농구를 매우 잘한다. | → James is short. ☐, he plays basketball very well. |

| 02 | 나는 생각한다. 그러므로 나는 존재한다. | → I think. ☐, I am. |

| 03 | 그의 노트북은 흰색이다. 반면에 나의 노트북은 검은색이다. | → His laptop is white. ☐ ☐ ☐ ☐, mine is black. |

| 04 | 날씨가 매우 나빠서 그들은 그 경기를 연기했다. | → The weather was very bad, ☐ they postponed the game. |

가끔 엽기적인 유머를 구사하고 싶다면, 영어를 직역한 표현들을 한 번 사용해 보세요. 예를 들면 이런 식으로요.

• 하나의 개는 하나의 포유류이다.
• 나는 하나의 학생이고, 내 형은 하나의 의사이다.
• 나는 하나의 변호사가 되고 싶어.

우습게 들리겠지만, 이런 문장들은 영어의 부정관사 a를 '하나의'로 번역했을 때 만들어지는 표현입니다. 위 문장들의 영어 표현이 바로 이거죠.

• A dog is a mammal.
• I am a student, and my elder brother is a doctor.
• I want to be a lawyer.

이것은 여러분을 웃기기 위해 하는 얘기가 아닙니다. 영어와 우리말 사이에 이만큼 큰 차이가 있다는 걸 말씀드리려는 겁니다.

이런 큰 차이 때문에 관사가 어려운 겁니다. 하지만 겁먹거나 포기할 이유는 전혀 없습니다. 몇 가지 원칙들을 익히고 그것을 반복 연습한다면, 원어민의 80% 수준까지는 빠르게 도달할 수 있기 때문입니다.
관사와 필연적으로 연결되는 명사 또한 골치 아프기는 마찬가지입니다. 특히 셀 수 있는 명사와 셀 수 없는 명사라는 개념이 등장하면 머리에 쥐가 나기 시작하죠. 하지만 대부분의 경우는 숫자 세기 놀이로 해결되니까 걱정 마세요. '사과 하나, 사과 둘, 사과 셋' 이런 것은 가능하죠? 그러니 apple은 셀 수 있는 명사입니다. '물 하나, 물 둘, 물 셋' 이게 가능한가요? 아니겠죠. 그러면 셀 수 없는 명사입니다.

I will !

Unit K

관사와 명사

관사의 사용 _ 기본적 용법
'문 열어'의 문은 a door? the door?

138

나는 새 전화기가 필요해.

I need ☐☐☐☐ new ☐☐☐☐.

- '셀 수 있는 명사'의 경우, 단수라면 a나 the 중 하나를 명사 앞에 써야 합니다.

- '전화기 한 대, 두 대' 같은 말은 가능하지요? 그러니 phone은 셀 수 있는 명사이고, 따라서 관사가 필요하겠네요. 이제 a인지 the인지만 판단하면 되겠죠. a는 확실히 정해지지 않은 대상 앞에, the는 확실히 지정된 대상 앞에 씁니다. 위의 경우 '전화기가 필요하다'는 정보는 있지만, '어떤 전화기인가?'에 대한 정보는 없습니다. 즉, 특정한 전화기를 언급하는 게 아니란 얘기지요. 이럴 때에는 a를 써야 합니다. a를 '부정관사'

| **tip** 명사 앞에 소유격이 있으면 관사 없이 쓸 수 있다. This is my book. 라고 부르는데, 그것은 정해지지 않은 대상을 지칭한다는 의미입니다.

→ **I need a new phone.**

139

한때 내겐 한 소녀가 있었지. 그 소녀는 내게
자신의 방을 보여주었어.

I once had ☐☐☐☐ ☐☐☐☐. ☐☐☐☐ ☐☐☐☐ showed me
her room.

- 첫 번째 문장에는 a girl을 사용해야 합니다. 구체적으로 어떤 소녀인지 듣는 사람이 알 수 없기 때문입니다. 그런데 두 번째 문장에서는 사정이 다릅니다. 이제 우리는 '그 소녀'가 '내게 있었던', 즉 '내 여자 친구였던 소녀'를 의미한다는 것을 압니다. 그래서 이번엔 The girl을 씁니다.

  - the는 정관사라고 부르는데, 그것은 '정해진' 대상을 가리킨다는 의미죠. 정관사의 가장 기본적 용도는 먼저 언급된 명사와 함께 쓰인다는 것입니다. 하나 더 연습해볼까요? '나는 어떤 책을 샀다. 그 책은 재미있었다.' 자, 영어로 표현해 보세요. I bought a book. The book was fun. 입니다.

→ **I once had a girl. The girl showed me her room.**

140

문 열어.

☐☐☐ ☐☐☐ ☐☐☐.

○ 지금까지 만들어본 것 중 가장 짧은 문장이네요. 명령법이니 첫 단어는 Open을 쓰면 되겠죠. 문은 door고, 이제 남은 것은 a를 쓰는가 the를 쓰는가입니다.

○ '문 열어'라는 말이 가능하려면 말하는 사람이나 듣는 사람 모두가 그 문이 무엇을 가리키는지 명확히 알고 있는 상황이어야 하겠죠? 그렇기 때문에 정답은 the입니다. 여기서 a를 쓴다면 '정해지지 않은 아무 문이나 열어'라는 의미가 될 테니, 현실적으로 이해할 수 없는 상황이 되죠. the는 이렇게 상황상 명확하여 청자와 화자가 공통적으로 알고 있는 대상 앞에 사용할 수 있습니다.

→ **Open the door.**

141

아빠, 스컹크가 뭐야?

Daddy, what ☐☐☐ ☐☐☐ skunk?

○ 여기서 스컹크는 한 마리의 스컹크를 의미하거나, 어떤 특정한 스컹크를 의미하는 것이 아니라, 스컹크라는 종을 가리킵니다. 영어로 이렇게 종 전체에 대해 언급하는 방식에는 세 가지가 있습니다. 가장 기본적인 것은 a를 명사 앞에 붙여 단수로 사용하는 것입니다. '사과는 빨개'는 An apple is red., '바나나는 맛있어'는 A banana is delicious.

○ 또 다른 방식은 복수형을 사용하는 것입니다. 모든 사과는 다 빨갛고, 모든 바나나들은 공통적으로 맛있다는 생각을 담고 있는 거죠. 그럴 땐 Apples are red., Bananas are delicious.

○ 마지막으로 the를 붙여 단수로 쓰는 방법도 있습니다. 하지만 이 방법은 보편적인 것이 아니며, 동물의 종이나 발명품, 악기 이름일 때만 사용됩니다.

→ **Daddy, what is a(the) skunk?**

K1 관사의 사용 _ 기본적 용법

1. a, an

정해지지 않은, 앞에서 언급되지 않은 단수의 대상 앞에 부정관사 a, an을 사용한다. a나 an은 셀 수 있는 명사 앞에만 사용한다.

- 어떤 병사가 내게 오더니 나이를 물었다.
- 나는 사과 세 개, 배 두 개, 파인애플 한 개를 샀다.
- 우리는 한 미술 전시회에 갔다.

- A soldier came to me and asked me how old I was.
- I bought three apples, two pears, and a pineapple.
- We went to an art exhibition.

2. the

처음 언급되는 단수 명사 앞에는 a나 an을 쓰고, 이미 언급된 명사 앞에 the를 쓴다. the는 명사가 단수든 복수든 상관 없이 쓸 수 있다.

- 나는 어떤 사람을 만났다. 그 사람은 나에게 도를 아느냐고 물었다.
- 나는 집을 한 채 샀다. 그 집은 3층집이다.

- I met a guy. The guy asked me if I knew Tao.
- I bought a house. The house is a three-story building.

3. 전체를 나타내는 방법

어떤 종이나 대상 전체를 나타내는 경우 일반적으로 'a(an) + 단수 명사', 혹은 복수 명사를 사용한다.

- 포유류는 새끼를 먹이기 위해 젖을 만들 수 있는 존재이다.
- 사과는 빨갛다.

- A mammal can produce milk to feed its young.
- Mammals can produce milk to feed its young.
- An apple is red.
- Apples are red.

_ 동물의 종, 발명품, 악기는 'the + 단수 명사'로 전체를 나타내기도 한다.

- 여우는 교활한 동물이다.
- 컴퓨터는 현대 세계를 혁명적으로 변화시켰다.

- The fox is a cunning animal.
- The computer has revolutionized the modern world.

4. the의 사용

상황상 지칭하는 것이 명백한 경우, 명사 뒤에서 관계사절이나 전치사구 등이 수식하여 명사의 뜻이 구체화되는 경우, 또는 유일물 앞에 the를 사용한다.

- 창문 좀 열어주시겠어요?

- Would you please open the window?

_ 상황 속에서 창문이 어떤 것인지 화자나 청자가 알고 있다. 아마 창문은 하나이거나 듣는 사람 옆에 있을 것이다.

- 제게 보내주신 책에 대해 감사드립니다.
- 지구는 태양의 주위를 돈다.

- Thank you for the book that you sent me.
- The earth moves round the sun.

말하기 · 쓰기 연습

01 어떤 남자가 나에게 미소를 지었다.
→ [____] [____] smiled at me.

02 어제 한 친구가 얘기 하나를 해주었다.
그 이야기는 한 명은 선하고 한 명은 악한,
두 형제에 대한 이야기였다.
→ Yesterday a friend tell me [____] [____].
The story was about two brothers,
one good and one evil.

03 누구라도 책을 쓸 수 있다.
→ Anyone can [____] [____] [____].

04 파충류와 포유류 사이의 차이가 무엇입니까?
(reptile, amphibian)
→ What is the difference between
[____] [____] and [____] [____]?

05 나는 도서관에서 한 소녀를 보았다.
그날 이래로 나는 계속 그 소녀를 생각하고 있다.
→ I saw [____] [____] in the library.
I have been thinking about [____]
[____] since then.

06 바나나는 달콤하다.
→ [____] [____] sweet.
→ [____] [____] [____] sweet.

07 이것이 당신이 주문했던 책이다.
→ This is [____] [____] you ordered.

08 로스앤젤레스 레이커즈의 파우 가솔이 이 달의
선수로 선정되었다.
→ The Los Angeles Lakers' Pau Gasol
was named [____] player of the month.

FOCUS

정관사의 사용

1. 이미 언급된 것
- I ate an apple. The apple was yummy.
- 나는 사과 하나를 먹었다. 그 사과는 맛있었다.

2. 상황상 명백한 것
- Leave the door open.
- 문을 열어둬.

3. 관계대명사, 전치사구 등이 뒤에서 꾸미는 경우
- These essays were evaluated according to the criteria of purity, truthfulness, elegance, and propriety. ('97 대학수학능력시험)
- 이 글들은 순수성, 진실성, 우아함, 적절성이라는 기준들에 따라 평가되었다.
- The song that you recommended was really good.
- 네가 추천했던 노래 정말 좋더라.

4. 유일물 앞에서
- the sun, the moon, the earth, the sky, the air, the sea, the world, the universe

5. 동물의 종을 나타낼 때
- The elephant is the largest land animal.
- 코끼리는 가장 큰 육상 동물이다.

6. 발명품 전체를 나타낼 때
- The telephone was invented by Bell.
- 전화기는 벨에 의해 발명되었다.

7. 악기 앞에서
- Eddi Van Halen can play the guitar.
- 에디 반 헤일런은 기타를 칠 줄 안다(정말 잘 친다는 뜻).

8. 국가 이름과 쓰는 경우
- kingdom, states, union, republic 등을 포함하는 국명에 the 사용. 예외적으로 the Netherlands, the Philippines
- the United Kingdom, the United States of America, the Czech Republic

9. 지명에 쓰는 경우

- the Alps, the Himalayas — 산맥
- the Bahamas, the Canaries — 군도
- the Middle East, the Far East — 동서남북이 지명에 들어가는 경우에
- the Mediterranean Sea, the Red Sea — 바다
- the Pacific, the Atlantic — 대양
- the river Thames, the Ganges — 강
- the Gulf of Mexico, the Persian Gulf — 만

10. 조직

- the United Nations, the National Basketball Association

11. 신문 이름

- the Times, the New York Times

12. 일부 형용사와 결합해 명사적으로 만드는 기능

- the poor, the rich, the old

13. ch, sh, se로 끝나는 국적 형용사와 결합해 그 나라 사람들을 의미

- the Dutch, the English, the Chinese

14. 최상급 앞에서

- the fastest car — 가장 빠른 차

15. 서수 앞에서

- the first woman to become a lawyer — 변호사가 된 첫 번째 여성

셀 수 없는 명사들의 활용
사랑, 커피, 바람의 공통점은?

142

사랑은 사랑받기를 원하는 것이야.
☐☐☐ ☐☐☐ wanting to be loved.

○ 존 레논의 Love에 나오는 가사입니다. 마음에 와 닿죠? 자, 주어 자리에 A love가 가능할지 생각해봅시다. 일반적으로 '사랑'이라고 말할 때 그것은 여러 개가 존재하는 무언가를 의미하는 것이 아니죠. 사랑은 물질적 형태도 없고, 만질 수도 없고, 셀 수도 없는 거니까요. 우리는 이런 명사들을 추상명사라고 합니다.

tip A Love Story라는 영화가 있다고? 그때 a는 love가 아니라 story 때문에 붙은 것이다. 〈A Love Until The End Of Time〉이라는 노래도 있다고? 그것은 특수한 경우이고 뒤에서 꾸며주어 '어떤 특정한 로맨스'를 의미할 뿐이다.

○ 추상명사 앞에는 원칙적으로 a가 오지 않습니다. 관사 없이 쓰거나 정관사와 함께 사용합니다. 위에서는 love가 아무런 수식도 받지 않고 있으니, 관사 없이 씁니다.

→ **Love is wanting to be loved.**

143

나는 치즈 한 조각과 커피 한 잔을 마셨다.
I ate ☐☐ ☐☐ ☐☐ and drank ☐☐
☐☐ ☐☐ ☐☐.

○ 볼펜 한 자루를 100조각으로 부순 다음 한 조각을 친구에게 주며 '이것은 볼펜이다'라고 말해보십시오. 친구가 미친놈 보듯 할 겁니다. 이번에는 치즈 한 덩이를 100조각으로 나눈 다음 한 조각 먹어보세요. 그것은 여전히 치즈입니다. 이처럼 나누거나 합쳐도 이름이 바뀌지 않는 것들이 있습니다. 액체, 기체, 특정한 고체 덩어리들, 소금이나 설탕 같은 결정들. 또는 하나씩 존재하지만 하나씩 세는 것이 무의미한 것들, 이런 것들을 물질명사라고 합니다.

○ 물질명사는 셀 수 없습니다. 만약 여러분이 '석유 하나, 석유 둘, 석유 셋……' 하며 잠든다면 상태가 대단히 좋지 않은 것입니다. 셀 수 없으니 a도 붙지 못합니다. 대신 물질명사는 각각에 맞는 특정 단위를 이용하지요. 기름 한 통(barrel), 커피 한 잔(cup), 치즈 한 조각(slice) 하는 식이 그것이죠.

→ **I ate a slice of cheese and drank a cup of coffee.**

추상적인 것, 기체, 액체, 고체 등의 물질들, 자연 현상, 유사한 사물들의 모임 등을 나타내는 명사들은 셀 수 없는 명사로 a나 an과 함께 쓰이지 않는다. the와 함께는 쓰일 수 있다.

144

그 여자는 약간의 보석들을 구입했다.

She bought some jewels.
She bought some ☐☐☐☐☐.

o '약간의 보석들'은 위에 제시된 것처럼 some jewels입니다. 그런데 아래 문장에는 왜 빈칸을 만들어놓았을까요? '보석들' 에 해당하는 다른 단어를 내놓으라는 거죠. gems도 가능하지 만, 이럴 땐 jewelry가 더 많이 쓰이죠. 어느 가수팀의 이름이 되면서 유명해진 이 단어는 '보석류'라는 뜻입니다. 이처럼 영어 에는 유사한 것들의 집합이나 그룹을 의미하는 명사들이 있습니다.

o '가구'를 뜻하는 furniture는 보통 침대, 의자, 책상, 소파 등을 포괄하는 개념이고, '기계류'를 뜻하는 machine은 다양한 서로 다른 기계들을 포함하는 말입 니다. 마찬가지로 jewerly는 다이아몬드, 사파이어, 루비 등을 포함하는 '보석류'라는 말입니다. 이런 명사들은 복수형이 없고, 앞에 a를 붙이지도 않습니다. the나 양을 표 현하는 한정사들(some, much, little 등)과는 함께 쓸 수 있습니다.

→ **She bought some jewelry.**

145

바람이 부드럽게 분다.

☐☐☐☐☐ ☐☐☐☐☐ blows softly.

o 바람은 자연 현상입니다. 기후, 혹은 날씨와 관련된 자연 현상들은 셀 수 없는 것들이죠. '눈 하나, 비 둘, 바람 셋, 안개 넷' 같은 말은 문학 작품에서나 볼 수 있는 말입니다.

o 이런 명사들은 관사 없이 쓸 수도 있지만, 대개는 the를 붙여 씁니다. the sunshine, the wind, the fog, the rain, the snow 이런 식으로요. 이런 단어들은 many를 비롯 해 수와 관련된 수식어와 함께 쓰이지 않으며 양을 표현하는 한정사들과는 함께 쓰입 니다. 위의 문장에서는 주어 wind가 정관사 the와 함께 쓰입니다.

→ **The wind blows softly.**

K2 셀 수 없는 명사들의 활용

1. 추상명사

물질적 형태가 존재하지 않으며 만질 수도 볼 수도 없고 개념으로 존재하는 것들을 지칭하는 명사. 셀 수 없는 명사이며 정관사, 소유격, 양의 한정사(some, much, little) 등으로 꾸민다.

- 아름다움은 보는 사람의 눈 속에 있다.
  (사람마다 미의 판단 기준 다르다.)
- 우리는 너무나 즐거웠다.
- 네가 필요로 하는 모든 것은 약간의 인내심이다.
  _ 이때 a는 patience를 수식하는 것이 아니다. a little이 '약간' 이란 뜻의 갖는 수식어이다.
- 그는 인내심이 거의 없다.

- Beauty is in the eye of the beholder.

- We had so much fun.
- All you need is just a little patience.

- He has little patience.

2. 물질명사

액체, 기체, 분할되어도 동일한 고체(금속, 종이, 나무, 버터 등의 일부 음식, 천의 재료), 입자(설탕, 소금, 모래, 먼지, 분필)와 관련된 명사들. 셀 수 없으며, 양을 표시하려면 양을 나타내는 수식어나 '단위 명사 + of '를 앞에 써준다.

- 그 남자는 빵 한 덩어리를 샀다.
  그 남자는 빵 한 조각을 먹었다.
- 금은 섭씨 1604도에서 녹는다.
- 커피 좀 줘.
  커피 한 잔 줘.

- He bought a loaf of bread.
  He had a slice of bread.
- Gold melts at 1604°C.
- Give me some coffee.
  Give me a cup of coffee.

3. 집합명사

동일한 구성원을 가진 집합명사는 a도 붙고 복수로도 쓰인다. 유사하지만 서로 다른 여러 종류를 묶은 의미를 갖는 집합명사는 셀 수 없는 명사이다.

- 존의 가족은 대가족이다.
  _ 한 가족 전체를 지칭하면 단수.
- 그 여자의 모든 가족들은 건강하다.
  _ 가족 구성원 모두를 지칭하면 복수.
- 세 가족이 모여 즐거운 시간을 보냈다.
  _ 여러 가족들을 의미하므로 복수.
- 그 회사는 군사 장비를 만든다.
- 가능하면 짐은 최소한으로 가져가라.

- John has a large family.

- All her family are well.

- Three families got together and had a great time.

- The company makes military equipment.
- Take as little baggage as possible.

4. 자연 현상들을 나타내는 명사들

자연 현상들을 나타내는 말들은 셀 수 없는 명사이며 the를 붙여 쓰는 경우가 많다.

- 번개가 공장을 내리쳐서 불이 났다.
- Lightning struck a factory and caused a fire.
- 안개가 너무 짙어 운전을 하는 것이 힘들다.
- The fog is so dense that it's hard to drive.
- 습도가 매우 높다.
- The humidity is very high.

말하기 · 쓰기 연습

01	어제 그 남자가 나에게 정보 하나를 주었다.	→ He gave me ☐ ☐ ☐ ☐ yesterday.
02	시간은 금이다.	→ ☐ ☐ ☐.
03	여전히 그 남자에 대한 신뢰를 가진 사람이 있을까요?	→ Does anyone still have ☐ ☐ him?
04	나는 과일을 약간 살 것이다.	→ I will buy ☐ ☐.
05	물은 산소와 수소로 구성되어 있다.	→ ☐ ☐ ☐ ☐ ☐.
06	내가 필요한 모든 것은 물 한 잔이다.	→ All I need is ☐ ☐ ☐.
07	그 남자는 보석을 좀 샀다.	→ He bought ☐ jewelry.
08	나는 왜 천둥과 번개를 무서워할까?	→ Why am I afraid ☐ ☐ ☐?

FOCUS

○ 셀 수 없는 명사들

1. 물질
- 액체

  water 물   **coffee** 커피   **tea** 차   **milk** 우유   **oil** 기름   **blood** 피

- 기체

  air 공기   **steam** 증기   **oxygen** 산소   **hydrogen** 수소   **smoke** 연기   **smog** 스모그

- 금속

  gold 금   **iron** 쇠   **silver** 은

- 일부 음식

  bread 빵   **butter** 버터   **cheese** 치즈   **meat** 고기

- 천의 재료

  wool 모직   **cotton** 면

- 기타 고체

  glass 유리   **wood** 나무   **paper** 종이

- 입자로 된 것

  dirt 진흙   **dust** 먼지   **flour** 밀가루   **pepper** 후추   **salt** 소금   **sugar** 설탕

- 곡물

  rice 쌀   **wheat** 밀   **corn** 옥수수

2. 추상명사

anger 화   **beauty** 아름다움   **courage** 용기   **cruelty** 잔인함   **death** 죽음   **freedom** 자유
fun 재미   **happiness** 행복   **honesty** 정직   **joy** 기쁨   **life** 삶   **luck** 행운
patience 인내   **respect** 존경

3. 언어

Arabic 아랍어   **English** 영어   **Korean** 한국어   **Spanish** 스페인어

4. 학문

mathematics 수학   **chemistry** 화학   **physics** 물리학   **literature** 문학   **psychology** 심리학

5. 게임

baseball 야구   **soccer** 축구   **basketball** 농구   **tennis** 테니스   **chess** 체스   **poker** 포커

6. 활동

aid 원조   **help** 도움   **sleep** 잠   **travel** 여행   **work** 일
driving 운전   **studying** 공부   **swimming** 수영 등의 동명사

7. 유사하지만 서로 다른 여러 종류를 묶은 의미의 집합명사

baggage 여행용 짐 전체   **clothing** 의류   **equipment** 장비류   **food** 음식 전체   **fruit** 과일류
garbage 집합적 쓰레기   **jewelry** 보석류   **machinery** 기계류   **mail** 우편물 전체
money 여러 가지 돈들 전체 등

8. 기후 관련 자연 현상

dew 이슬   **fog** 안개   **hail** 싸락눈   **heat** 열   **humidity** 습도   **lightning** 번개
rain 비   **snow** 눈   **thunder** 천둥   **wind** 바람   **sunshine** 햇빛 등

언어에는 정확하지 않게 표현하는 경우도 많이 있습니다. '나 돈 좀 줘'라든가, '나한테 약간의 돈이 있다'라는 표현에서 '좀(조금)'이나 '약간'이 얼마만큼을 의미하는지는 정확하지 않죠. 인간이 사는 데에는 회색의 영역도 있게 마련이라 그런 표현도 필요한 거지요.

한 학교의 학생이 476명이라고 칩시다. 그렇다고 '476명의 학생들이 등교했다'는 표현을 할 필요는 없죠. '모든 학생이 등교했다'고 하면 되잖아요. 어제 어떤 모임에 2,234명이 참여했다고 그 수를 꼭 표현할 필요는 없죠. 알기도 힘들고요. '많은' 사람들이 참여했다고 말하는 것이 더 좋을 수도 있습니다.

우리가 영어를 잘 말하고 쓰려면 구체적인 숫자를 쓰지 않고도 수를 표현하는 방법과, 무게 등의 단위를 쓰지 않으면서도 양을 표현하는 방법을 알아야 합니다. 그것이 우리가 이 장에서 다루려고 하는 것들입니다.

Unit L

양과 수의 표현

146

나는 많은 돈을 필요로 하지 않지만,
내 여자친구는 많은 돈이 필요해.
I don't need ⬚⬚⬚ money, but my girlfriend needs ⬚⬚ ⬚⬚ ⬚⬚⬚ money.

- money는 셀 수 없는 명사입니다. '돈'인데 셀 수 없다니? 하지만 two moneys, three moneys는 딱 봐도 이상하죠. 이런 명사는 복수로 쓰일 수 없으며, 양으로만 그 크기를 표현할 수 있습니다. 양과 관련해 '많은'을 나타내는 표현은 much, a lot of, lots of, a good deal of, plenty of, a great quantity of 등이 있습니다.

- 그런데 하나 더. much는 긍정문에서 단독으로 쓰이는 일이 없다는 원칙을 기억해두세요. 즉 I need much money.라고는 하지 않는다는 것입니다. 단 much 앞에 so나 too 가 오면 긍정문에서도 쓸 수 있습니다. 위 문장의 앞절은 부정문이고, 뒷절은 긍정문이 니 much, a lot of를 쓰면 됩니다.

→ **I don't need much money, but my girlfriend needs a lot of money.**

147

그 남자는 많은 실수들을 저질렀다.
The man made ⬚⬚ ⬚⬚ ⬚⬚⬚ mistakes.

- 이번엔 셀 수 있는 명사를 쓰는 경우 '많다'는 표현을 다루겠습니다. 대표적인 것은 many인데 빈 칸이 세 개이니 다른 대안을 찾아야 합니다. 셀 수 있는 명사의 경우 쓸 수 있는 '많다'의 표현으로는 many, a lot of, lots of, plenty of, a number of, a great number of 등이 있습니다. 이 중 세 단어로 구성된 것은 a lot of와 a number of네요.

- 그런데 a lot of, lots of, plenty of는 양과 수에, 즉 셀 수 없는 명사와 셀 수 있는 명 사에 모두 쓸 수 있습니다. 게다가 a lot of와 lots of는 부정문과 긍정문에 다 쓸 수 있 지요. 그러니 '많다'고 하고 싶은데 무엇을 쓰면 좋을지 헷갈릴 땐 a lot of를 쓰세요.

→ **The man made a lot of(a number of) mistakes.**

many, much 등으로 '많다'는 표현을 할 수 있다. 또, some, several, a few, a little 등으로는 어느 정도 있음을 나타낼 수 있다. some은 양과 수에 모두 쓰이지만, many, several, a few는 수에만, much와 a little은 양에만 쓰인다.

148

나 돈이 좀 있어.

I have ⬚ money.

I have ⬚ ⬚ money.

○ 위의 문장을 보고 그 사람에게 돈이 얼마나 있는지를 알 수는 없습니다. 우리말에서도 '조금', '어느 정도', '얼마쯤' 같은 표현은 정확하지 않은 수나 양을 표현하지요.

○ money와 같이 셀 수 없는 명사가 '어느 정도의, 약간의' 양만큼 있다고 표현할 때 some이나 a little을 쓸 수 있습니다. some은 셀 수 있는 명사에도 쓰지만, a little은 셀 수 없는 명사에만 쓰입니다. 이때 a little은 '약간의'라는 하나의 관용적 표현으로, 여기 나온 a는 명사 앞의 부정관사가 아니라는 걸 꼭 기억하세요.

→ I have some money.

→ I have a little money.

149

그 남자에게는 몇 명의 친구가 있다.

He has ⬚ friends.

He has ⬚ ⬚ friends.

○ '몇 개의, 몇 명의'라는 표현 또한 그 정확한 수를 알 수 없을 때 쓰는 표현입니다. 자기 친구도 몇 명인지 잘 모르는데 남의 친구가 몇 명인지 어떻게 정확히 알겠습니까?

○ 복수 명사의 경우 정확하지 않은 '몇 개의, 몇 명의'라는 표현을 할 때 several, a few를 형용사로 쓸 수 있습니다. 물론 어떤 경우에는 some을 쓰기도 하지요. 하지만 some과 달리 several이나 a few는 언제나 복수 명사 앞에서만 쓴다는 것을 꼭 기억하시기 바랍니다. a little에서와 마찬가지로 a few의 a도 부정관사가 아닙니다.

→ He has several friends.

→ He has a few friends.

L1 양과 수를 표현하기 1 _ 많은, 약간의

1. 셀 수 없는 명사와 관련하여 양의 많음을 나타내는 표현

much, a lot of, lots of, a good deal of, plenty of, a great quantity of 등이 쓰이는데 much는 부정문에 쓰는 것이 원칙이다. 단 too much, so much는 긍정문에도 쓴다.

- 우리에게는 시간이 별로 없다.
  - We don't have much time.
  - We don't have a lot of time.
- 그 남자는 할 일이 너무 많다.
  - He has too much work to do.
- 그 여자는 많은 돈을 번다.
  - She makes a lot of money.
  - She makes much money.(X)

2. 셀 수 있는 명사와 관련하여 수의 많음을 나타내는 표현

many, a lot of, lots of, plenty of, a number of, a great number of 등을 사용한다. many는 소유격과는 못 쓴다. 소유격과 함께 쓸 필요가 있을 때에는 many of로 대체한다.

- 그 남자는 많은 책을 가지고 있다.
  - He has many books. He has a lot of books.
- 그들의 많은 실책들은 피펜의 빠른 손에 의해 강제되었다.
  - Many of(A lot of) their turnovers were forced by the quick hands of Pippen
  - Many their turnovers were forced by the quick hands of Pippen.(X)
- 이 나라에는 성공할 수 있는 많은 기회들이 존재합니다.
  - There are plenty of opportunities for success in this country.

3. 셀 수 없는 명사가 어느 정도 있음을 나타내는 표현

some을 쓸 수 있다. 적다는 의미로 a little을 쓸 수 있는데 사실상 둘 사이의 의미 차이를 알기는 불가능하다.

- 너를 위해 음식을 좀 사왔어.
  - I bought some food for you.
- 내가 가진 것은 약간의 밀가루와 설탕뿐이야. 계란이랑 베이킹파우더가 없어.
  - All I have is some(a little) flour and sugar. I don't have eggs and baking powder.
- 우리는 약간의 인내와 이해를 필요로 합니다.
  - We need a little patience and understanding.

4. 셀 수 있는 명사가 어느 정도 있음을 나타내는 표현

이때에도 some을 쓸 수 있고, 그 외에 several, a few 등도 쓸 수 있다.

- 나는 사과 몇 개를 사왔어.
- 오늘 할 일이 몇 가지 있다.
- 며칠 전에 우리의 카탈로그를 보냈습니다.

- I bought some apples.
- I've got several(a few) things to do today.
- We sent our catalogue a few days ago.

말하기 · 쓰기 연습

01	그들의 많은 책들이 분실되었다.	→ □ □ □ □ □ were lost.
02	나 할 일이 너무 많아.	→ I've got □ □ work to do.
03	몇 주 전에 그는 부상을 입었다.	→ He was injured □ □ ago.
04	나에게 필요한 것은 약간의 햇빛이다.	→ I need □ □ sunshine.
05	A: 뭐 새로운 일 있니? B: 별로 없어.	→ A: What's up? B: □ □ .
06	대단히 많은 수의 사람들이 그 행사에 참가하였다.	→ □ □ □ □ people participated in the event.
07	몇몇 소스에 따르면 박은 파드레즈로 트레이드될 것이다.	→ According to □ □ , Park will be traded to the Padres.
08	음식 좀 사와.	→ Get □ □ .

150

> 내 남편은 아이들에 대한 인내심이 전혀 없어요.
> My husband has ⬚ patience with our children.
> My husband does ⬚ have ⬚ patience with our children.

○ 이번에는 '전혀 없는'이란 표현입니다. 명사 patience, 즉 '인내'는 셀 수 없는 명사입니다. 이러한 것이 전혀 없다고 표현하는 데는 두 가지 방법이 있습니다. 먼저 no를 명사 앞에 쓰는 것입니다. no는 셀 수 있는 명사, 없는 명사 모두와 함께 쓸 수 있습니다.

○ 두 번째 방법은 not과 함께 any를 쓰는 겁니다. any는 한마디로 해석하기가 좀 힘든데, 부정어 not과 함께 쓰일 때는 '조금이라도 있는'이란 의미여서, 결국 '전혀 없다'가 됩니다. not은 동사 앞뒤에, any는 명사 앞에 씁니다.

> → My husband has no patience with our children.
> → My husband does not have any patience with our children.

151

> 그 감옥에는 죄수들이 없다.
> The prison has ⬚ prisoners.
> The prison does ⬚ have ⬚ prisoners.

○ prisoner는 복수형도 존재하고 각각이 구분되는 셀 수 있는 명사입니다. 하지만 '아무도 없는', 또는 '아무것도 없는'을 표현할 때는 셀 수 있는 명사냐 아니냐는 상관없습니다. 따라서 이 경우에도 역시 no나 not~any를 사용하면 되지요.

○ any는 부정어와 함께 쓰여 '전혀 없는'의 뜻을 만들기도 하지만, 부정어 없이 독자적으로 긍정문에서 쓰이면 '누구라도, 그 무엇이라도'의 의미가 됩니다. 예를 들어 Any one can do that.이라고 말하면 '누구든 그것을 할 수 있어'의 의미가 됩니다.

> → The prison has no prisoners.
> → The prison does not have any prisoners.

152

당신에게는 돈이 (조금이라도) 있나요?
Do you have ⬚ money?

읽을 책이 있나요?
Are there ⬚ books to read?

○ '약간 있는'은 some 등으로 표현한다고 했습니다. 하지만 some은 부정문이나 의문문에서는 사용하지 않습니다. 부정문에서 some 대신 any 를 쓴다는 것은 위에서도 보았으니, 이번에는 의문문 얘기를 합시다.

tip 무언가를 요청하거나 제안하는 의문문에서는 예외적으로 some이 쓰이기도 한다. Would you like some coffee? (커피 좀 드시겠어요?)

○ 의문문에서는 '조금이라도, 하나라도, 몇 개라도' 등의 의미로 some이 아닌 any를 씁니다. any 또한 명사가 셀 수 있는 것이냐 아니냐에 상관없이 쓸 수 있습니다.

→ Do you have any money?
→ Are there any books to read?

153

내 남편은 아이들에 대한 인내심이 거의 없어요.
My husband has ⬚ patience with our children.

내 남편은 책이 거의 없어요.
My husband has ⬚ books.

○ '조금 있는'의 의미인 a few와 a little은 긍정성을 내포하는 말이죠. 그와 반대로 부정성을 내포하는 '거의 없는'의 표현은 few와 little입니다. 하지만 긍정성과 부정성은 실제의 양이나 수보다는 말하는 사람의 관점이나 생각에 따라 달라지는 것이지요.

○ 물이 반 잔 있을 때 '반밖에 없다'고 하는 이도 하고, '반이나 있다'고 하는 이도 있습니다. 반밖에 없다며 이렇게 부정적으로 표현할 때, 양의 경우 'little + 단수 명사'를 사용하고, 수의 경우 'few + 복수 명사'를 사용합니다. patience는 셀 수 없는 명사이므로 little이 알맞고, books는 셀 수 있는 명사의 복수형이니 few가 적절합니다.

→ My husband has little patience with our children.
→ My husband has few books.

L2 양과 수를 표현하기 2 _ no, not ~ any, any, little, few

1. '전혀 없는'의 표현 : no, not ~ any

셀 수 있는 명사와 셀 수 없는 명사 모두 no와 not ~ any를 사용하여 '전혀 없는'을 표현한다. 주어를 부정할 때에는 no를 쓴다.

- 마크에게는 미래상이 전혀 없다.

- 어떤 남자도 여성이 왜 즐거운 시간보다 좋은 명성을 선호하지 않는지 이해할 수 없다.

- Mark has no vision for the future at all.
- Mark doesn't have any vision for the future.
- No man can understand why a woman shouldn't prefer a good reputation to a good time.

2. 의문문에서 쓰이는 any

any는 의문문에서 some 대신 쓰여 '조금이라도 있는, 하나라도 있는, 몇 개라도 있는'의 의미를 가진다. 셀 수 있는 명사와 셀 수 없는 명사 모두와 함께 쓴다.

- 인생 전체에 걸쳐 어떤 후회라도 있으신가요?
- 음식 필요한 거 있어?
- 지미가 이길 가능성이 조금이라도 있는 거야?

- Do you have any regrets throughout your life?
- Do you need any food?
- Does Jimmy have any chance of winning?

3. 권유, 제안 등의 의문문에서 쓰이는 some

무언가를 권유하거나 제안하는 의문문에서 some을 쓸 수 있다. 이 경우 질문자는 긍정적 대답을 기대하고 있다.

- 차 좀 드릴까요?
- 몇 가지 조언(힌트)을 주실 수 있나요?
- 농구 좀 하는 게 어때?

- Would you like some tea?
- Could you give me some tips?
- How about some hoops?

4. '거의 없는'을 표현하는 little, few

셀 수 있는 명사에 few를, 없는 명사에 little을 써서 '거의 없는'을 표현할 수 있다.

- 그 작전으로부터 돌아온 병사들은 거의 없었다.
- 피스톤즈의 맥다이스는 주전 역할에 적응할 시간이 거의 없다.
- 그 남자는 피로한 기색을 거의 보이지 않았다.

- Few soldiers returned from the action.
- The Pistons' McDyess has little time to adjust to starting role.
- He showed little sign of fatigue.

말하기 · 쓰기 연습

01	그 와인과 함께 치즈를 좀 드시겠어요?	→	Would you like ☐ ☐ with that wine?
02	자신감이 지나치게 많은 것도 지나치게 적은 것도 나쁘다.	→	Too ☐ ☐ or too ☐ ☐ is bad.
03	그 어떤 남자도 나를 죽일 수 없다.	→	☐ ☐ can kill me.
04	그건 말도 안 돼.	→	That doesn't make ☐ sense.
05	그 남자에게 아이들이 (하나라도) 있니?	→	Does he have ☐ ☐?
06	과일 좀 드시는 거 어때요?	→	How about ☐ ☐?
07	좋은 영화 아시는 거 있어요?	→	Do you know ☐ ☐ ☐?
08	그 남자는 그 경기에서 실수가 거의 없었다.	→	He made ☐ ☐ in the game.

154

모든 승객들이 구출되었다.

☐ passengers were rescued.

☐ ☐ passengers were rescued.

☐ ☐ ☐ passengers were rescued.

- '모든'은 당연히 all이죠. 그러므로 첫 문장의 빈칸에는 all이 들어갑니다.

- 그런데 만약 이 문장 앞에 비행기 사고가 났고 121명의 승객들이 있었다는 얘기가 있었다면, the passengers로 표현될 수 있을 것입니다. 그리고 거기에 '모든'의 의미를 부가할 수 있겠죠. 형용사는 대개 관사 뒤에서 명사를 꾸미지만, all은 특이하게도 정관사 앞에 옵니다. 그래서 all the를 쓸 수 있습니다.

- 또 all은 of와도 함께 쓰이는데 이 경우 all of passengers는 불가능합니다. 정관사도 함께 써야 하기 때문이지요. 그래서 all of the passengers도 가능합니다.

→ **All passengers were rescued.**

→ **All the passengers were rescued.**

→ **All of the passengers were rescued.**

155

조용히 해, 너희 둘 모두.

Be quiet, ☐ ☐ ☐.

- 둘이 있을 때 '둘 다'를 표현하는 말은 both입니다. both도 all과 마찬가지로 명사 앞에 그냥 쓰이기도 하고, of와 결합하여 쓰이기도 합니다. 따라서 '양 선수 모두'는 both players, both of the players, both the players로 표현할 수 있습니다.

- 특히 both가 대명사와 쓰일 때에는 both they나 both you와 같이 바로 연결될 수 없습니다. 사이에 of가 필요하지요. 그래서 both of them, both of you와 같이 표현합니다. both는 전반적으로 all과 사용법이 같으니 함께 익혀두세요.

→ **Be quiet, both of you.**

156

싸움에 연루된 각 선수들은 심한 벌금을 부과당했다.

⬜ player involved in the fight ⬜ fined heavily.

⬜ ⬜ the players involved in the fight ⬜ fined heavily.

○ '각 선수들'이란 사실 '모든 선수들'이나 마찬가지 말입니다. 하지만 위의 첫 문장에 나온 player가 단수이니 all은 안 되겠네요. 단수 명사 앞에서 '구성원 모두'라는 의미를 갖는 단어로는 every와 each가 있습니다. every라고 할 때에는 '모든 선수'를 동시에 생각하는 것이고, each를 쓴다면 '각각의 선수'를 따로 생각하고 있다는 거죠. 따라서 위의 경우 어울리는 것은 each입니다.

each /
each of the ~s

○ each는 단수 명사 앞에 홀로 쓰이기도 하지만, 'each of the 복수 명사'의 형태로도 쓰입니다. 하지만 어느 경우에나 3인칭 단수로 취급됩니다.

→ Each player involved in the fight was fined heavily.

→ Each of the players involved in the fight was fined heavily.

157

모든 여자아이들은 그들만의 특별한 꿈이 있다.

⬜ girl ⬜ her own special dream.

○ '모든 여자아이들'이라고 했으니 All을 생각할 수도 있는데, girl이 단수네요. 뒤에 나오는 her, dream 등 역시 주어가 단수임을 보여주고 있습니다. '모든'이란 뜻을 가지고 단수 명사를 꾸며주는 every와 each 중 하나를 쓸 수 있습니다.

tip '모든 소녀들'을 every one of the girls 라고 표현하는 경우도 있다.

○ 이번에는 '모든 소녀들'을 강조하고 있지 구성원 하나하나를 생각하며 말하는 느낌은 없습니다. 이 경우 every를 씁니다. every는 단수 명사와 쓰이기 때문에, 동사도 3인칭 단수형 동사가 옵니다. 따라서 두 번째 빈칸에는 has.

→ Every girl has her own special dream.

L3 양과 수를 표현하기 3 _ all, both, every, each

1. all

• 모든 인간은 평등하게 창조되었다.
• 그 모든 병사들은 어디로 사라졌을까?
• 그 아이들 모두(그들 모두)가 돌아왔다.

• All men are created equal.
• Where have all the soldiers gone?
• All of the kids(All of them) returned.

2. both

• 양 팀 모두 열심히 경기했다.
• 나의 양친께서는 모두 의사이시다.
• 그들 둘 다 잘라버려.

• Both teams played hard.
• Both my parents are doctors.
• Fire both of them!

3. each

• 각 사람들은 자신이 원하는 것만을 들었다.

• 그 각각의 버튼들은 자신의 목적이 있다.
  _ 각 버튼들은 각기 다른 용도가 있다.

• 그들 모두 각각 메달을 받을 자격이 있다.

• Each person heard only what he(she) wanted to hear.

• Each of those buttons has its purpose.

• Each of them deserves a medal.

4. every

> a. 무관사 단수 명사와 함께 : **every boy**
> b. every one of + 정관사나 지시형용사 + 복수 명사 : **every one of the girls**

- 내가 가르친 모든 학생들이 서울대에 갔다.
- 내가 데이트했던 모든 남자는
  술 마시는 것을 좋아했다.
- 그 모든 말들이 나를 역겹게 만든다.

- Every student that I taught went to Seoul University.
- Every one of the men I dated liked to drink.
- Every one of those words makes me sick.

말하기 · 쓰기 연습

01 모든 학생들은 준비가 되었다. → ☐ ☐ ☐ were ready.
→ ☐ ☐ ☐ ☐ were ready.

02 모든 학생이 출석했다. → ☐ ☐ were present.

03 그들 모두 각각 하나씩의 사과를 받았다. → ☐ ☐ ☐ ☐ given an apple.

04 그 두 소녀 모두 나를 좋아해. → ☐ ☐ ☐ like me.
→ ☐ ☐ ☐ like me.

05 그 왕의 모든 말들은 죽었다. → ☐ ☐ king's horses were dead.

06 모든 개에게 자신의 날이 있다.
(쥐구멍에도 볕들 날이 있다) → ☐ ☐ has his day.

07 우리들에게는 각자의 방이 있다. → ☐ ☐ ☐ has his(her) own
room.

08 그 여자 그 남자 모두 나를 싫어한다. → ☐ the woman ☐ the man hate me.

이 장에서는 형용사와 부사의 용법에 대해 전반적으로 살펴보는 대신, 형용사와 부사의 활용과 관련하여 많은 사람들이 어려워하는 부분을 해결하는 데 초점을 맞추려 합니다. 문법 사항을 많이 아는 것보다 영어의 표현력을 높이는 데 주 목적이 있기 때문에, 여기서는 다른 책에서는 잘 다루지 않은 부분들을 다루게 될 것입니다.

영어에서 형용사는 기본적으로 두 가지 용법으로 쓰입니다. 명사를 직접 꾸며주 거나 be등과 함께 쓰여 보어 역할을 하기도 하죠. 그런데 보어 역할을 하는 경 우(이것을 흔히 '서술적 용법'이라고 부릅니다) 거기서 문장이 끝나기도 하지만 뒤에 다른 말들이 이어지는 경우도 있습니다.
I am sorry. 완벽한 문장이죠. 그런데 그냥 '미안하다'고만 할 수도 있지만, '빚 을 갚지 않아 미안해'와 같이 이유를 붙일 수도 있지요. 그럴 경우 I am sorry that I haven't repaid the debt.이라고 표현할 수 있습니다.

또 'be + 형용사' 다음에는 전치사가 연결되어 내용이 풍부해지기도 합니다.
'나는 무서워'는 I am scared(afraid). 등으로 표현할 수 있는데, 그 문장은 '나는 그 개가 무서워'로 발전할 수도 있죠. 그런 경우 I am afraid of the dog. 로 발전할 수 있습니다.
이렇게 형용사 뒤에 that절과 전치사 등을 연결하여 활용할 수 있다면 여러분의 표현력은 또 한번 증대될 것입니다.

Unit M

형용사, 부사의 여러 쓰임

M1

형용사 + that절

M2

be + 형용사 + 전치사

M3

주의해야 할 부사들

158

네가 마침내 그 상을 타서 나는 기쁘다.
I'm glad [_____] you finally got the prize.

I'm glad to get the prize.

○ 앞에서 I'm glad to ~ 표현을 배우면서 감정, 태도, 가능성 등을 나타내는 형용사들이 to부정사와 함께 쓰일 수 있다고 했죠. 그런데 위의 빈칸은 하나라서 to + 동사원형은 쓸 수 없겠네요.

○ glad, pleased, surprised 등과 같이 감정을 나타내는 형용사는 that절과 함께 쓰일 수도 있습니다. 특히 감정이 일어난 이유의 주체가 문장의 주어와 다른 경우 to부정사의 사용이 불가능합니다. I am glad for him to get the prize. 이런 식으로는 쓰지 않거든요. 이럴 땐 that절을 사용하며, 이 경우 that은 생략이 가능합니다.

→ **I'm glad (that) you finally got the prize.**

I'm glad that you got the prize.

159

나는 이 집에 쥐가 있다고 확신하고 있다.
I am [_____] [_____] there is a mouse in this house.

○ 앞에서 sure, certain, likely, unlikely 같이 확신, 개연성 등을 나타내는 형용사에 to부정사가 연결되는 표현을 다룬 적이 있습니다. 이런 형용사들은 that절과도 쓰일 수 있는데, 그때는 뜻이 조금 달라집니다. He is sure to come.은 '그는 분명히 올 것이다'라는 말이고, 여기서 sure는 '확실한, 분명한'의 뜻입니다.

○ 그런데 위의 문장에서 be sure는 '확신하다'의 뜻이네요. 형용사 sure나 certain은 뒤에 that절이나 of 명사구가 오면 '~를 확신하고 있는'이 됩니다. 위의 상황에서는 sure나 certain 뒤에 절이 오므로 that을 써주어야 합니다. sure that이나 certain that에서의 that 역시 생략 가능합니다.

→ **I am sure(certain) (that) there is a mouse in this house.**

○
감정을 나타내는 여러 형용사들, 확신이나 개연성을 나타내는 형용사들은 that절과 빈번히
함께 쓰인다.

1. 감정 형용사 + that절

afraid, amazed, annoyed, ashamed, sorry, disappointed, glad, happy, pleased, proud, surprised
등의 형용사는 that절과 함께 쓰일 수 있다. that절은 그런 감정의 원인을 설명해 준다.

- 어떤 사람들은 너무나 많은 것을 갖고 태어나고
  어떤 사람들은 너무나 가진 것 없이 태어난다는
  것이 슬프지 않나요?
- 그렇게 말해서 미안해요.
- 이런 말을 하게 되어 미안해요.
  _ 아직 그 말을 하지 않음.

- Isn't it sad that some people are born with
  so much and some people are born with so little?

- I'm sorry I said that.
- I'm sorry to say this.

2. 확신, 개연성을 나타내는 형용사 + that절

sure나 certain은 that절과 같이 쓰여 '주어가 ~을 확신하는'의 의미로 쓰인다. likely와 unlikely는 that절과 쓰일 수 있기는
하지만 it is ~ that의 구조로만 쓰이며, 일반적 주어와 함께 사용하려면 to부정사를 써야 한다.

- 나는 그 여자가 그 상을 탈 것이라고 확신한다.

- 샘은 오지 않을 것 같다.

- I am certain that she will win the prize.
  → She is certain to win the prize.

- It is unlikely that Sam will come.
  → Sam is unlikely to come.
- Sam is unlikely that Sam will come.(X)

말하기 · 쓰기 연습

01 가난하다고 부끄러워하지 마.   → Don't ☐ ☐ ☐ you are poor.

02 그분(남자)은 반드시 올 거야.(sure)   → I ☐ ☐ ☐ will come.
                                 → He is sure ☐ ☐ .

03 레이는 자신의 성공을 확신하고 있다.   → Ray ☐ ☐ ☐ ☐ will succeed.
                                 → Ray is ☐ ☐ his success.

04 나는 그의 책들이 팔리는 것이 놀랍다. → I am ☐ ☐ ☐ ☐ are selling.

160

나는 여자들이 무서워.
I'm afraid ☐ women.

- 영어의 많은 형용사들이 be동사 뒤에서 서술적 용법으로 쓰이며, 이때 전치사와 명사가 이어지는 경우가 많습니다. I am afraid.는 완전한 문장이지만, 무엇을 두려워하는지는 보여주고 있지 않습니다. 거기에 구체적인 두려움의 대상을 덧붙일 때는 전치사를 사용합니다.

- 여기서는 afraid한 감정을 느끼는 이유가 표현되어야 하는데, 감정의 원인과 관련된 전치사로는 of, with, at 등이 있습니다. 하지만 세 가지가 모두 가능한 것은 아닙니다. 두려움, 질투심, 수치심, 의심 등의 감정은 of와 연결됩니다. of는 인간의 자질을 나타내는 형용사와도 함께 쓰입니다.

→ **I'm afraid of women.**

161

이 인형은 그 여자가 내게 사주었던 것과 비슷해.
This doll is similar ☐ the one she bought me.

- 결론부터 말하면, 빈칸에는 to를 넣어야 합니다. 전치사 to는 동일함, 유사성, 관련성을 뜻하는 형용사들 equal, identical, close, similar, related등과 함께 쓰입니다. 예를 들어 '이것과 저것이 관련되어 있다'는 This is related to that.이라고 말합니다. to는 '~까지'의 의미로, 정도를 표현하는 말입니다. 유사성, 관련성 등도 정도와 관련된 말이므로 to가 사용된다고 볼 수 있습니다.

- to는 이 외에 결혼, 약혼, 충성도, 헌신을 뜻하는 married, engaged, loyal, dedicated, devoted 등의 말들과도 함께 쓰입니다. 그 형용사들은 모두 밀접한 관계를 의미하는 것들이지요.

Similar **to** each other

헷갈려...

→ **This doll is similar to the one she bought me.**

162

나는 네가 한 일에 만족한다.

I'm content [____] what you have done.

○ content는 '만족하는'이라는 의미를 갖는 감정 형용사입니다. 감정 형용사 중 기쁨이나 만족 등의 형용사와, 그 반대인 불만족의 형용사 뒤에는 with를 씁니다. 다른 표현인 be satisfied with와 be dissatisfied with도 함께 외워두면 좋겠죠.

○ 만족, 불만족, 기쁨 등의 범주가 아닌 것처럼 보이는데도 with와 함께 쓰이는 형용사가 있습니다. impressed, impatient 등이 그 것인데, 이것은 이렇게 생각하면 됩니다. 예를 들어 I'm impressed with his performance.는 '나는 그 사람의 (업무, 공연, 경기) 수행에 인상을 받았다'이지만, 사실상 의미는 '그 사람 굉장히 잘했다', 즉, '만족스럽다'는 말이거든요. 또한 impatient는 '참지 못한다'니까, 결국 '만족하지 못한다'는 의미와 연결되지요.

→ **I'm content with what you have done.**

163

나는 그 결과에 놀랐다.

I was surprised [____] the result.

○ surprised는 '놀란' 감정을 표현하는 형용사입니다. 놀라는 것과 관련된 형용사(대개 p.p. 형입니다)들은 at과 함께 쓰입니다. alarmed, amazed, astonished, shocked, surprised 모두 '놀라게 하다'라는 타동사의 과거분사가 형용사화된 것들이죠.

○ at은 이 외에도 어떤 능력을 뜻하는 형용사 뒤에도 쓰입니다. be good at 이나 be poor at 은 '~을 잘하다(능숙하다)', '~을 잘하지 못하다(서투르다)'의 의미죠. excellent, hopeless, useless 등의 형용사 뒤에도 at이 쓰입니다. '탁월한, 희망없는, 쓸모없는' 등의 형용사도 모두 능력과 관련해서 이해하면 될 것입니다.

→ **I was surprised at the result.**

M2 be + 형용사 + 전치사

1. be + 형용사 + of

> a. 감정의 원인(두려움, 수치, 질투심, 의심, 기타)
> **afraid, frightened, scared, terrified, ashamed, envious, jealous, suspicious, convinced, proud** 이 형용사들은 that절과도 함께 결합한다.
> b. 인간의 자질
> **brave, careless, clever, generous, good, intelligent, kind, nice, polite, sensible, silly, stupid, thoughtful, unkind, unreasonable, wrong**

- 뭐가 두려운 거야?
- 나는 그 남자의 무죄를 확신하고 있다.

- 그렇게 하시다니 용감하시군요.

- What are you scared of?
- I am convinced of his innocence.
  I am convinced that he is innocent.
- That was brave of you.
  It was brave of you to do that.

2. be + 형용사 + to

> a. 유사성, 연관성, 동일성
> **close, similar, related, equal, identical**
> b. 결혼, 약혼, 충성, 헌신
> **married, engaged, loyal, dedicated, devoted**

- 1평은 3.3제곱미터와 동일하다.
- 그 남자는 수잔과 약혼한 상태이다.
- 그 남자는 자신의 나라에 충성한다.

- One pyeong is equal to 3.3square meters.
- He's engaged to Susan.
- He's loyal to his country.

3. be + 형용사 + with

> 기쁨, 만족, 불만 등의 의미를 갖는 형용사
> **amused, pleased, content, impressed, satisfied, displeased, dissatisfied, impatient**

- 많은 사람들이 새 교통 체계에 만족하고 있다.

- 그들은 점점 그의 리더십을 참지 못하게 되었다.

- 그 여자는 법정의 판결에 기뻐했다.

- A number of people are satisfied with the transport system.
- They were increasingly impatient with his leadership.
- She was pleased with the courts decision.

4. be + 형용사+at

a. 놀라움: alarmed, amazed, astonished, shocked, surprised
b. 능 력: bad, excellent, good, hopeless, useless
c. 분노의 대상: angry, mad

- 나는 그 결과에 놀랐다.
- 폴은 수학을 잘한다.

- I was surprised at the result.
- Paul is good at math.

말하기 · 쓰기 연습

01 그 남자는 피넬러피와 결혼하여 살고 있다 (혼인 상태이다).
→ He's married ☐ Penelope.

02 나는 그 남자의 공연에 깊은 인상을 받았다.
→ I was deeply ☐ ☐ his performance.

03 네가 그렇게 한 것은 멍청한 일이었어.
→ That was ☐ ☐ .
→ It was ☐ ☐ ☐ to do that.

04 나는 나의 딸이 자랑스럽다.
→ I ☐ ☐ ☐ my daughter.

05 어린이들의 비만은 설탕으로 단 맛을 내는 음료수의 소비와 연관되어 있다.
→ Childhood obesity ☐ ☐ ☐ sugar-sweetened soft drink consumption.

06 어떤 힐러리 투표자들은 오바마를 불만족스러워 했다. (dissatisfy 활용)
→ Some Hillary voters ☐ ☐ ☐ Obama.

07 진은 수학에 있어서 탁월했으나 영어는 잘 못했다.
→ Jean was excellent ☐ math, but poor ☐ English.

08 EU 국가들은 러시아와 우크라이나에 화가 났다.
→ EU countries were ☐ ☐ Russia and Ukraine.

M3

주의해야 할 부사들
'언제나 널 사랑해'의 always는 love 앞에? 뒤에?

164

나는 언제나 당신을 사랑할 거야.
I ☐☐☐ ☐☐☐ ☐☐☐☐☐ you.

- 윗니 휴스턴의 노래에 나오는 가사네요. 윗니가 누구냐고요? 보통 '휘트니'라고 하죠. 하지만 정확하게는 '윗니, 혹은 월니'라고 발음해야 합니다.
- 이 문장에서는 always라는 부사와 will, love가 들어가야 합니다. 문제는 순서죠. '언제나, 빈번히, 종종, 거의 ~ 없이, 결코 하지 않는' 등의 의미를 갖는 일련의 부사들을 빈도부사라고 부릅니다. 이 빈도부사들은 의미상 대개 동사를 꾸밉니다. 그런데 동사가 be동사라면 그 뒤에, 일반동사라면 그 앞에, 조동사가 있는 경우 조동사와 본동사의 사이에 들어가죠. He is always happy. He never laughs. He will never do that. 이런 식으로요. 이 문장에서 will은 조동사, love가 본동사이니 always는 그 사이에 씁니다.

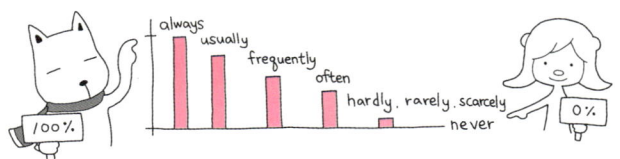

→ **I will always love you.**

165

나는 결코 그런 것을 본 일이 없다.
Never ☐☐☐ ☐☐☐ ☐☐☐☐ such a thing.

- 통상적인 어순대로라면 I have never seen such a thing.이 되어야 합니다. 현재완료 시제에서 빈도부사는 have와 과거분사 사이에 위치하기 때문입니다. 그런데 그렇다면 Never I have seen such a thing.일까요?
- 또하나 주의할 점은 문장 앞에 부정어 not이나 never, 또는 준부정어 hardly, rarely, scarcely 등이 오게 되면 '도치'가 일어난다는 겁니다. 즉, 평서문임에도 동사 → 주어의 어순으로 바뀐다는 거죠. 그럼 여기서는 I have seen ~이 have seen I ~가 되는 걸까요? 동사 부분이 두 단어로 되어 있는 경우(조동사 + 원형, have + 과거분사)에는 앞단어만 옮깁니다. 그러니 have I seen ~.의 순서로 말하면 됩니다.

→ **Never have I seen such a thing.**

166

그 여자는 높은 수준의 교육을 받았다.
She is ☐☐☐☐☐ educated.
그 여자는 높이 점프했다.
She jumped ☐☐☐☐☐ .

○ 영어의 부사들은 형용사에 -ly를 붙인 경우가 많습니다. 때문에 어떤 단어에 -ly가 붙은 단어를 보면, 형용사 – 부사 관계로 생각하는 경우가 많지요. 하지만 그렇지 않은 경우도 있습니다. 예를 들어 high는 형용사, highly는 부사라고 생각하기 쉽지만, high는 형용사와 부사로 쓰이고, highly는 의미가 좀 다른 형용사입니다.

○ 그러면 high만 쓰면 문제가 되지 않겠다고 말할 수도 있지만, 그 생각도 잘못입니다. high가 부사로 쓰이면 '높게, 높이'의 뜻인데, 공간적으로 높을 때에만 사용하기 때문입니다. 그리고 '높이 평가한다'는 말처럼 '좋게, 매우' 등의 의미로 사용될 경우에는 highly를 씁니다.

→ She is highly educated.

→ She jumped high.

She is
highly educated.

She jumped
high.

M3 주의해야 할 부사들

1. 빈도부사의 사용

다음과 같이 빈도를 나타내는 부사들은 보통 be동사 뒤, 일반동사 앞, 조동사와 원형 사이, have와 과거분사 사이에 위치한다.

언제나	대개	빈번히	종종	거의 하지 않음	결코 하지 않음
always	usually	frequently	often	hardly(scarcely, rarely)	never

- 그 법률은 정치적 반대자들을 억압하기 위해 빈번히 남용되었다.
- 다이아나는 그런 남자를 이전에 결코 본 적이 없다고 말했다.
- 그 여자는 보통 7시에 일어난다.

- The law was frequently abused to suppress political opponents.
- Diana said that she had never seen such a man before.
- She usually wakes up at seven.

2. 부정어와 준부정어가 문장 앞에 올 때 일어나는 도치

부정어나, 준부정어가 문장 앞에 오면 주어와 동사의 순서가 바뀐다. 일반동사의 경우 do를 앞으로 보내고 동사 원형이 주어 뒤에 남는다. 이때 조동사 + 동사 원형이나 have + 과거분사와 같이 동사 부분이 두 단어로 되어 있는 경우에는 조동사나 have가 앞으로 가고, 원형과 과거분사가 뒤에 남는다.

부정어 : never, not, nor, neither
준부정어 : hardly, rarely, scarcely

- 나는 그 누구도 학대한 적이 없다.
- 그 남자가 만족한 것처럼 보인 적은 거의 없다.
- 게임이 시작하자마자 비가 내리기 시작했다.

- Never have I abused anyone.
- Rarely does he seem satisfied.
- Scarcely had the game started when it began to rain.

_ 'scarcely(hardly) + 과거완료 ~ when(before) + 과거' 구문은 '~하자마자 ~했다'(as soon as)의 뜻이다.

3. 주의해야 할 부사들

high	형용사 / 부사: 높은, 높이	highly	부사: 매우, 고도로, 대단히
low	형용사 / 부사: 낮은, 천한, 저급한; 낮게, 싸게	lowly	형용사 / 부사: 지위가 낮은, 천한, 겸손한; 천하게, 겸손하게
near	형용사 / 부사: (공간적) 가까운, (관계가) 가까운; 가까이, 근접하여	nearly	부사: 거의, 대략; 간신히, 가까스로; 하마터면
hard	형용사 / 부사: 단단한, 강한, 어려운, 힘든; 굳게, 단단히, 열심히, 심하게	hardly	부사: 거의 ~하지 않게
late	형용사 / 부사: 늦은, 지각한, 최근의, 고(돌아가신); 늦게	lately	부사: 요즈음, 최근에

- Jump higher.
- The movie is highly amusing.
- The plane is flying low.
- The man was of lowly origin.
- Oil prices are unlikely to drop in the near future.
- Prices of apartments in Seoul have fallen nearly 10 percent this year.
- Both teams played hard.
- Many girls can hardly resist the temptation of ice cream.
- You are always late.
- What have you done for me lately?

- 더 높이 점프해.
- 그 영화는 매우 재미있다.
- 그 비행기는 낮게 비행하고 있다.
- 그 사람은 천한 출신이었다.
- 석유 가격은 당분간은 떨어질 것 같지 않다.
- 서울의 아파트 가격은 올해 거의 10% 떨어졌다.
- 양팀 모두 열심히 경기했다.
- 많은 소녀들은 아이스크림의 유혹에 거의 저항하지 못한다.
- 너는 언제나 지각이야.
- 요즘 당신이 나에게 뭘 해줬어?

말하기 · 쓰기 연습

01~04 까지는 (   ) 안의 어휘 중 적당한 것을 고르세요.

01 마이크는 그 책에 대해 매우 비판적이다. → Mike is (high / highly) critical of the book.

02 그 여자는 늦게 왔다. → She came (late / lately).

03 거의 3만 명의 사람들이 모였다. → (Near / Nearly) thirty thousand people gathered.

04 그 남자는 거의 호흡을 못했다. → He could (hard / hardly) breathe.

05 나는 이탈리아에 가본 일이 없다. → I ☐ ☐ ☐ to Italy.

06 그 남자는 교회에 거의 가지 않는다(seldom). → He ☐ ☐ ☐ church.

07 그 남자는 교회에 거의 가지 않는다. → Seldom ☐ ☐ ☐ ☐ church.

08 나는 그런 일 한 적이 결코 없다. → Never ☐ ☐ ☐ such a thing.

이 장에서는 말 그대로 비교를 표현하는 방법을 다룹니다. 비교에는 동등함을 표현하는 것, 우월함이나 열등함을 표현하는 것, 그리고 최고임을 나타내는 것 등이 있습니다.

우선 여기서는 비교급과 최상급을 정확히 사용하기 위한 기본 전제가 되는 '음절'에 대해 설명하고자 합니다. 형용사의 비교급이나 최상급 표현을 배우자면, 그 형용사가 1음절로 되어 있으면 뒤에 -er이나 -est를 붙이고, 3음절 이상으로 되어 있으면 more나 most를 형용사 앞에 쓴다고 배웁니다. 그런데 '음절'이 뭔지 모르면 안 되니까요.
'음절'은 단어들이 발음되는 최소 단위를 말합니다. 우리말은 표기할 때 음절별로 하기 때문에 음절을 파악하기가 쉽습니다. 예를 들어 '절전'이란 말은 '절'과 '전'의 두 음절로 구성되어 있고, '개소리'라는 말은 '개', '소', '리' 세 음절로 구성되어 있습니다.
하지만 영어에서는 사정이 좀 다릅니다. 또 영어는 하나의 철자가 하나의 발음으로 발음되는 것이 아니어서 파악하기가 더욱 힘들죠.

원칙은 다음과 같습니다. 우선 자음은 신경 쓰지 마시고, 모음이 몇 개인가만 생각하세요. 두 번째로, 이중 모음은 한 음절이라고 생각하세요. 자, 연습해볼까요? strike는 몇 음절일까요? 1음절입니다. 우리말로는 '스트라이크'니 5음절이라 착각할 수도 있겠지만, 영어 입장에서 보면 [ai]라는 이중모음 하나만 있는 1음절어입니다.
fast는요? 우리말로 '패스트'이니 3음절일까요? 아니죠. 모음은 [æ]밖에 없는 1음절어입니다. 결국 fast의 비교급, 최상급은 faster, fastest라는 얘기입니다.
rich는요? 우리말로 '리치'같지만, ch는 자음일 뿐입니다. 그래서, richer, richest죠.

I will !

Unit N

비교

N

비교

비교
I'm as pretty as any girl. 은 최상급?

167

매리언 존스는 치타만큼 빨리 뛰었다.
Marion Jones ran ⬚ ⬚ ⬚ a cheetah.

○ '~만큼 ~한, ~만큼 ~하게'를 표현하는 방법을 살펴봅시다. 이것을 어려운 말로는 동등비교라고 하죠. A와 B가 어떤 측면에서 동일(혹은 유사)하다는 것을 표현할 때에는 'A + 동사 + as + 형용사 / 부사 + as B'의 형태를 사용합니다. 형용사가 올지 부사가 올지는 동사에 따라 달라집니다. 예를 들어 be동사가 오는 경우 as와 as의 사이에는 형용사가 올 확률이 높죠.

○ 그런데 위의 문장에서는 run이 동사입니다. run이 '뛰다'의 뜻인 경우 완전자동사이니 보어 자리는 없네요. 그러므로 '빨리'라는 단어를 as와 as 사이에 쓰면 됩니다. fastly? 죄송하지만 그런 단어는 없습니다. fast가 형용사와 부사 모두로 기능하기 때문이죠.

→ **Marion Jones ran as fast as a cheetah.**

She ran (as) fast (as) a cheetah.

168

가끔 진짜 삶이 판타지 소설들보다 더 희한해.
Sometimes real life is ⬚ ⬚ fantasy books.

○ '희한한'이라는 단어로는 strange를 쓰면 됩니다. 그런데 '더 희한한'은 어떻게 쓸까요? more strange? 아닙니다. 스트레인지라고 우리 식으로 읽으면 5음절 같아 보이지만, 영어로는 1음절어입니다. g 다음의 'e'는 발음되지 않고, '에이'는 빠르게 연속적으로 발음되는 하나의 모음이거든요.

○ 이렇게 1음절로 된 형용사 / 부사나 2음절인데 y로 끝나는 형용사 / 부사(lucky - luckier, busy - busier)는 뒤에 er을 붙여 비교급을 만듭니다. strange는 e로 끝나니 r만 붙이죠. 비교급 뒤에 '~보다'라 할 때는 than이 옵니다.

He is taller than she.

→ **Sometimes real life is stranger than fantasy books.**

비교는 동등, 우열, 최상 등을 표현하는 방식이다. 동등 비교는 as ~ as 구문을 이용하여 표현하며, 우열과 최상은 형용사를 비교급, 최상급으로 변형하여 나타낸다.

169

그 애는 마이클 잭슨이 역사상 최고의 농구 선수라고 말했다.
He said Michael Jackson was ☐ ☐ basketball player ever.

○ 한번은 필자가 학생들에게 영어를 가르치다가 M. J. is the best basketball player ever.라 했더니 한 학생이 M. J.가 Michael Jackson 인 줄 알더군요.

○ 어쨌든 답은 나왔네요. 최상급은 형용사나 부사 뒤에 est를 붙이거나 앞에 most를 써서 표현합니다. 기준은 1음절어 -est, 2음절어 중 y로 끝나면 -iest, 아니면 most ~, 3음절 이상의 단어는 most ~ 입니다. 물론 몇 가지 예외도 있습니다. good-better-best도 그 중 하나지요.

○ 최상급 앞에는 the를 씁니다. 또한 뒤에는 of나 in으로 시작하는 전치사 구가 오기도 합니다.

the best basketball player

→ He said Michael Jackson was the best basketball player ever.

170

나는 내 아들을 이 세상 무엇보다 더 사랑한다.
I love my son ☐ ☐ anything in the world.

○ '최상'을 표현하는 방법에는 여러 가지가 있습니다. 우리말로도 '나는 무엇보다 너를 더 사랑해'라는 표현은 '너를 최고 많이 사랑해'보다 더 좋은 표현인 것 같습니다. 영어에서도 최상급을 표현할 때 이처럼 비교급의 형태를 쓰기도 하고, as ~ as를 이용하기도 합니다.

○ '더 사랑한다'는 어떻게 표현할까요? more는 many의 비교급이기도 하지만, much의 비교급이기도 합니다. 또 much는 '많이, 매우'라는 부사이기도 하지요. 그래서 위의 문장에서도 more를 사용하면 됩니다. 뒤에는 than이 오겠죠.

→ I love my son more than anything in the world.

N 비교

1. as ~ as

- 나와 짐은 키가 같다.
- 그 여자는 가능한 한 가장 빨리 도망갔다.
- 나는 죽은 목숨이나 마찬가지야.

- I am as tall as Jim.
- She ran away as fast as possible.
- I am as good as dead.

2. 비교급의 사용

- 짐이 나보다 키가 크다.
- 그 영화는 훨씬 더 나빴어.
- 수잔이 둘 중 더 예뻐.
  _ 비교급 앞에는 the를 쓰지 않지만 뒤에 of the two가 오면 the를 쓴다.

- Jim is taller than me(I).
- The movie was even worse.
- Susan is the prettier of the two.

3. 최상급

- 그 여자는 남자친구가 세상에서 가장 용감한 남자라고 믿는다.
- 그 여자는 남자친구가 모든 남자 중에 가장 용감하다고 믿는다.
- 이 강은 여기서(이 지점에서) 가장 넓다.
  _ 동일물 내에서의 최상을 표현하기 때문에 정관사 the를 쓰지 않았다.

- She believes that her boyfriend is the bravest, man in the world.
- She believes that her boyfriend is the bravest of all men.
- This river is widest here.

정리
노트

- 샤크는 코비 브라이언트가 단연 세계 최고의
  선수라고 말했다.
- Shaq said Kobe Bryant was by far the best player
  in the world.

4. 최상을 표현하는 여러 방식

- 나는 세상에서 제일 예뻐.
  - I am as pretty as any.
  - I am as pretty as (prettiness) can be.
  - No one else is as pretty as me(I).
  - I am prettier than anyone.
  - I am the prettiest girl in the world.
  - I am as pretty as any other girl.
  - I am as pretty as ever.
  - No one is prettier than I(me).
  - I am prettier than any other girl.
  - I am the prettiest of all the girls.

말하기 · 쓰기 연습

01 네가 민감하다고?
그래, 너는 바위만큼이나 민감해.

→ You, sensitive?
Yeah, you ☐ ☐ ☐ ☐ a rock.

02 그 새로운 기계는 종양들을 겨냥할 수 있는
좀 더 정확한 방법을 제공한다.

→ The new machine offers ☐ ☐
way to target tumors.

03 그 언제보다도 더 좋아 보이네요.

→ You are ☐ ☐ ever.

04 그 과학자 집단에 따르면 기후 변화는
예측된 것보다 훨씬 나쁠 수도 있다.

→ According to the scientist group,
climate change could be ☐ ☐
☐ predicted.

05 수잔은 자기 반에서 가장 키가 큰 학생이다.

→ Susan is ☐ ☐ ☐ her class.

06 유리가 그 소녀들 중 가장 예쁘다.

→ Yuri is ☐ ☐ ☐ all the girls.

07 그 누구도 그 남자보다 더 기타를 잘 치지
못한다.

→ No one can ☐ ☐ ☐ ☐
him(he).

08 그 남자는 스위스 시계처럼 정확하다.

→ He is ☐ ☐ ☐ a Swiss clock.

우리는 많은 숙어들을 외웁니다. 그 중 많은 것들은 자동사와 전치사가 결합된 형태입니다. look at, wait for, think about 등이 그런 것들이지요. 하지만 사실 이런 것들은 진정한 의미에서의 '숙어'는 아닙니다. 숙어는 통상적으로 단어의 원래 의미만으로는 의미 추론이 불가능한 경우를 의미합니다. hit the ceiling 이란 말이 있습니다. '천장을 치다'란 의미이지만, 실제로는 '화내다'란 뜻입니다. 추론이 쉽지 않죠? 이런 것들이 숙어입니다.

이와 달리 look at, think about 등은 look과 think, at과 about의 뜻을 통해 추론이 가능한 어구들입니다. 그래서 전치사와 동사의 의미를 학습하면 무작정 외우지 않아도 됩니다.
이 부분에서는 동사와 전치사의 결합 방식을 다룹니다. 무작정 외우는 것보다는 암기와 패턴 이해를 병행했을 때 훨씬 기억이 오래가는 법이죠.

이 장을 통해 예전에는 무작정 외웠던 '동사 + 전치사'들이 사실은 어떤 패턴을 가지고 있음을 알게 되고, 그래서 좀 더 자신감 있게 그런 표현들을 사용할 수 있게 될 것입니다.

I will !

Unit 0

동사와 전치사의 결합

01 자동사와 결합하는 전치사에는 패턴이 있다

171

나 너에 대해 관심 없어.(신경쓰지 않아.)
I don't care ⬚ you.

- 영어 공부 좀 하신 분들은 어렵지 않게 빈칸을 채울 겁니다. about이죠. about은 '대략', 또는 '~근처에', '~를 둘러싸고' 등의 의미를 갖습니다. '~에 대한'이 그런 뜻과 관련이 있을까요? 어떤 대상을 둘러싼 모습을 상상해보세요. 이제 그 대상을 '주제'로 바꾸어보세요. 주제를 둘러싸고 있다는 것은 결국 주제에 관련된 것을 가리키죠.
- care, complain, dream, hear, speak, talk, think, write 등의 많은 동사들이 about과 결합하는데 about은 '어떤 대상, 어떤 주제에 대하여'의 뜻을 갖습니다. 비슷한 뜻의 전치사로 on이 있는데 on은 학문적인, 심도 깊은 대상 앞에 쓰이는 경우가 많고 about은 그보다는 일반적인 대상에 쓰입니다.

tip hear, talk, think 등의 동사 뒤에는 of가 오는 경우도 있다.

→ I don't care about you.

172

티파니가 나에게 소리쳤다.
Tiffany shouted ⬚ me.

You, Bastard! at

- '나에게'는 to를 생각나게 하지만, 사실 그보다 흔한 표현은 at입니다. at은 기본적으로 하나의 점으로 인식되는 대상 앞에 씁니다. 예를 들어 '집에서' 무언가를 한다 할 때는 in a house를 쓰지만, '집에 도착하다'는 arrive at a house.입니다. 도착하는 대상으로의 집은 공간의 의미가 아니라 도착 지점이기 때문입니다.
  - 자, 양궁 선수가 시위를 당기며 겨냥하는 상황을 생각해보세요. 네모난 상자를 겨냥합니까? 여러 원들을 바라봅니까? 겨냥할 때에는 10점 원의 정중앙을 겨냥합니다. 이 경우 aim at이라고 표현하겠죠. at은 glance, glare, look, stare과 같은 '보다', laugh나 smile, grin 등의 '웃다', '소리치다'란 의미의 shout 등과 쓰여 방향, 목표 등을 나타냅니다.

→ Tiffany shouted at me.

자동사는 목적어를 취할 수 없으나, 전치사와 결합하면 목적어를 취할 수 있다. 동사들이 전치사와 결합하는 데에는 특정한 패턴이 존재하는데, about, at, for, into와 잘 결합하는 동사들을 정리하자.

173

한국인들은 예전에는 미국을 여행하기 위해 비자를 신청해야 했다.
Koreans had to apply [_____] visas to travel to the United States.

- 많은 자동사들이 행위를 묘사하는 데 그칩니다. 예컨대 fight는 '싸운다'죠. 그런데 여기에 for를 써주면 행위의 목적을 드러낼 수 있습니다. Two girls are fighting for me.라고 말하면 '두 여자가 나를 얻기 위해 싸우고 있다'는 뜻이 되죠. 그런 경험 있으신가요?
- for는 동사와 결합하여 행위의 목적을 보여줍니다. wait for를 생각해보죠. '~를 기다린다'는 말은 결국 '~를 위해 어떤 행위를 하지 않다'의 의미입니다. 엘리베이터 문이 닫히고 있습니다. 누군가가 외칩니다. Wait for me! 그 말은 나를 위하여 엘리베이터의 문을 닫지 말아 달라는 것이죠.

→ **Koreans had to apply for visas to travel to the United States.**

174

윌의 차가 벽에 부딪쳤다.
Will's car ran [_____] a wall.

- 여기서는 run이 어떤 전치사와 결합하여 '부딪치다'란 의미를 표현하고 있네요. 그러면 '벽에'만 표현하면 되나요? 방향이니 run at? 아니면 run to? run at은 '~에게 덤벼들다'의 의미이고, run to는 '~로 / 에게 뛰어간다'는 의미입니다. 그렇다면 어떤 전치사를 써야 할까요?
- 여기서는 into를 사용합니다. into는 '안으로'의 의미가 있지요. 하지만 사람이나 차가 벽 안으로 들어가는 일은 무협지나 판타지에나 나올 얘기죠. into에는 '안으로'라는 뜻 외에 '충돌'의 의미도 있습니다. bump, crash 등의 충돌과 관련된 동사, 그리고 빠르게 움직임을 의미하는 drive, run 등과 함께 쓰여 그런 뜻이 표현됩니다.

→ **Will's car ran into a wall.**

O _ 동사와 전치사의 결합 **245**

01 동사와 전치사의 결합 1

1. about : 주제나 대상 앞에 쓸 수 있다. 생각, 말하기, 듣기, 쓰기 등의 활동과 관련된 동사와 많이 결합한다.

생각	• care 신경쓰다	think 생각하다	dream 꿈꾸다		
말하기, 듣기, 쓰기	• complain 불평하다	speak 말하다	talk 얘기하다	hear 듣다	write 쓰다

- 무슨 얘기하는 거야?
- What are you talking about?
- 그들은 서비스에 대하여 불평했다.
- They complained about the service.
- 그 남자는 파스타에 대한 글을 쓰고 있다.
- He is writing about pasta.
- 그는 형이상학에 대한 글을 쓰고 있다.
- He is writing on metaphysics.

_ 대상이 학문적인 것일 때는 on을 쓰기도 한다.
hear, know, say, speak, talk, know 등에 about이 이어지면 비교적 자세한 사항에 대해서 이야기할 때이고, of를 쓰게
되면 가볍게 언급할 때이다.

- 그 사람 이름은 들어봤는데 그 사람에 대해
아는 것은 전혀 없어.
- I've heard of him, but I don't know anything
about him.

2. at : '어떤 지점을 향해'의 의미를 가져 '보다, 웃다, 소리치다'류의 동사와 많이 쓰인다.

보다	• glance 힐끗 보다	glare 노려보다	look 보다	stare 응시하다
웃다	• laugh 웃다	smile 미소짓다	grin 이를 드러내고 싱긋 웃다	
소리치다	• holler 고함지르다	shout 외치다		

- 그렇게 날 뚫어지게 쳐다보지 마.
- Don't stare at me like that.
- 이거 믿을 수 있어? 태희가 나한테 미소를 지었어.
- Can you believe this? Taehee smiled at me.
- 악마를 향해 외쳐라.
- Shout at the devil.

3. for : '어떤 목적을 얻기 위해'를 의미한다.

apply 신청하다	ask 묻다	look 보다	send 보내다
wait 기다리다	go 가다	work 일하다	vote 투표하다

- 의사 불러 와.
_ 의사를 데려오기 위해 누군가를 보내라.
- Send for a doctor.

- 경찰관들은 은색 세단을 찾고 있다.
_ 은색 세단을 발견하기 위해 여기저기를 보다.
- The officers are looking for a silver sedan.

4. into : '~안으로' 외에 '충돌'의 의미도 있다.

> **crash into** 충돌하다   **bump into** 쿵 하고 부딪치다, 우연히 마주치다
> **run into** 부딪치다, 우연히 만나다   **drive into** 차가 들이받다

- 트럭 한 대가 그 건물에 충돌했다.
- 나는 그 극장에서 옛 친구 한 명을 우연히 만났다.
- 누군가가 복도에서 나와 부딪쳤다.

- A truck crashed into the building.
- I ran into an old friend of mine at the theater.
- Someone bumped into me in the corridor.

말하기 · 쓰기 연습

01   그것에 대해서는 생각조차 하지 마.   → Don't even ⬚ ⬚ it.

02   그 학생은 선생님을 힐끗 보더니 계획을 포기했다.   → The student ⬚ ⬚ the teacher and gave up the plan.

03   당신 자신에 대해 얘기해보세요.   → ⬚ ⬚ ⬚ .

04   나 너에게 투표할게.   → I'll ⬚ ⬚ you.

05   어떤 운전자가 내 차를 뒤에서 들이받았어.   → A driver bumped ⬚ my car from behind.

06   그 사람이 자신이 한 일이 돈과 관계가 없다고 말하자 모든 이가 그를 보고 웃었다.   → When he said what he did had nothing to do with money, everybody ⬚ ⬚ him.

07   어떤 학생들은 첫 번째로 선택한 학교에만 입학 허가를 신청한다.   → Some students ⬚ ⬚ ⬚ only to their first choice school.

08   한 비행기가 산에 추락했다.   → An airplane ⬚ ⬚ a mountain.

175

나에게 기대요.
Lean ⬚ me.

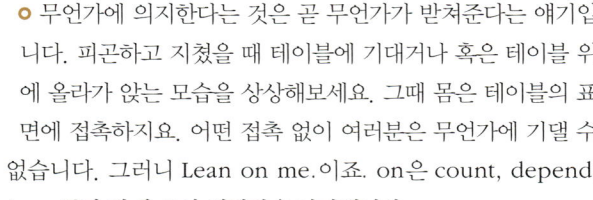

○ '나에게 기대'라는 말은 신체적 접촉을 의미할 수도 있지만, 정신적으로 의지하라는 의미일 수도 있죠. 이렇게 의지하는 것과 관련된 동사들은 on과 결합하여 쓰이는 일이 많습니다. 약간 예스런 표현으로는 upon을 쓸 수도 있습니다.

○ 무언가에 의지한다는 것은 곧 무언가가 받쳐준다는 얘기입니다. 피곤하고 지쳤을 때 테이블에 기대거나 혹은 테이블 위에 올라가 앉는 모습을 상상해보세요. 그때 몸은 테이블의 표면에 접촉하지요. 어떤 접촉 없이 여러분은 무언가에 기댈 수 없습니다. 그러니 Lean on me. 이죠. on은 count, depend, rely, lean 등과 함께 쓰여 의지함을 나타냅니다.

→ **Lean on me.**

176

그들은 서비스에 대해 매니저에게 불평했다.
They complained ⬚ the manager ⬚ the service.

○ 두 번째 빈칸은 complain과 연관하여 생각하면 쉽게 풀릴 겁니다. 그렇죠. about이죠. 이제 첫 번째 빈칸에는 매니저 '에게'에 해당하는 전치사가 들어가면 됩니다. 방향을 나타내는 at과 to 중 어느 것일까요? 보고, 웃고, 고함지르는 행위는 at과 함께 표현하지만 누군가에게 말하거나 쓰고, 누군가의 얘기를 듣는 것은 to로 표현합니다.

○ '말하다' 계통으로는 say, speak, talk, explain, complain, respond(응답하다) 등이 있고 write, listen도 to와 빈번히 쓰입니다.

→ **They complained to the manager about the service.**

177

너 이 문제에 대해 나와 동의하니?
Do you agree ☐ me on this issue?

○ agree는 아주 많은 전치사와 함께 쓰여서 적절한 것을 생각해내기가 쉽지는 않을 것 같은데, 어떠신가요? to를 넣을까요? 그러면 '~에' 동의하다는 말이 됩니다. on도 쓰일 수 있는데, 그러면 '어떤 조건 등에 대한 합의에 도달하다'의 뜻입니다. 예를 들어 agree on the terms of the contract(계약의 조건들에 대해 합의하다) 이런 식으로 쓰입니다.

○ 다시 상상을 해볼까요? 사이좋게 있는 두 사람을 생각해보시죠. 그들은 함께 있고 마음도 통합니다. 함께 마음이 통하면 진짜 함께 있다고 말할 수 있죠. 이렇게 동의, 합치 등을 표현할 때는 with를 사용할 수 있습니다. argue나 disagree처럼 반대로 의견이 맞지 않는 경우에도 with를 씁니다.

tip agree with에는 '의견이 일치하다' 외에도 '마음이 맞다', '사이가 좋다'란 뜻도 있다.

→ **Do you agree with me on this issue?**

agree **on**

우리는 친구~

agree **with**

02 동사와 전치사의 결합 2

1. on : 물리적 접촉뿐 아니라 의지, 신뢰, 근거 등을 표현

count on, depend on, rely on 의지하다, 믿다	lean on 기대다, 의지하다 be based on ~에 근거하다
act on ~에 의거하여 행동하다	live on ~에 근거하여 먹고살다

- 넌 나 믿으면 돼.
- 그 소설은 실제 일어난 일들에 근거해 있다.
- 연금에만 의지해서 사는 게 가능한가요?

- You can count on me.
- The novel is based on actual events.
- Is it possible to live on the pension?

2. to : ~ 에게 말하다, ~ 를 듣다

say, speak, talk 말하다	explain 설명하다	complain 불평하다
respond 응답하다	write 쓰다	listen 듣다

- 나는 그 여자와 얘기해야 해.
- 그것을 내게 설명해줘.
- 우리는 금융 위기에 어떻게 대응해야 하는가?
  _ respond는 '사람의 말에 대답하다' 외에 '어떤 일에 대응하다'의 뜻도 갖는다.

- I should talk to her.
- Explain it to me.
- How could we respond to the financial crisis?

complain to

3. with : 의견의 일치(불일치), 사물의 일치, 조화 등을 표현

agree 의견의 일치   **disagree, argue** 의견의 불일치   **side** 한편이 되다
coincide 일치하다, 동시에 일어나다   **correspond** 일치하다, 조화를 이루다   **be in harmony** 조화를 이루다

- 그 여자는 그 문제에 대해 나와 논쟁했다.
- 아들들은 종종 아빠 편을 든다.
- 그 정책은 사람들의 관습과 조화되지 않는다.

- She argued with me on the matter.
- Sons often side with their fathers.
- The policy doesn't correspond with the customs of the people.

말하기 · 쓰기 연습

01 이 보고서는 2007년 조사에 기반하고 있다. → This report ☐ ☐ ☐ a 2007 survey.

02 새 친구들에게 인사해라. → ☐ hello ☐ new friends.

03 나는 그분(남자)과 동의하지 않아. → I ☐ ☐ ☐ .

04 그 마을은 그것을 둘러싼 자연의 아름다움과 조화를 이루었다. → The village ☐ ☐ ☐ ☐ the natural beauty of its surroundings.

05 토니는 결코 나에게 (편지를) 쓰지 않아. → Tony never ☐ ☐ me.

06 그 나라 과학자들은 온라인에서 무료로 구할 수 있는 최근의 과학 연구 결과들에 매우 의존하고 있다. → Scientists in the country ☐ heavily ☐ recent scientific results available free online.

FOCUS

○ **전치사 정리**

시간의 전치사

1. at : 한 점으로 인식되는 시간, 시점, 시각

• at five o'clock	• 5시에
• at midnight / noon	• 한밤중 / 정오에
• at present	• 지금은
• at the same time	• 동시에
• at that time	• 당시(에)는
• at this moment	• 현재, 바로 그때

2. in : 일정한 기간을 갖는 시간에(하루보다 긴 기간, 하루의 일부인 기간), 일정한 기간 후에

• in the twentieth century	• 20세기에
• in one's youth	• 젊었을 때
• in those days	• 그때에는
• in 1990	• 1990년에
• in (the) winter	• 겨울에
• in April	• 4월에
• in the morning(afternoon, evening)	• 오전(오후, 저녁)에
＊ at night	＊ 밤에
• I'll call you in two hours(at night).	• 두 시간 후에 전화드리겠습니다.

3. on : 어떤 날에(요일, 날짜), 어떤 날의 아침 / 오후 / 저녁에, ～하자마자

• on Sunday	• 일요일에
• on the 1st of November	• 11월 1일에
• on a weekend	• 어느 주말에
• on my birthday	• 내 생일에
• on Saturday morning	• 토요일 아침에
• on one's return	• 돌아오자마자
• on arriving in Seoul	• 서울에 도착하자마자

4. during : 어떤 기간에(일정한 기간을 의미하는 명사와 함께)

• during the vacation	• 휴가 중에
• during his stay in Seoul	• 그가 서울에 머무르던 중에

5. for : 어떤 기간 동안에(숫자 + hours, days, weeks, months, years 등과 함께), 잠깐 동안(a while)

• for three hours(days, weeks, months)	• 세 시간(3일, 3주, 세 달) 동안
• for the last ten years	• 지난 10년 동안
• for ages	• 오랫동안, 오랜 세월
• for life	• 종신
• for a while	• 잠시

6. through : 처음부터 끝까지(전 과정을 통하여)

• all through one's life	• 한평생
• through the summer	• 여름 내내
• (all) through the night	• 밤새도록
• all one's life	• 한평생 내내
• (from) Monday through Friday	• 월요일부터 금요일까지(금요일 포함)

7. over : ~동안, ~에 걸쳐(비교적 짧은 특정 시기를 나타내는 말과 함께 쓰임)

• over a period of time	• 일정한 기간에 걸쳐
• We stayed there over Sunday.	• 일요일까지 거기 머물렀다(월요일 아침까지 있었음).

8. within : ~ 기간 이내에

• within two hours	• 두 시간 이내에

9. from ~ to(until) : 언제부터 언제까지

• from now on	• 지금부터 죽
• from Monday to(until, till) Friday	• 월요일부터 금요일까지

장소의 전치사

1. in : 안에, (움직임을 나타내는 동사와 쓰여) 안으로

• in the house	• 집안에(에서)
• a monkey in a cage	• 우리 안에 있는 원숭이
• live in Paris	• 파리에서 살다
• get in a car	• 차에 타다

FOCUS

2. at : 어떤 지점에

• at a point	• 한 점에서
• at the center	• 중심에
• stop at one's house	• 집에 들르다(집을 경유 지점으로 파악)
• arrive at the airport	• 공항에 도착하다(공항을 도착지점으로 파악)
＊ luggage carts in airports	＊ 공항에 있는 짐수레(공항을 넓은 공간으로 파악)

3. on : 표면 위에 접촉하여

• a picture on the wall	• 벽에 걸린 그림
• on the street in the street	• 거리에서
• a book on the desk	• 책상 위에 있는 책
• a duck on the lake	• 호수 표면에 떠 있는 오리

4. beneath : 표면 밑에 접촉하여, 무언가의 바로 아래에

• beneath a window	• 창문밑에
• beneath one's feet	• 발밑에

5. over : 무언가의 위에, 무언가를 위에서 덮어, 무언가를 넘어

• a bridge over the river	• 강 위에 있는 다리
• clouds over our heads	• 머리 위에 있는 구름
• a shawl over one's shoulders	• 어깨 위에 덮여 있는 숄
• jump over a fence	• 울타리를 뛰어넘다

6. under : ～ 의 아래에, ～ 의 바로 밑에 ; 무언가의 아래 내부에

• under the bridge	• 다리 밑에
• under a tree	• 나무 밑에, 나무 그늘에
• under the table	• 탁자 아래에(바로 탁자 아래쪽에)
• under the ground	• 지하에, 땅속에
• under the skin	• 피하에

7. above : ~보다 높은 곳에, ~의 위에

- Bryant's head was above the rim.　　• 브라이언트의 머리가 림 위에 있었다.

_ 림보다 높았다는 얘기지 림 바로 위에 있다는 얘기가 아니다.

- 1950m above sea level　　• 해발 1950미터

_ 한라산의 높이인데 한라산 정상이 바다의 수직선상에 있다는 얘기는 아니다.

8. below : ~에서 떨어져, 그것보다 아래쪽에

- below the table　　• 테이블 아래에
- below zero　　• 영하
- look below　　• 아래를 내려다보다

_ 서울타워 전망대에서 전망대 밑바닥을 보는 것은 아니다. 서울 전역을 바라볼 것이다.

9. across : 가로질러, 건너편에

- go across the road　　• 도로를 횡단하다
- live across the river　　• 강 건너에 살다

10. along : ~을 따라서, ~ 의 한끝에서 다른 끝으로

- along the street　　• 거리를 따라
- go along the river　　• 강을 끼고(따라서) 가다

11. through : 통하여, 꿰뚫어

- fly through the air　　• 공중을 날아가다
- look through a telescope　　• 망원경으로 보다
- go out through the door　　• 문을 통하여 나가다
- through a pipe　　• 관을 통하여

12. between : (둘) 사이에

- the air service between London and New York　　• 런던과 뉴욕 간 항공
- between you and I(me)　　• 너와 나 사이에

FOCUS

13. among : 셋 이상 사이에, ~ 중에, ~로 둘러싸여
- a man among boys — 아이들 사이에 있는 성인 남자
- a house among the trees — 나무들 사이에 있는(나무들로 둘러싸인) 집

14. around : 주위에, 에워싸고, ~의 주위를 돌아, 여기저기에
- sit around the teacher — 선생님 주위에 앉다
- around the world in 80 days — 80일간의 세계일주

15. into : 안으로, 안을
- go into a building — 건물 안으로 들어가다
- look into a house — 집안을 보다

16. out of : ~로부터 바깥으로
- Get out of here. — 여기서 나가(꺼져).
- let the air out of a tire — 타이어에서 바람을 빼다

17. from : ~로부터
- Apples fall from trees. — 사과들은 나무에서 떨어진다.
- start from the stadium — 경기장으로부터 출발하다

18. to : (도착 지점으로서의) ~에, ~까지, 어떤 방향으로
- go to school — 학교에 가다
- fall to the ground — 땅바닥에 떨어지다
- turn to the left — 왼쪽으로 돌다

19. for : (도착 지점에 닿았는지는 모르는 상태에서) ~을 향하여
- leave for Pusan — 부산을 향해 떠나다

20. by : 옆에, 곁에 ; 옆으로
- live by a river — 강 옆에 살다
- go by a house — 어느 집 옆으로 가다

교통 수단의 전치사

1. by : ~을 타고

- by bus   • 버스로
- by train   • 기차로
- by car   • 승용차로
- ＊ on foot   ＊ 걸어서

2. in (into), out of : car, van, truck, taxi, ambulance

- get in(into) a car   • 차에 타다
- go to school by car   • 차를 타고 학교에 가다
  go to school in a car
- be carried out of the ambulance   • 앰뷸런스로부터 운반되다

3. on (onto), off : bus, ship, plane, train

- He's on the train.   • 그 남자는 그 기차에 타고 있다.
- get off the train   • 기차에서 내리다

기타 유용한 전치사 표현

1. at : 속도, ~에 종사하고 있는, ~의 상태인

- at 60 miles an hour   • 시속 60마일로
- at full speed   • 전속력으로
- at church   • 예배 중인
- at work   • 일하고 있는
- at its worst   • 최악의 상태인
- at peace   • 평화로운
- at a loss   • 어찌할 바를 모르는

2. in : 의 상태에, ~에 종사하여, ~을 입고 / 끼고 / 신고, ~한 (방식)으로

- in bad(good) health   • 건강이 나빠(좋아)
- in order   • 정돈되어
- in haste   • 서둘러
- in search of truth   • 진리를 추구하여

FOCUS

- spend much time in reading
- in uniform
- a woman in red
- a man in spectacles
- in that manner
- in this way

- 독서에 많은 시간을 할애하다
- 제복(군복)을 입고
- 빨간 옷을 입은 여인
- 안경을 낀 남자
- 그런 식으로
- 이러한 방법으로, 이렇게 하여

3. on : (전화, 라디오, TV)로, ~한 상태인, (투약, 식이 요법 등을) 받고 있는

- talk on the phone
- I heard it on the radio.
- watch the game on TV.
- on fire
- on strike
- on leave
- on duty
- go on a diet
- He's on medication.

- 전화로 이야기하다
- 라디오에서 그것을 들었다.
- 텔레비전으로 그 경기를 보다
- 불타고 (있는)
- 파업 중
- 휴가 중
- 당번인
- 식이 요법을 시작하다
- 그 남자는 약물 치료를 받고 있다.

4. over : ~을 지배하여, ~을 마시면서

- rule over a country
- manager over a staff of 10
- talk over a coffee

- 나라를 지배하다
- 10명의 직원을 책임지는 매니저
- 커피 마시면서 이야기하다

5. into : (변화 · 결과) ~으로 , ~관심을 가지고, ~에 열중하여

- change the prince into a frog
- make flour into bread
- burst into tears
- A caterpillar turns into a butterfly.
- I'm not into horror movies.
- He's not that into you.

- 그 왕자를 개구리로 만들다
- 밀가루를 빵으로 만들다
- 울음을 터뜨리다
- 애벌레는 나비가 된다.
- 나 공포 영화 좋아하지 않아.
- 그 남자는 너한테 아주 빠진 건 아냐.

6. out of : (재료, 원래의 상태) ~로부터, ~에서 벗어나 있는

- Making love out of nothing at all.
- out of date
- out of stock

- 무로부터 사랑을 만들어내기.
- 구식의
- 재고가 없는

7. from : 억제, 방지

- refrain from · ~을 자제하다
- stop(keep, prevent) them from ~ing · 그들이 ~하는 것을 가로막다

8. to : (결과, 효과) ~하게도, ~하게 ; (비교) ~에 비하여, ~보다 ; (부속·관련·관계) ~의

- to one's surprise · 놀랍게도
- to no purpose · 헛되이
- to the point (purpose) · 적절히
- This car is superior to that one. · 이 차는 저 차에 비해 낫다.
- prefer A to B · B보다 A를 선호하다
- the key to my car · 내 차 열쇠
- He is father to the bride. · 그는 신부의 아버지이다.

9. for : ~용의, ~대상의 ; ~를 이해하는 ; ~을 대신하여

- a cupboard for dishes · 식기장
- movies for adults · 성인(용) 영화
- a taste for jazz · 재즈에 대한 기호
- an eye for beauty · 심미안(審美眼)
- a substitute for butter · 버터 대용품

10. by : (수단·매개) ~로 ; (정도·비율) ~만큼, ~씩 ; (곱셈과 나눗셈·치수를 나타내어) … 으로 ; (판단의 기준) ~에 의거하여

- by hand · 손으로
- pay by cash · 현금으로 지불하다
- by degrees · 조금씩, 점차
- little by little · 조금씩
- day by day · 나날이, 하루하루
- drop by drop · 한방울 한방울
- step by step · 한걸음 한걸음
- multiply 4 by 2 · 4 × 2
- divide 8 by 2 · 8 ÷ 2
- Don't judge a book by its cover. · 겉모습으로 무언가를 판단하지 말라.
- A person can be known by his/ · 사람은 그 친구들을 보면 알 수 있다.
  her friends.

FOCUS

◦ 혼동하기 쉬운 '동사 + 전치사'의 사용

_ 동사 뒤에 목적어가 오고 다시 '전치사 + 목적어'가 쓰이는 경우는 무수히 많다. 그런 동사들은 대부분 특별한 연습을 요하지는 않는다. 예를 들어 fill A with B와 같은 경우 'A를 B로(를 가지고) 채우다'로 번역되므로 혼동의 가능성은 거의 없다. 목적어가 '~ 를'로 번역되고, with가 '~를 가지고'로 번역되어 우리말과 일대일 대응하기 때문이다. change A to B도 마찬가지여서, 'A를 B로 바꾸다'의 의미이므로 이해하기 어렵지도, 표현하기 어렵지도 않다.

_ 그런데 일부 동사들은 그런 통상적 번역이 가능하지 않아서 우리를 고달프게 만든다. 여기서는 동사의 목적어가 '~ 를'로 번역 되지 않거나, '전치사 + 목적어' 부분이 전체 문장의 목적어인 것처럼 번역되는 등의 특수한 경우들만을 다룬다. 다음의 내용들은 우리말과 일대일 대응되지 않으므로 활용하기 위해서는 특별한 연습이 필요하다.

1. 공급 등을 의미하는 동사와 with의 사용

> a. 동사 + 목적어 A + with + 목적어 B의 구조
> b. 'A에게 B를 주다' 등으로 번역한다.
> c. provide, supply, equip, furnish 등

- The organization provided medical aid.
  - 그 기구는 의료 원조를 제공했다.

  _ with가 오지 않으면 통상적인 타동사처럼 목적어를 '를'로 번역하면 된다.

- The organization provided poor people with medical aid.
  - 그 기구는 가난한 사람들에게 의료 원조를 제공했다.

  _ 사람이 목적어가 되고 with 뒤에 제공되는 물건, 혹은 대상이 오면 목적어를 '~에게'로, '전치사 + 목적어'를 '~를'로 번역한다.

- The charity supplies food for children.
  - 그 자선단체는 아이들에게(아이들을 위하여) 음식을 공급한다.

- The charity supplies children with food.
  - 그 자선단체는 아이들에게 음식을 공급한다.

- The pirates equipped their ship with guns.
  - 그 해적들은 그들의 배에 대포들을 장치했다.

- They furnished the room with very expensive tables.
  - 그들은 그 방에 아주 비싼 탁자를 갖춰놓았다

2. 알림 등을 의미하는 동사와 of의 사용

> a. 동사 + 목적어 A + of + 목적어 B의 구조
> b. 'A에게 B를 알리다' 등으로 번역한다. 이 경우 'of+목적어' 대신 that절을 쓸 수도 있다.
> c. inform, notify, warn 등

- You didn't inform me of the changed schedule.
  - 당신은 나에게 변화된 일정을 알리지 않았습니다.

- You didn't inform me that the schedule had been changed.
  - 당신은 나에게 일정이 바뀌었다는 것을 알리지 않았습니다.

- The girl notified the police of the incident.
- We have to warn them.
- We have to warn them of the danger.

・그 소녀는 경찰에 그 사건을 알렸다(신고했다).
・우리는 그들에게 경고해줘야 해.
・우리는 그들에게 그 위험성을 경고해야 해.

3. 박탈 등을 의미하는 동사와 of의 사용

a. 동사 + 목적어 A + of + 목적어 B의 구조
b. 'A에게서 B를 빼앗다' 등으로 번역한다.
c. rob, deprive, relieve, rid 등

- The man robbed Mrs. Smith of her watch.
- They want to deprive workers of
  health insurance.
- This medicine will relieve you of the pain.

・그 남자는 스미스 씨(여자)에게서 시계를 빼앗았다.
・그들은 노동자들에게서 의료보험을 박탈하기를
  원한다.
・이 약물이 당신에게서 그 통증을 완화시켜줄
  것입니다.

4. 방해를 의미하는 동사와 from의 사용

a. 동사 + 목적어 A + from + -ing의 구조
b. '~는 A가 ~하는 것을 막다' 등으로 번역하는데, '~때문에 A가 ~하지 못하다'로 의역되는 경우도 있다.
c. keep, prevent, stop, hinder, prohibit 등

- The injury kept Jason from participating
  in the event.
- The teacher tried to prevent the students
  from cheating.
- The government stopped all civilians
  from visiting the country.
- The authorities prohibited all trucks from
  using the motorway.

・그 부상은 제이슨이 그 행사에 참가하는 것을 막았다
  (그 부상 때문에 제이슨은 그 행사에 참여하지 못했다).
・그 선생님은 학생들이 부정행위를 하는 것을 막으려
  애썼다.
・그 정부는 모든 민간인들이 그 나라를 방문하는 것을
  금지시켰다.
・당국은 트럭들이 그 고속도로를 이용하는 것을
  금지했다.

먼저 '법'을 짚고 넘어가겠습니다. 가정법이니 직설법이니 하는 것들을 포괄하는 용어인 '법'은 원어로 law나 rule이 아니라 mood입니다. 기분, 감정, 분위기 등을 나타내는 말이죠. '걔가 지금 여기에 없어서 유감이야'라는 말과 '걔가 지금 여기에 있다면 좋을 텐데'라는 말은 약간 느낌이 다르죠. 즉 같은 정보를 담고 있는 두 가지 서로 다른 전달 방식이 직설법과 가정법인 거지요.

가정법을 사용할 경우 그래서 직설법과는 다른 느낌으로 정보를 전달할 수 있는데, 그것에 대한 몇 가지 오해가 있는 것 같습니다.

첫 번째 오해 : if가 쓰이면 무조건 가정법이다.

- I will not go out if it rains tomorrow.

위 문장에도 if가 있지만 이것은 가정법이 아니라 '내일 비가 오면' 이란 조건이 표현된 문장일 뿐입니다.

두 번째 오해 : 가정법에는 if가 쓰인다.

- I wish you were here.

- I couldn't do it without you.

- A gentleman wouldn't say such a thing.

이 세 문장에는 if가 없지만 모두 가정법이 쓰인 문장들입니다.

세 번째 오해 : 가정법에는 가정법 과거, 과거완료, 미래가 있다.

아닙니다. '가정법 미래'라는 것은 존재하지 않으며, 그렇게 불리는 문장은 엄밀한 의미에서 가정법이 아닙니다.

새로운 가정법의 이해 : 가정법의 핵심은 if의 사용이 아니라, 동사의 변형에 있습니다. 더욱 정확히 말하면 '동사의 시제 변형(현재 → 과거, 과거 → 과거완료)'과 '조동사 과거형(would, could, might, should)의 사용' 두 가지가 가정법의 핵심이지요.

I will !

Unit P

가정법

'~했더라면'은 ~하지 않았을 때 쓰는 가정법

178

내가 네 위치에 있다면 나는 그 제안을
거부할 것이다.
If I ☐☐☐ in your place, I ☐☐☐ ☐☐☐ the offer.

○ if는 '~인지 아닌지'란 의미의 명사절을 이끌기도 하고, '~라면'이란 의미의 부사절에서 쓰이기도 합니다. 그런데 '~라면'의 의미도 자세히 들여다보면 두 가지로 나뉩니다. '내가 너라면'이라는 표현은 '내일 비가 오면'과는 현저한 의미 차이를 갖습니다. 내일 비는 올 수도 있고 오지 않을 수도 있지만, 다른 사람이 되는 건 불가능하니까요.

○ '내가 네 위치에 있다면'이라는 말은 '내가 너라면'에 해당되는 얘기니, 결국 가정 표현이죠. 그런데 영어에서는 가정을 표현할 때 내용상의 시제보다 앞선 시제 형태를 사용함으로써 가정이라는 걸 드러냅니다. 그래서 위 문장은 현재의 이야기를 표현하지만, am을 were로, will reject를 would reject로 바꾸어 말해야 합니다.

→ **If I were in your place, I would reject the offer.**

179

그날 네가 뛰었으면 우리가 그 시합에서 이겼을 텐데.
If you ☐☐☐ ☐☐☐ that day, we ☐☐☐ ☐☐☐ ☐☐☐
the game.

○ '그날'이라면 과거에 일어난 일을 얘기하고 있는 거네요. 실제로 그날 you는 뛰지 않았고, 그래서 졌습니다. 현재에 대해 가정할 때에는 동사의 과거형이나 '조동사의 과거형 + 원형'을 사용합니다. 그러면 과거에 대해 가정할 때는 어떻게 써야 할까요?

○ 과거에 대해 가정할 때에는 동사의 과거완료형이나 '조동사의 과거형 + have p.p.'를 사용합니다. 위에서 '뛰었다'는 had played로 표현해야 할 것입니다. 조동사의 과거형은 would, could, should, might 등이 있는데 might를 사용하면 의미가 약해지니 (이길 수도 있었을 것이다), would, could, should 등을 쓸 수 있습니다.

→ **If you had played that day, we could(would, should) have won the game.**

가정법은 현실과는 반대되는 방식으로 표현하는 방식이며, 직설법과는 다른 형태의 동사들을 이용해 표현한다.
한 시제 앞선 동사형과 조동사의 과거형을 사용하는 것이 가정법의 주된 특징이다.

180

당신이 그 주식을 사지 않았더라면
우리는 좀 더 나은 위치에 있을 것이다.
If you [ ] [ ] [ ] the stock, we [ ] [ ]
in a better position.

○ 위의 문장은 두 가지 시제를 보여줍니다. 문장 앞부분은 과거의 일을, 뒷부분은 현재의
일을 얘기하고 있습니다. 이런 경우를 '복합 시제'라고 표현하기도 하는데, 복합 시제
의 가정법은 대개 if절에 해당하는 부분이 내용상 과거, 주절에 해당하는 부분이 내용
상 현재인 경우가 대부분입니다.

○ 내용상의 시제가 과거 – 현재이니 형식적으로는 과거완료 – 과거여야 하겠죠. 그래서
앞부분에는 had not bought를 쓰면 되고 뒷부분에는 would be를 쓰면 되겠습니다.

→ If you had not bought the stock, we would be in a better position.

181

질문이 있으면 마음껏 하세요.
If you [ ] [ ] any question, feel free to ask it.

○ 이전 영문법에서 '가정법 미래'라 불리기도 했고, 가정법이 아니라는 논란이 나오기도
하는 부분입니다. 엄밀히 말해 위의 문장은 가정법 과거나 과거완료와는 확연히 다릅
니다. '내가 너라면', '어제 비가 오지 않았더라면'과 같은 표현들은 현재나 과거의 사
실과는 일치하지 않는 일을 다룹니다. 하지만 '질문이 있으면'은 있을 수도 있고 없을
수도 있는 일을 표현하므로 현실과 다르다는 의미의 진짜 가정법과는 다릅니다.

○ if절에 should가 쓰이고 주절에 should 원형, would 원형, 명령법 등이 쓰이는 경우
'혹시 ~라면'의 의미를 갖는 문장이 됩니다. '품위 있는' 글이나 말에서 많이 쓰이니
알고 있는 것이 좋습니다.

→ If you should have any question, feel free to ask it.

P1 가정법 과거와 과거완료, should를 사용한 조건문

1. 현재와 가까운 미래에 대한 가정 표현하기

if절에 과거형 동사를, 주절에 would, could(should, might) + 동사 원형을 사용하여 표현. would와 could를 쓰는 것이 일반적이다.

- 존이 여기 있다면 나는 외롭지 않을 텐데.
- 그 여자가 25살이라면 당신이 하는 말을 믿겠지.
- 나에게 500달러가 있으면 그 자전거를 살 수 있을 텐데.

- If John were here, I wouldn't be lonely.
- If she were 25, she would believe what you say.
- If I had 500 dollars, I could buy the bike.

2. 과거에 대해 가정하기

if절에 과거완료형을, 주절에 would, could(should, might) + have p.p.를 써서 과거에 대한 가정을 표현한다.

- 네가 더 빨리 왔다면 헬렌을 볼 수 있었을 텐데.
- 어제 날씨가 좋았다면 소풍이 연기되지 않았을 것이다.
- 그가 야구를 하기로 마음먹지 않았다면 시카고는 8연패를 했을 수도 있지.

- If you had come earlier, you could have seen Helen.
- If the weather had been nice yesterday, the picnic would not have been postponed.
- If he hadn't decided to play baseball, Chicago might have won the title 8 in a row.

3. 복합 시제의 가정법

대개 조건절은 과거, 주절은 현재와 관련된 가정법. 드물지만 주절이 과거이고 조건절이 현재인 경우도 있다.

- 어제 비가 오지 않았다면 오늘 운동장이 진흙탕이 아닐 텐데.
- 네가 내 말을 들었으면 너는 지금 감옥에 있지 않을 거야.
- 네가 착한 학생이라면 어제 그런 식으로 행동하지 않았겠지.

- If it had not rained yesterday, the ground would not be muddy.
- If you had listened to me then, you would not be here in jail.
- If you were a good student, you wouldn't have behaved like that yesterday.

4. if 절에 should가 사용되는 경우

가정법이라기보다는 조건문에 가까우며 일반적 조건문보다 더 공손하게 표현하려 하거나, 실현 가능성에 대한 의심이 많은 표현이다. 현재와 미래의 일을 포괄한다. 주절에는 should, would, will 동사 원형, 명령법 등이 쓰인다.

- 혹시 누가 전화하면 나 없다고 말해줘.

- If anyone should call me, please tell him I'm not here.

- 혹시 필요한 것이 있으시면 테이블 위에 있는 단추를 누르세요.
- 걱정거리가 있으시면 주저하지 말고 연락하세요.

- If you should have any need at all, please push the button on the table.
- Please do not hesitate to contact us if you should have any concerns.

말하기 · 쓰기 연습

01 내가 당신의 위치에 있다면 나는 더 열심히 일할 것이다.

→ ☐ ☐ ☐ in your place, I ☐ ☐ ☐ .

02 여러분이 좀 더 주의를 기울였다면 그런 사고는 일어나지 않았을 것이다.

→ ☐ ☐ ☐ ☐ more careful, such an accident ☐ ☐ ☐ occurred.

03 작별 인사라도 했더라면 이렇게 마음이 아프지는 않을 텐데.

→ If only I ☐ ☐ goodbye, it ☐ ☐ this much.

04 그 여자가 여기 있다면, 난 얼마나 행복할까?

→ ☐ happy I ☐ ☐ she ☐ here.

05 혹시 빌을 보거든 내 안부 전해줘.

→ If you ☐ ☐ Bill, please ☐ him my regards.

06 걔(남자)가 부상당하지 않았더라면 우리가 이길 수 있었는데.

→ ☐ ☐ ☐ injured, we ☐ ☐ .

07 어제 네가 그렇게 술을 많이 마시지 않았으면 너는 지금 여기 감옥 대신에 학교에 있을 거야.

→ If you ☐ ☐ that much, you ☐ ☐ in school instead of here in jail.

08 혹시 상원이 청문회를 열겠다고 결정한다면, 우리는 그것을 환영할 것입니다.

→ If the Senate ☐ ☐ to hold a hearing, we ☐ ☐ it.

182

당신이 참여하지 않으셨다면 우리 쇼는
재앙이었을 것입니다.
[_____] you not participated, our show would
have been a disaster.

○ 원래 영어에서 not participated와 같이 '부정 + 과거 시제'를 쓰는 일은 없지요. did not
   participate를 써야 합니다. 그런데 내용을 보니 과거의 일에 대해 사실과 반대되
   는 가정을 하고 있네요. 또 주절에는 would have been이 쓰였네요. 여러 면에서
   가정법 과거완료 문장임이 보입니다.

   ○ 가정법 과거완료라면 두 단어가 필요하죠. 하나는 if, 나머지는
      had. 그런데 빈칸은 하나뿐이네요. 어떻게 된 일일까요? 가정법의 if
      절에서 도치가 일어나면 if가 사라집니다. 'if + 주어 + had p.p.'의 어
      순이 'had + 주어 + p.p.'로 바뀐다는 얘기죠. Had가 문두에 쓰이면 If ~
      had를 대체할 수 있습니다.

   → **Had you not participated, our show would have been a disaster.**

183

미국인이라면 그런 표현 쓰지 않을 텐데.
An American [_____] [_____] [_____] the expression.

○ '미국인은'이 아니고 '미국인이라면'이라고 되어 있네요. 이 말은 '그 사람 미국인이
   아니다'란 의미이며, 따라서 가정법을 써야 한다는 걸 뜻합니다.

○ if 없는 가정법은 많습니다. 앞에서 다룬 도치된 문장에도 if가 없었고, 앞으로 다룰
   wish가 쓰이는 가정법에도 if는 없습니다. 그러면 가정법이라는 건 어떻게 알 수 있을
   까요? 핵심은 '조동사의 과거형'입니다. does not use 대신 would not use를 사용
   하면 가정 표현이 되는 거죠. 위의 문장에서는 주어가 조건을 내포하고 있습니다. 그래
   서 if절 없이도 '조동사의 과거형 + 원형'을 사용하여 가정을 나타내고 있습니다.

   → **An American would not use the expression.**

184

네가 사장이라고 가정해봐. 너는 어떻게 할래?
Suppose you were the boss; what ☐ ☐ ☐ ?

○ 위의 문장에도 if절은 없습니다. 여기서 눈여겨봐야 할 것은 suppose라는 동사가 명령법으로 쓰인 것과 you 다음에 나오는 be동사가 were라는 겁니다. 명백히 현재의 일을 얘기하고 있는데 과거형 were가 쓰였네요. 냄새가 좀 나죠? 게다가 suppose는 '가정하다'란 뜻을 가지고 있습니다. suppose는 '가정해봐'의 뜻이니 if로 바꿔도 의미는 거의 같습니다.

○ 문장의 의미를 보니 you는 사장이 아닌 것 같죠? 그러니 '너는 어떻게 할래?'도 가정에 근거한 질문입니다. 그렇다면 이 또한 통상적인 표현인 what will you do?가 아니라 가정법을 써야 합니다. 따라서 will 대신 would를 써야 하지요. 여기 나온 suppose처럼 provided, in case, in the event 등도 if 대신 쓰일 수 있습니다.

→ Suppose you were the boss; what would you do?

1. 도치에 의한 조건절의 표현

가정법 과거완료는 had가 문두로 가는 것에 의해서도 표현될 수 있다. 이때 if는 생략된다.

- 여러분의 지원이 없었더라면
  우리는 그 프로젝트를 끝낼 수 없었을 것입니다.
- 누군가가 혹시 전화하면 세 시에 돌아온다고
  말해 주세요.

- Had you not supported us,
  we couldn't have finished the project.
- Should anyone call me, please tell them
  I'll be back at three.

가정법 과거에서도 도치가 가능한데, be동사 were만 그렇게 쓰인다.

- 내가 너라면 나는 주저하지 않고
  그 사람 내보낼 거야.
- Were I you, I wouldn't hesitate to ship him out.

2. 주어가 가정을 내포하는 경우 / 부사구가 가정을 표현하는 경우

아예 조건절 없이 가정이 주어에 내포되어 있거나 부사구로 표현되는 경우가 있다. 가정법 문장이라는 것은 '조동사의 과거형 +
동사 원형'(현재에 대한 가정)이나 '조동사의 과거형 + have p.p.'(과거에 대한 가정)을 통해 표현된다.

- 신사라면(그 남자가 신사였다면)
  너를 그런 식으로 대접하지 않았을 거야.
- A gentleman would not have treated you that way.

- 당신의 존재는 큰 차이를 만들었을 것이다
  (네가 없어서 뭔가 잘 안되었다).
- Your presence would have made all the difference.

- 당신의 조언이 없었다면 우리 계획은
  잘못되었을지도 모릅니다.
- Our project might have gone wrong
  without your advice.

3. if를 대체하는 표현들

suppose (that), supposing (that), providing (that), provided (that), in case 등의 조건을 나타내는 어구들이 가정법에서 사용되기도 한다. 원어민이 아닌 우리가 굳이 그런 표현을 쓸 이유는 없으나 읽기와 듣기를 위해 알고 있으면 도움이 될 것이다.

- 로또 당첨되면 가장 먼저 뭘 살 거야?
- Suppose you won the Lotto; what would you buy first?
- 혹시 전쟁이 일어나면 어떻게 할 거야?
- What would you do in case a war broke out?

말하기 · 쓰기 연습

01	내가 사장하고 결혼하면 너는 뭐라고 말할래(the boss)?	→ Suppose I ☐ ☐ ☐ ; what ☐ ☐ ☐ ?
02	혹시 질문이 있으시면 555-4444로 전화하세요.	→ Should ☐ ☐ any question, please ☐ 555-4444.
03	그 남자가 그 불을 발견하지 않았더라면 우리는 살아 남지 못했을 것이다.	→ ☐ the man not ☐ the fire, we ☐ not ☐ .
04	네 도움이 없었더라면 나는 죽도록 맞았을 거야.	→ I ☐ ☐ beaten up to death ☐ your help.
05	그들은 그 경기를 이길 수도 있었는데.	→ They ☐ ☐ ☐ the game.
06	나와 함께라면 당신은 행복할 수 있을 거야.	→ You ☐ ☐ happy with me.

다양한 가정법의 활용
'꼭 본 것처럼 말하네'도 가정법?

185

그 사람이 여기에 있으면 좋을 텐데.
(그 사람이 여기 있으면 하고 바란다.)
I wish he(she) ☐☐☐☐ here.

○ 사실 '~이길 바란다'는 표현은 가정보다는 소망에 가깝습니다. '나는 성공하기를 바란다'는 I hope to succeed.이고, '나는 네가 성공하기를 바란다'는 I hope that you will succeed.로 두 문장은 모두 가정법이 아닙니다.

○ 하지만 소망 중에는 현실과 반대되는 것도 있죠. '그가 여기 있기를 소망한다'는 말은 그가 여기에 없다는 얘기죠. '내가 일본어를 할 수 있다면'이란 말은 일본어를 못한다는 얘기죠. 이런 소망을 표현할 때는 가정법을 사용합니다. 현재에 대한 소망은 '주어 + wish + 주어 + 과거형 동사 / 조동사과거형'을 써서 표현하고, 과거에 대한 소망은 '주어 + wish + 주어 + 과거완료 / 조동사 + have p.p.'를 써서 표현합니다. 위의 경우에는 현재의 사실과 반대되는 소망을 표현하므로 were를 써서 표현합니다.

→ **I wish he(she) were here.**

186

저 남자 마치 자기가 30대인 것처럼 말한다.
That man talks ☐☐☐ ☐☐☐ he ☐☐☐ in his thirties.

○ 그 남자는 20대일 수도 있고, 50대일 수도 있습니다. 어쨌든 그는 30대가 아닌데 마치 그런 것처럼 행동하는 겁니다. 이렇게 '마치 ~인 것처럼'을 표현할 때 as if, as though와 가정법형 동사를 활용하면 됩니다. 위의 상황은 현재의 가정이니 가정법형 동사로 were를 쓰면 됩니다.

○ as if와 as though가 꼭 가정법에서만 쓰는 것은 아닙니다. 예를 들어 '비가 올 것 같다'는 It looks as if it will rain.입니다. 이때는 단순한 추측을 나타낼 뿐, 현실과 반대되는 얘기를 하고 있지 않기 때문에 will rain과 같은 통상적인 동사가 사용됩니다.

→ **That man talks as if he were in his thirties.**

187

나는 잭슨 씨가 승진되어야 한다고 주장합니다.
I insist that Mr.Jackson ☐☐☐☐ promoted.

o 수동태네요. 그럼 be동사가 와야 합니다. was를 넣어볼까요? was promoted면 '승진되었다'가 되는데 이미 승진된 사람을 승진시키라고 주장한다니 이상하죠? 그럼 is? 승진된다고 주장한다? 이것도 이상합니다. 그가 승진되는 것은 현실의 일도 과거의 일도 아니죠. 말하는 이가 마땅히 그러해야 한다고 생각하는 일일 뿐입니다.

o '주장하다, 제안하다' 요구하다 등의 의미를 갖는 영어 동사들은 현실과 다른 당위의 내용을 나타낼 수 있습니다. 이 경우 that절이 목적어로 오는데 그 명사절 안의 동사는 원형, 혹은 'should + 동사 원형'으로 표현됩니다. 위에서는 be를 쓰면 됩니다.

→ **I insist that Mr.Jackson be promoted.**

188

7월 1일 이전에 그 법안을 통과시키는 것이 필요합니다.
It is necessary that the bill ☐☐☐☐ ☐☐☐☐ before July 1st.

o 같은 의미를 다른 방식으로 전달할 수 있다는 것은 언어의 복잡함이자 재미입니다. 어떤 상황에서 사람들은 '나는 그 법안의 통과를 강력히 주장합니다' 라거나 '요구합니다' 라고 말하기도 하지만, '그 법안의 통과가 중요합니다' 라거나 '필수적입니다' 라고 말할 수도 있지요.

o 그래서 '나는 ~을 주장한다 / 제안한다 / 요구한다' 등의 문장 구조에서 원형을 사용할 수 있는 것처럼, '~이 중요하다, 필요하다, 필수적이다, 당연하다' 는 문장 구조에서도 원형을 쓸 수 있습니다. 위의 문장은 I insist(demand) that the bill be passed와 같은 의미이므로 역시 be passed가 사용됩니다.

→ **It is necessary that the bill be passed before July 1st.**

1. wish 동사의 목적어가 되는 절에서의 가정법의 사용

현재의 일과 반대되는 소망을 표현할 때 '주어 + wish + 주어 + 과거형 동사 / 조동사 과거형 + 동사 원형'의 구조를 사용한다.
과거의 사실과 반대되는 가정은 '과거완료형 동사 / 조동사 과거형 + have p.p.'을 이용해 표현한다.

- 불어를 말할 수 있으면 좋겠어.
- 그 여자가 그렇게 말을 많이 하지 않으면 좋겠어.
- 네가 그 사실을 더 빨리 얘기했다면 좋았을 텐데.

- I wish I could speak french.
- I wish she wouldn't talk so much.
- I wish you had told me the fact earlier.

2. as if / as though

'~인 것처럼'을 의미하는 as if / as though는 직설법에서도 쓰일 수 있으며 가정법에서도 쓰일 수 있다. '현실이 아닌데 마치
그런 것처럼'의 의미일 경우 가정법의 동사 형태들이 as if 뒤에서 사용된다. as if 앞 부분은 가정법이 아님에 유의.

- 그는 자신이 세상의 지배자인 양 행동한다.
  _ behaves에는 직설법이, were에는 가정법이 쓰였다.
- 그 여자는 마치 미국에 살았던 것처럼 말한다.
- 비가 올 것같이 보인다.
  _ 이것은 가정법 문장이 아니다.

- He behaves as if he were the king of the world.

- She talks as if she had lived in the U.S.
- It looks as if it is going to rain.

3. 권고, 주장, 명령, 요구, 제안 등을 표현하는 동사(명사)와 동사 원형의 사용

동사	advise 충고하다 ask 요구하다 demand 요구하다 insist 주장하다 propose 제안하다
	recommend 추천하다 request 요청하다 suggest 제안하다
명사	proposal 제안 recommendation 추천 advice 충고 demand 요구 suggestion 제의

위의 동사나 명사들 뒤에 that절이 올 때, that절의 동사가 현실이 아니라 당위를 표현하면 주절 동사의 시제와 관계없이 동사 원
형을 쓴다.

- 그 변호사는 법정이 그 심리를 연기해야 한다고
  제안했다.
- 그 상원의원은 그 법안이 즉시 통과되어야 한다고
  요구했다.
- * 목격자들은 그 사고가 횡단보도에서 일어났다고
  주장했다.
  _ 이 경우 당위를 주장하는 것이 아니므로 원형을 쓰지 않고 원래의 시제를 사용한다.

- The lawyer proposed that the court postpone
  the hearing.
- The senator made a request that the bill be
  passed immediately.
- * Witnesses insisted that the accident had taken
  place on the crosswalk.

4. 필요성, 중요성 등을 의미하는 형용사와 동사 원형의 사용

crucial 결정적인   essential 필수적인   important 중요한   necessary 필수적인   urgent 시급한

위의 형용사가 it is ~ that절에 쓰일 때 that절의 동사 원형으로 표현한다.

- 그 여자는 반드시 지원서를 3월 이전에 제출해야 한다.
- 그가 정각에 도착하는 것이 필요하다.
- 모든 학생들은 반드시 흰색이나 검은색 옷을 입고 있어야 한다.

- It is essential that she submit the application before March.
- It is necessary that he arrive on time.
- It is essential that all students be dressed in black or white suits.

말하기 · 쓰기 연습

01 그 여자가 더 행복하면 좋겠어.
→ I wish she ☐ ☐ .

02 모든 이가 정시에 도착하는 것이 중요하다.
→ It is important everybody ☐ ☐ ☐ .

03 빌은 자기 혼자만의 힘으로 그 경기에서 이긴 것처럼 말한다.
→ Bill talks ☐ ☐ ☐ the game all by himself.

04 수잔은 메리가 승진되어야 한다고 주장했다.
→ Susan insisted that Mary ☐ ☐ .

05 걔는 자신이 천재인 것처럼 말한다.
→ He talks ☐ ☐ ☐ ☐ a genius.

06 그들은 우리가 모든 비용을 지불해야 한다고 요구했다.
→ They made a demand ☐ ☐ all the expenses.

07 그런 일을 하지 말았어야 했는데.
→ I wish I ☐ ☐ ☐ such a thing.

08 당신이 차량 관리의 중요성을 간과하지 않는 것이 필수적이다.(overlook)
→ It is ☐ ☐ ☐ ☐ ☐ the importance of car maintenance.

BASICS OF GRAMMAR

○ 주어와 동사

1. 주어는 행위나 상태, 감정 등의 주체를 나타낸다.

_ 주어는 우리말의 '명사(대명사) + 이, 가, 은, 는'에 해당한다. 아래 문장들에서 주어는 행위(기타 치기), 상태(둥글다), 감정(슬픔)의 주체이다.

- Sam plays guitar every day.
- The earth is round.
- Sarah is sad.

- 샘은 매일 기타를 친다.
- 지구는 둥글다.
- 사라는 슬프다.

2. 영어의 모든 문장에는 '동사'가 있어야 한다.

_ 흔히 '동사'라고 번역되는 영어의 verb는 우리말의 '동사'와는 개념이 달라서, 모두 '움직임'과 관련된 것은 아니다. 어떤 동사는 움직임(달렸다)을 나타내기도 하지만, 어떤 경우에는 형용사와 결합해 상태나 성질(귀엽다)을 나타내기도 하고, 명사와 결합해 '~은 ~이다'를 나타내기도 한다.

- Usain ran like the wind.
- Hyun-joong is cute.
- That boy is my cousin.

- 우사인은 바람처럼 달렸다.
- 현중이는 귀엽다.
- 저 남자애는 내 사촌이다.

3. 동사가 변화하여 시제와 단수, 복수를 나타낸다.

_ 우리말 형용사 '친절하다'는 '친절했다'라고 바뀌어 과거를 나타낼 수 있다. 그러나 영어의 형용사 kind에는 그런 기능이 없다. 그래서 반드시 동사가 있어야만 시제가 표현된다. 영어의 동사는 주어가 단수인가 복수인가에 따라서도 변화한다.

- Cathy is kind.
- Cathy was kind.
- Cathy and Sally are kind.
- Cathy and Sally were kind.

- 캐시는 친절하다.
- 캐시는 친절했다.
- 캐시와 샐리는 친절하다.
- 캐시와 샐리는 친절했다.

○ 목적어, 자동사와 타동사

1. 우리말의 '〜를 / 〜을'에 해당하는, 즉 행위의 대상을 나타내는 말이 목적어이다.

- The company is building a shopping mall.
- 그 회사는 쇼핑몰을 짓고 있다.
- Hyun-soo hit the ball really hard.
- 현수는 그 공을 매우 강하게 쳤다.

　목적어는 행위의 대상(짓는 대상 : 쇼핑몰, 치는 대상 : 야구공)이 되는 것을 말한다. 여기서 '행위'란 동작뿐 아니라 인지(know 등), 감정(like, dislike 등), 감각(see 등), 사고(think 등) 등도 포함한다.

- I know the fact.
- 나는 그 사실을 알아.
- I like Mary.
- 나는 메리를 좋아해.
- I see dead people.
- 나는 죽은 사람들을 본다.

2. 영어의 동사는 자동사와 타동사, 두 가지이다.

- Time flies.
- 시간은 날아간다.(시간은 빨리 흐른다).
- Nicole opened the door.
- 니콜이 문을 열었다.

　자동사는 주어의 상태나 움직임만을 나타내는 동사로, 행위의 대상(목적어)이 없는 동사이다. '시간이 날아가다'라는 문장에는 주어(시간)의 움직임(날아가다)만이 표현되어 있다.

　타동사는 주어와 동사뿐 아니라 행위의 대상도 필요로 한다. '니콜이 문을 열었다'라는 문장에는 행위의 주체(니콜 : 주어), 행위의 내용(열다 : 동사), 행위의 대상(문 : 목적어) 세 가지가 존재한다.

　요컨대, 자동사는 목적어를 필요로 하지 않고, 타동사는 목적어를 필요로 한다.

3. 자동사와 타동사를 넘나드는 동사도 많다.

- The shop opens at 9 o'clock.
- 그 상점은 9시에 열린다.
- He opened the shop early that day.
- 그 남자는 그날 가게를 빨리 열었다.

　어떤 동사는 타동사로만 쓰이고 어떤 동사들은 자동사로만 쓰인다. 하지만 많은 동사들이 자동사로도, 타동사로도 쓰인다. 똑같은 open이라도 첫 번째 문장에서는 자동사 '열리다'로 해석된다. 하지만 두 번째 문장에서는 '열다'로 번역되는 타동사이다.

4. 동사의 목적으로는 명사, 대명사, 동명사, 부정사, 명사절 등이 올 수 있다.

- They drank beer all night.
- 그들은 밤새 맥주를 마셨다.
- She hates me.
- 그 여자는 나를 싫어한다.
- He loves shopping.
- 그 남자는 쇼핑하기를 좋아한다.
- The company hopes to cut down on expenses.
- 그 회사는 비용을 절감하기를 희망한다.
- The officer said that the government would investigate the accident.
- 그 관리는 정부가 그 사건을 조사할 것이라고 말했다.

BASICS OF GRAMMAR
○ be와 주격 보어

1. be + 형용사

- The brothers are brave.
- Kelly was sick yesterday.

- 그 형제는 용감하다.
- 켈리는 어제 아팠다.

_ be는 동사로 분류되지만, 특별한 뜻을 갖지 않으며 주어와 형용사를 연결해주는 일을 한다. 그렇지만 다른 동사들과 같이 주어가 단수일 때와 복수일 때 형태가 바뀌며, 시제를 표현하기도 한다. be 다음에 나오는 형용사는 주어의 어떤 상태나 성질(멋짐, 용감함, 아픔)을 나타낸다. be 뒤에 위치하여 주어의 상태나 성질을 나타내는 형용사를 주격 보어라고 한다.

2. be + 명사

- That girl is Mary.
- Christina is a singer.
- That man is the vice-president of the company.
- Venus is a planet, and the sun is a star.

- 저 여자애는 메리야.
- 크리스티나는 가수이다.
- 저 사람이 그 회사 부사장이야.
- 금성은 행성이고, 태양은 항성이다.

_ be는 주어와 명사를 연결하기도 한다. be 다음에 와서 '~는 ~이다'의 의미를 완성하는 명사들도 주격 보어이다. 형용사 보어는 주어의 상태나 성질을 표현하는 반면, 명사 보어는 주어 = 보어의 관계를 나타낸다. 명사 보어는 주어의 이름, 직업, 직위, 상위 개념 등을 나타낸다.

_ That girl = Mary : 이름   _ That man = the vice − president : 직위

_ Christina = a singer : 직업   _ Venus = a planet : 상위개념

3. '있다'의 의미를 갖는 be

- My wallet is on the table.
- Once there was a king.

- 내 지갑이 테이블 위에 있다.
- 옛날에 한 왕이 있었다.

_ be는 주로 공간적 의미를 갖는 전치사구나 there와 쓰여, '있다'의 의미를 갖기도 한다. 이 경우 보어의 사용과는 관계가 없다.

4. 연결동사와 주격 보어

- John was a college student in 2007.
  In 2008, he became a teacher.
  He is still a teacher.
- A : Bill looks sad. What's wrong?
  B : Bill is sad. Sally left him.

- 존은 2007년에 대학생이었다.
  2008년에 그는 교사가 되었다.
  여전히, 그는 교사이다.
- A : 빌은 슬퍼 보여. 무슨 일이지?
  B : 빌은 진짜로 슬퍼. 샐리와 헤어졌거든.

_ be 외에도 주격 보어와 함께 쓰이는 동사들이 있는데, 이 동사들을 연결동사라고 부른다. He became a teacher.에서는 he=a teacher이고, Bill looks sad.에서는 형용사 보어 sad가 주어 Bill의 상태나 성질을 나타낸다. 이런 동사들에는 '~가 되다, 변화하다' 등의 의미를 갖는 동사들(become, get 등)과 '~처럼 보이다'등의 의미를 갖는 동사들(look, sound, seem 등)이 있다.

○ 목적격 보어의 사용

1. 목적격 보어는 목적어의 상태나 행위를 나타내며, 목적어＝보어의 관계를 나타내기도 한다.

_ 목적어를 보충해주는 기능을 하는 것을 목적격 보어라고 부른다. 목적격 보어는 목적어의 상태나 행위 등을 나타내며, 어떤 경우에는 목적어＝목적격 보어의 관계를 나타내기도 한다.

• Keep the window open.	• 창문을 계속 열어두어라.
• You make me sad.	• 당신은 나를 슬프게 합니다.
• They elected Mr. Jones president of the company.	• 그들은 존스 씨를 그 회사의 사장으로 선출했다.

_ '창문을 계속 열어두어라'란 말에서 '열려 있는' 것은 동사 keep의 목적어인 window이다. 두 번째 문장에서 '슬퍼하는' 것은 주어인 you가 아니라 목적어인 me이다. 세 번째 문장에서는 Mr. Jones＝president의 관계가 성립된다.

2. 목적격 보어로는 명사, 형용사, 분사, 부정사, 동사원형 등이 쓰인다.

• He turned the woman a believer.	• 그는 그 여자를 믿는 자로 바꾸어놓았다.
• She always drives me crazy.	• 그 여자는 언제나 나를 미치게 만들어.
• Keep the fire burning.	• 불이 계속 타오르도록 해.
• Keep the door locked.	• 문을 계속 잠가 놓아라.
• I want you to get out of my face.	• 네가 내 앞에서 사라졌으면 좋겠어.
• Help me do the dishes.	• 설거지하는 것 도와줘.

정답 및 해설

A 문장의 구조

A1 목적어와 함께 쓰는 동사

01/ **frighten / scare, me**

(겁나서) 놀라게 하다는 의미를 가지는 동사는 frighten, scare 등인데, 이 동사들은 타동사로 목적어를 바로 취한다.

02/ **Answer, me**

answer는 목적어를 직접 취하는 타동사.

03/ **miss, him**

우리말로는 '~이 그립다'라고 표현하지만 miss는 타동사를 취하는 동사이다.

04/ **call / phone, me**

'나에게 전화하다'이지만 영어에서는 목적어임.

05/ **bored**

bore는 '지루하게 하다'의 뜻. '지루하다'는 be bored.

06/ **accompany, her**

accompany someone은 '누군가와 동행하다'란 뜻의 타동사.

07/ **survived, her, husband**

survive는 '~보다 오래 살다, ~에서 살아남다'의 뜻을 갖는 타동사로 쓰일 수 있다.

08/ **Thank, you**

thank는 우리말로는 '~에게 감사하다'로 번역되는 타동사.

A2 주격 보어와 함께 쓰는 동사

01/ **turned**

색깔의 변화는 주로 turn으로 묘사.

02/ **unchanged**

remain 뒤에는 주로 형용사 보어가 쓰이는데, 과거분사 역시 형용사처럼 쓰인다.

03/ **sounds**

04/ **seem / appear, to**

'~처럼 보이다'는 여러 방식으로 표현될 수 있지만, 뒤에 to부정사가 올 수 있는 동사는 seem과 appear뿐이다.

05/ **went / became, blind**

'장님이 되다'는 주로 go blind를 쓰며 become도 가능.

06/ **to, know**

seem 다음에는 to부정사가 올 수 있다.

07/ **smells, like**

look, sound, smell 등의 감각동사 뒤에 'like + 명사'가 올 수 있다.

08/ **got / became, angry**

angry나 mad 앞에는 주로 get이 오고, become도 사용 가능.

A3 두 개의 목적어를 취할 수 있는 동사

01/ **Make, me, a, doll**

make는 목적어를 두 개 취할 수 있는 동사이다.

02/ **cost, him, twenty, dollars**

cost는 목적어를 두 개 취하여 '~에게 ~의 비용이 들다'의 의미로 사용될 수 있다.

03/ **Give, him, coffee**

give는 수여동사로 목적어 두 개를 취할 수 있다. 간접목적어가 앞에 오면 전치사 없이 두 목적어가 이어진다.

04/ **me, my, sin**

forgive는 목적어 두 개를 취할 수 있다. 이 예문은 암기하는 것이 좋다.

05/ **to, me**

show는 3형식으로 문장 전환할 때 to를 활용하는 수여동사.

A4 목적어, 목적격 보어와 함께 쓰는 동사

01/ **named, his, son, Leonardo**

name은 목적어와 목적격 보어를 취할 수 있는 동사이다. 목적어 his son을 앞에 쓰고 그 뒤에 목적격 보어를 쓰면 '~을 ~라고 이름짓다'의 뜻이 된다.

02/ **him, to, be, coward**

consider 등의 생각하다 계통의 동사들은 to be 명사/형용사를 목적격 보어로 취할 수 있다.

03/ **set, her, free**

set은 목적어, 목적격 보어와 함께 쓰여 '~를 ~하게 하다'의 의미를 갖는다.

04/ **Leave, open**

leave 역시 목적격 보어를 취해 '어떤 상태를 유지하다'의 의미를 갖는다. keep, hold도 쓰일 수 있으나 '열어두세요'와는 leave가 가장 어울린다.

05/ **appointed, him, ambassador**

선거 없이 지명할 경우 elect가 아니라 appoint를 사용한다. 관직이나 직위를 의미하는 명사가 목적격 보어로 쓰이면 관사 없이 사용된다.

06/ him, to, be(that, he, is)

guess는 목적격 보어를 취할 수 있으며 그 형태는 to be ~일 수도 있다. 또, that절을 목적어로 취할 수도 있으므로 that he is도 가능하다.

07/ left, him

leave는 목적어와 목적격 보어와 함께 쓰일 수 있으며, '어떤 상태로 내버려 두다'의 어감일 경우 keep, hold보다 더 적절하다.

08/ make, me, uncomfortable

'불편하게 만든다'는 의미의 경우 drive나 set보다는 make가 더 잘 어울린다. make, set, drive 등은 '~을 ~하게 하다'는 의미의 5형식 문장을 만들 수 있는 동사들.

B 시제

B1 단순현재 시제와 현재진행

01/ love

내가 누군가를 사랑한다면 그것은 지금 당장에만 해당되는 것은 아님. love는 상태동사로, 현재진행형 사용이 기본적으로 불가하다.

02/ writes

현재 시제는 습관적인 행위를 나타낼 때 쓰인다. 그래서 She is a novelist.는 She writes novels.로 표현될 수도 있다.

03/ is, writing

요즘 진행되는 일을 현재진행형으로 표현할 수 있다.

04/ eats

'언제나 점심으로 샌드위치를 먹는다'는 말은 습관적 행위를 의미한다. 그러므로 현재 시제.

05/ belongs

'속하다'를 의미하는 belong은 상태동사로 현재 시제만 가능하며 진행형으로는 쓰이지 않는다.

06/ is, eating

먹고 있다는 진행형으로 표현.

07/ am, dating

지금 당장 메리와 데이트하고 있지는 않아도 '요즘' 그 행위가 지속되고 있을 경우 진행형을 쓸 수 있다.

08/ hate, each, other

hate나 dislike는 일반적인 감정 상태를 나타내므로 단순현재 시제를 사용.

B2 과거 시제와 과거진행

01/ stayed, in

기간을 나타내는 말이 있더라도 (현재에는 해당되지 않는) 과거의 일은 과거시제를 쓴다.

02/ was, working, in

at the time이 어떤 특정한 시간을 가리키므로 어떤 특정한 기간에 진행되고 있는 일을 표현하는 문장임. 그래서 과거진행형.

03/ crossed

역사적 사실에는 시제의 일치가 적용되지 않는다. 언제나 과거시제.

04/ was, he, doing

'걔'를 보았을 때 어떤 일을 하고 있는 중이었는지 묻고 있으므로 과거진행형.

B3 현재완료 시제와 현재완료진행

01/ Have, you, seen

현재까지의 경험을 묻는 것이므로 현재완료 시제.

02/ have, just, finished

조금 전에 끝냈다는 것은 현재완료와 just를 결합하여 표현.

03/ have, been, working

for three years와 같이 기간을 나타내는 말이 오면 현재완료진행형이 가장 적절(work, live, teach 등은 현재완료도 의미 차이 없음)하다.

04/ has, worked, since

~이래로는 since로 표현. 이 경우 동사가 work이므로 현재완료나 현재완료진행형 모두 쓸 수 있다.

05/ Have, you, lived

계속을 나타내는 표현으로 live 동사는 현재완료나 현재완료진행형을 의미 차이 없이 쓸 수 있다.

06/ has, been, trying

'애쓰다'는 보통 try to부정사를 사용해 표현. '요즘 계속 ~해 왔다'는 현재완료진행형과 recently를 함께 써 표현할 수 있다.

07/ has, done

과거에 시작되었다는 것을 화자와 청자 모두 알고 있을 때 그

정답 및 해설

일이 얼마 전에 끝났다면 현재완료 시제가 적절.

08/ have, never / not, seen

경험의 부재는 부정적 의미의 현재완료형으로 나타낼 수 있다. 대개 의미를 강조하기 위해 never를 쓴다.

B4 과거완료 시제와 과거완료진행

01/ had, prepared

과거의 어느 시점에 어떤 동작이 끝났으므로 과거완료 시제.

02/ had, thrown

명백히 말했던 시점 전에 버린 것이므로 대과거(과거완료) 사용.

03/ had, been, having

말하는 과거의 시점까지 계속되는 일이므로 과거완료진행형이 가장 적절. had had an affair는 '바람 핀 일이 있었다'의 의미일 가능성이 크다.

04/ had, been, having

for about an hour처럼 기간을 나타내는 표현이 왔으므로 과거완료진행형이 가장 적절.

B5 미래 시제 1

01/ will, is going to

예측을 할 때에는 will, be going to 모두 사용.

02/ will

내가 하겠다는 의사를 강하게 표현하므로 will이 적절하다.

03/ are you going to, am going to

예정된 계획을 묻는 것이고 대답 또한 미리 계획한 일을 말하므로 be going to가 좋다.

04/ won't

강한 의지를 표현하는 것이므로 will이 적절.

05/ does, not, come

의미상 미래의 일이지만 조건절에서는 현재 시제를 사용.

06/ returns

의미상 미래여도 시간절에서는 현재 시제 사용.

B6 미래 시제 2

01/ will, be, waiting

미래의 그 시점에 나는 기다리고 있는 중일 것이므로 미래진행형을 쓴다.

02/ am, meeting

미래의 일이지만 시간까지 정해져 있는 확실한 일에는 현재진행형을 쓸 수 있다.

03/ arrive, will, have, started

By the time절은 시간절이므로 의미가 미래라도 현재 시제를 쓴다. 미래의 어느 시점에 이미 떠났을 것이라는 의미이므로 미래완료를 쓴다.

04/ is

오늘이 목요일이면 내일이 금요일인 것은 100% 확실한 것이므로 현재 시제로 표현.

05/ will, be, having

미래의 어떤 특정한 시간에 어떤 일이 진행되고 있을 것이므로 미래진행형이 가장 좋다.

06/ leaves, Pusan

시간까지 정해져 있는 확실한 미래이고 동사도 leave이므로 현재 시제 사용.

07/ going, to, school

내일 있을 확실한 일을 얘기하므로 현재진행형 사용 가능. be going to go라는 표현은 사용하지 않는다.

08/ will, have, been, married

미래의 시점에 20년이라는 기간이 완성되는 것이므로 미래완료 사용. '결혼한 상태이다'는 be married로 표현.

- -

C 조동사

C1 요청할 때 쓰는 조동사

01/ mind, if, I, asked

'~하면 싫겠느냐' 식으로 의사를 물을 때는 'would you mind if I + 과거형 동사'를 쓴다. 일종의 가정법 과거.

02/ May / Could

의사를 묻고 있는데 I가 주어이니 may, could, can이 가능. 한 글로 표현된 느낌을 보건대 can은 너무 informal하여 어울리지 않는다.

03/ keeping

뒤에 down이 있으므로 keep을 쓴다. mind는 동명사만을 목적어로 취하는 동사.

04/ Will

의사를 물을 때 you가 주어이면 would, could, will 등을 쓰는데,

우리말로 반말을 하고 있는 것으로 보아 will이 가장 어울린다.

05/ **may / could**

can을 쓰는 것은 informal하므로 회사의 공식적인 안내에서는 사용하지 않을 것이다. may가 가장 일반적일 것이며 could도 가능.

06/ **Could**

can을 쓰면 informal하여 제시된 우리말의 공손함이 표현되지 않는다. '말씀허 주실 수 있다'는 말로 보아 would보다는 could가 어울린다.

07/ **mind, if, I, turned**

08/ **helping**

C2 필요와 금지의 조동사

01/ **do, not, have / need, to, be**

불필요는 don't have to, don't need to로 표현. '꼭 ~여야 하는 것은 아니야'라는 어감상 have가 더 많이 쓰인다.

02/ **must / may, not**

금지하고 있으므로 must not이 가장 좋고 may not을 써도 틀리는 것은 아니다.

03/ **must, prove**

법정에서 공식적으로 '~해야 한다'고 말하는 것이므로 must 사용해야 한다(법원은 조언하는 기관이 아니라 결정하고 명령하는 기관이다).

04/ **had, to, work**

과거에 '~했어야 했고, 실제로 했다'는 had to로 표현.

05/ **do, not, have / need, to, be**

불필요의 표현이므로.

06/ **will, have, to**

미래에 ~해야 한다의 의미이므로 will have to.

07/ **must**

has to도 사용할 수 있는 상황인데 빈칸의 수가 하나뿐이다.

08/ **must / should, not**

화자가 금지할 수 있는 일은 아닐 수도 있지만 매우 강한 톤으로 얘기하는 상황이므로 must not 사용. should not을 쓸 수도 있다.

C3 조언할 때 쓰는 조동사

01/ **ought, not, to, use**

상황상 must not, should not, ought not to 모두 가능함.

02/ **should be**

should 대신 ought to도 가능하다.

03/ **Should**

타인에게 조언을 구하는 의문문이므로 should가 좋다.

04/ **should, have, seen**

과거에 '~했어야 한다' should have p.p.로 표현.

05/ **should, not**

친구에게 조언하고 있으므로 should not 적합.

06/ **had, better, leave**

있을 수 있는 부정적 결과를 함축하고 있으므로 had better가 적당하다.

07/ **had, better, not**

있을 수 있는 부정적 결과를 내포하고 있으므로 had better not 이 적합하다.

08/ **should, have, been, abolished**

C4 추측의 조동사 _ 현재

01/ **may / might, not, be**

현재에 대한 확신 없는 추측은 may(might) not 사용.

02/ **must, be**

현재의 일에 대해 확신에 찬 추측을 하고 있으므로 must 사용

03/ **must, be, from**

04/ **may, be**

확신 없는 추측이므로 may, might, could 가능하지만 뒤에 나오는 maybe not을 고려하면 may 쓰는 것이 좋다.

05/ **may / might, not, know**

06/ **cannot, be**

현재에 대해 부정적 확신을 나타내므로 cannot 사용.

07/ **may / might / could, be**

현재에 대해 그럴지도 모른다는 생각이므로 may, might, could 사용.

08/ **cannot, be**

09/ **may / might, not, be**

C5 추측의 조동사 _ 과거

01/ **may / might, not, have, been, born**

과거에 대한 불확실한 추측(부정적)은 may(might) not have

p.p.로 표현.

02/ must, have, made / earned

과거에 대한 단정적 추측을 하고 있으므로 must have p.p.

03/ cannot, have, said

과거에 대한 부정적 확신을 표현하므로 cannot have p.p. could not have p.p.도 가능하지만 could not은 한 단어로 붙여쓰지 않는다.

04/ must, have, been

05/ may / might / could, have, told

과거에 대한 불확실한 추측은 may / might, could + have p.p. 로 표현.

06/ may / might / could, have, been

07/ may / might, not, have, been

08/ cannot, have, been, surprised

C6 예측할 때 쓰는 조동사

01/ should, arrive

거의 그럴 것이지만 아닐 수도 있는 일에 대한 예측은 should 를 사용.

02/ should, be

03/ may / might, help

may(might)는 미래에 대한 확실하지 않은 추측에도 사용.

04/ may / might, not

미래에 대한 불확실한 추측(부정적)에서도 may(might) not 사용.

C7 능력 / 가능을 말하는 조동사

01/ could, jump

과거의 능력이므로 could.

02/ will, be, able, to, make

아직 책을 안 읽었으니 능력이 생긴다면 그것은 미래의 일. will can은 사용하지 않는다.

03/ Can / Could, I

단순히 의사를 묻는 것이 아니라 가능성까지 함축하고 있으니 can / could 를 쓴다.

04/ were, able, to

was able to는 '(힘들었지만) 해낼 수 있었다'의 뉘앙스를 가질 수 있다.

C8 습관 / 경향을 나타내는 조동사

01/ used, to, be

이렇게 과거의 상태를 가리키는 경우 would는 불가하며 used to만 쓴다. 물론 was를 쓸 수도 있다(used to를 쓸 경우 지금은 더 이상 요리사가 아니라는 느낌 더 강함).

02/ would, go, swimming

would, used to는 과거의 습관 표현.

03/ will, cry

will은 현재와 습관을 나타낼 때 쓰일 수 있다.

04/ would, talk, to

D 수동태

D1 수동태의 사용

01/ were, injured, in

'무엇이 부상을 초래했는가'보다 31명이 부상당했다는 것이 더 중요한 상황이므로 수동태 사용한다.

02/ must, have, been, played

과거에 대한 확신적 추측이므로 must have p.p. 조동사가 있는 수동태는 조동사 다음에 be p.p.를 쓴다.

03/ was, never, given

'받지 못했다'이니 수동태를 쓸 수 있을 것이고, give는 목적어를 두 개 취할 수 있는 동사이므로 뒤에 a chance라는 직접목적어가 남아 있는 수동태가 만들어진다.

04/ will, not, be, included

include는 '포함하다'의 의미를 갖는 타동사이므로 수동태가 적절하다. 조동사 will을 쓰고 나서 be p.p.로 수동태를 나타낸다.

05/ was, offered

제안과 제공의 뜻을 함께 표현하는 단어가 offer여서 이 상황에 적합하며, offer 역시 두 개의 목적어를 취할 수 있어 a bribe가 뒤에 남는다.

06/ is, he, thought / considered, to, be

think와 consider는 to be~를 목적격 보어로 취할 수 있다. 목적격 보어가 있는 문장의 수동태는 be p.p. 뒤에 보어가 남는다.

07/ is, often, called

call 역시 목적격 보어를 취할 수 있는 동사. 그래서 수동태 뒤에 보어가 남을 수 있다. the Netherlands는 단수형 명사이다. s에 현혹되지 말아야 한다.

08/ cannot, be, applied, to

역시 조동사 + be p.p.로 수동태가 표현됨. '적용하다'는 apply to.

D2 상태 수동태

01/ dressed, in

'착용'을 의미하는 전치사로 in이 쓰인다. dress는 '옷을 입히다'란 의미의 타동사로 사용될 수 있으며 여기서 옷을 입는 동작은 과거에 일어났으나 입고 있는 것은 현재임을 표현하는 '상태 수동태'가 쓰여야 한다.

02/ is, torn

역시 찢어진 것은 과거이나 현재 찢어져 있음을 나타내는 상태 수동태.

03/ I, am, still, scared.

그 여자를 두렵게 만든 일은 과거에 발생했을 것이나 현재도 두렵다는 것을 나타내는 상태 수동태.

04/ is, made, of

만들어진 것은 과거이지만 울 제품인 것은 현재에도 적용. be made of는 '~로 만들어져 있다'의 뜻인 상태 수동태.

E 명사절

E1 that으로 시작하는 명사절

01/ that, was

'지구가 평평하다는 것을' 믿은 것이므로 목적어가 와야 하고, 절이므로 that으로 시작한다. 지구가 평평한 것은 사실이 아니므로 현재 시제가 아니라 과거 시제로 써준다.

02/ It, that

원래 That the Tigers will win the title is unlikely.의 구조라고 생각할 수 있지만, 이런 경우 가주어 it을 사용하고 that절은 문장 뒤로 보낸다.

03/ Another, reason, that

'또다른 이유'는 '또 하나의 이유'이므로 Another reason으로 쓰면 된다. Another reason이 주어이며, be 뒤에는 명사 보어가 와야 하는데 절의 구조이므로 that을 써준다.

04/ The, fact, that, makes

'~라는 사실'은 the fact를 쓰고, 뒤에 동격절을 써서 표현한다. 동격절은 that으로 출발한다. 문제는 이 문장의 전체 주어는 the fact라는 점이다. 결국 3인칭 단수 주어이므로 makes를 써야 한다.

05/ that, we, will

believe의 목적어가 와야 하는데 그것이 '우리가 이길 것'이므로 that절로 표현한다. 아직 경기가 벌어진 것이 아닌 것이 분명하므로 미래 시제로 표현.

06/ that, it

보어가 되는 명사절 또한 that으로 시작할 수 있다. '공기를 오염시키지 않는다는 것'이므로 that으로 시작하고 '그것'에 해당하는 주어 it을 쓰면 된다.

07/ that, he

문두의 it은 가주어이다. 그러므로 문장의 뒤쪽에 '그가 일곱 번 결혼했다는 것'에 해당하는 말이 와야 한다. 그 부분이 내용상의 주어이므로 that 다음에 주어 he를 써주면 된다.

08/ that, water

notion은 '관념, 생각' 등의 의미를 갖는 추상명사로 idea나 fact처럼 뒤에 that으로 시작하는 동격절이 쓰일 수 있다. the notion that을 쓰고 '물이 영원하다'는 문장을 써주면 된다.

E2 명사절을 이끄는 의문사

01/ who, that, girl, is

'누구인지 아니?'는 '누구인지를 아니?'와 같은 의미이므로 목적어인 절이 뒤에 와야 함. '저 여자애가 누구니?'는 Who is that girl?인데 명사절로 변화할 때에는 어순이 바뀌므로 who that girl is가 된다.

02/ when, would, start / begin

'언제 ~하는지를'은 당연히 when절로 나타낸다. 아직 플레이오프를 시작하지 않았으므로 미래형이지만, 과거 시제 문장 안으로 들어갔으므로 시제 일치를 시켜 will start를 would start로 바꿔주어야 한다.

03/ to, whom, I

'누구에게 그 책을 주어야 하는지를'은 to whom I should give this book, 혹은 who I should give this book to 등으로 표현한다.

04/ if / whether, they, started

'~인지를'이 과거 시제로 표현된 것이다. 이런 경우 if, 혹은

whether로 시작하는 과거형 절을 만들면 된다.

05/ whether / if, she, will, come

역시 '~인지를'을 표현하는 것이므로 whether나 if로 시작하는 절로 나타내야 함. if절이 조건을 나타내는 부사절(~라면)일 경우 의미가 미래일지라도 현재 시제로 나타내지만 '~인지를'의 의미일 때에는 명사절이므로 그런 규칙이 적용되지 않는다.

06/ what, time, it, is

'지금 몇 시에요?'는 What time is it?이다. 그런데 여기서는 그 부분이 목적어로 변형되는 것이므로 어순을 바꾸어 주어(it)→동사(is)의 순서로 써주어야 한다.

07/ why, she, did

'그 여자가 왜 그런 멍청한 짓을 했을까?'는 Why did she do such a stupid thing? 이다. 그런데 여기서는 그 문장이 명사절로 변형되는 것이므로 평서문의 순서로 바꾸어야 한다. 그래서 why she did such~로 표현.

08/ which, way, we, should

주어진 몇 개 중에서 선택을 할 경우에는 what이 아니라 which를 쓴다. '어떤 길을 선택해야 하지?'는 Which way should we take? 이지만, 여기서는 명사절로 바뀌는 것이므로 which way we should take.

E3 명사절을 이끄는 관계대명사

01/ what, he, gave

'~인 것'은 what으로 표현한다. what과 that이 다른 점은 that다음에는 완전한 문장 구조가 와서 명사절이 만들어지지만, what 다음에는 주어, 목적어, 보어 중 하나는 빠져 있다는 점이다. what she gave to me에는 give의 직접목적어가 빠져 있다. 그러므로 what은 여기서 목적격 관계대명사이다.

02/ Whoever, comes, first

whoever, whatever, whichever는 what과 같이 선행사 없는 관계대명사로 쓰인다. 즉, 그것들 뒤에는 주어, 목적어 등이 빠져 있을 것이다. whoever comes first를 보면, whoever 뒤에 주어가 없다는 것이 보인다. 그러므로 whoever가 주어 역할을 하는 주격 관계대명사이다.

03/ whomever, he, sees / meets

'~하는 모든 사람'의 의미이므로 whoever를 써야 하는데, he sees의 목적어 역할을 해야 하므로 whomever를 사용한다.

04/ whatever, is

whatever is on your mind는 '마음속에 있는 그 무엇이라도(모든 것)'을 의미한다. 여기서 whatever는 명사절의 주어 역할을 하는 주격 관계대명사이다.

F 형용사절

F1 형용사절 1 _ 관계대명사

01/ who / that, had, called

주격 관계대명사가 쓰여야 하며 과거 시제보다 더 앞선 때이므로 who had called.

02/ whom / that, you, met

목적격 관계대명사가 필요한 상황

03/ which / that, crashed

사물의 주격 관계대명사가 필요하다. '추락(충돌) 하다'는 crash into.

04/ that, she

문장 끝의 was 다음에 있어야 할 보어가 없으므로 보어로 쓰이는 관계사가 와야 한다. 이 경우 who 대신 that을 쓰며, 종종 생략된다.

05/ I, wanted

목적격 관계대명사는 생략 가능하므로 I wanted만 쓰면 된다.

06/ talk, to

'~에게 얘기하다'는 talk to. 목적격관계대명사는 생략되어 있으므로 talk to만 쓰면 된다.

07/ whose, two, sons

woman과 연결될 관계사가 와야 하는데 그 여자가 대학에 간 주체가 아니고 그 여자의 아들들이 주체이므로 소유격이 사용되어야 한다.

08/ I, used, to, be

that I was, that I used to be도 가능하지만, 빈칸이 4개이니 답은 I used to be. 보어로 쓰이는 관계대명사 that은 흔히 생략된다.

F2 형용사절 2 _ 관계부사

01/ where, I, work

원래 모두 다 쓰면 the place where I work이지만 이렇게 뻔한 선행사의 경우 선행사와 관계부사 중 하나는 생략하는 것이 보통.

02/ the, reason, why

'~했던 이유'를 표현할 때 the reason과 why 중 하나는 대개 생략.

03/ how

'~하는 방식, 방법'을 표현할 때 the way how는 사용하지 않으며 the way나 how를 대개 쓴다.

04/ why

one reason이 선행사이므로 why.

05/ the, day

the time처럼 the day가 when의 선행사로 와도 대개 둘 중 하나는 생략한다

06/ where, I

F3 관계사절과 구두점의 사용

01/ when

콤마 다음에 쓰이는 when은 '그런데 그때' 등의 의미를 갖는다. 접속사와 then의 의미를 함께 가진다.

02/ who, was

고유명사는 유일한 것이어서 이미 충분히 한정되어 있으므로 관계사절이 직접 꾸미지 않는다. 그래서 콤마 뒤에서 부가적 정보를 주는 형태로 사용된다.

03/ none, of, whom

none of whom은 but none of them의 의미를 갖는다.

04/ of, which

some of them을 쓰면 접속사가 없는 틀린 문장이 된다.

05/ which

which는 콤마 뒤에서 문장 전체를 지칭하는 의미로 쓰인다. that을 쓰려면 앞에 접속사 and를 써야 한다.

06/ where

장소와 관련해 부가적 정보를 줄 때 콤마 뒤에 where를 써서 문장을 연결할 수 있다.

G 명사처럼 쓰이는 준동사

G1 동명사와 부정사의 명사적 용법 1

01/ Understanding, him

주어 역할을 하는 동시에 '그를'이라는 목적어를 취하려면 일반적 명사는 안 되고 동명사나 부정사를 써야 한다. 빈칸의 수로 보아 '동명사 + 목적어'.

02/ doing, it, secretly

'그것을 비밀스럽게 하는 것'이므로 동명사나 부정사가 와야 한다. 문장 앞에 가주어 it이 쓰였으니 동명사나 부정사는 문장 뒤쪽에 위치한다. 동명사나 부정사는 부사가 수식하므로, to do it secretly 혹은 doing it secretly 중 빈칸 수에 맞는 것이 답.

03/ to, arrive, on, time

보어로 쓰이는 준동사구로는 동명사나 부정사 모두 가능. '정시에'는 'on time'이므로 to arrive on time, 혹은 arriving on time을 쓰면 된다.

04/ hard, efficiently / effectively

부정사나 동명사는 부사가 수식한다.

05/ teasing

'놀리다'는 tease로 표현. '놀리는 것'은 to tease, 혹은 teasing. 여기서는 빈칸이 하나이니 teasing.

06/ to, employ

'고용했던 것'은 동명사나 부정사로 표현하는데, 고용한 것과 실수한 것은 동시적인 일이므로 to employ나 employing처럼 일반적 부정사, 동명사를 쓰면 된다. 시제 차이가 나는 경우는 나중에 다룬다.

07/ being, with, her

'그 여자와 함께 있었던 것'은 부정사나 동명사로 표현. 여기서는 빈칸의 개수를 보아 동명사가 답.

08/ to, be, with, you

'너와 함께 있는 것'은 부정사나 동명사로 표현하는데, 빈칸 개수를 볼 때 부정사 사용.

G2 동명사와 부정사의 명사적 용법 2

01/ suggested, visiting

'제안하다'란 의미의 suggest는 목적어로 동명사를 받는다. that절을 목적어로 취하는 일도 빈번하다. suggest는 약간 소극적 의미의 제안이어서 이 상황에 적합하다.

02/ agreed, to, pay

agree는 준동사 중에서 to부정사만 목적어로 취한다.

03/ to, making

devote oneself to의 to는 '~에'의 의미를 갖는 전치사이므로

뒤에 동명사가 온다.

04/ persuaded, to, help

persuade는 흔히 목적격 보어로 to부정사를 받는다.

05/ used / accustomed, to, being

'~에 익숙하다'는 의미의 be used to, be accustomed to 뒤에는 명사(동명사)가 쓰인다.

06/ on, loving

keep on 다음에는 동명사를 쓴다.

07/ Learn, to, use

learn도 준동사 중에서는 to부정사만을 목적어로 받는다.

08/ expect, him, to, come(expect, he, will, come)

expect는 to부정사가 목적격 보어로 올 수 있는 동사이다. that 절도 목적어로 쓰이므로 expect (that) he will come을 쓸 수도 있다.

G3 동명사와 부정사의 명사적 용법 3

01/ hate, to, lose

hate는 동명사, to부정사 모두 목적어로 취한다.

02/ to, work, out

continue도 동명사, to부정사 모두 목적어로 취한다.

03/ have, been, trying, to

'애쓰다'는 'try + to부정사'로 표현. 과거부터 현재까지 애쓰고 있으므로 현재완료진행형을 쓴다.

04/ regret, to, inform, you

'~하게 되어 유감이다'는 'regret + to부정사' 사용. inform은 정보를 받는 사람이 목적어로 오고, 정보는 'of + 명사', 또는 that절에서 표현된다. ex) He informed me of the meeting. He informed me that the meeting would be held on Monday.

05/ seeing

과거의 일이므로 동명사.

06/ to turn

미래에 ~해야 하는 것을 잊지 말라고 말하므로 to부정사.

07/ going

'후회하다'의 의미일 경우 동명사가 목적어로 온다.

08/ try, eating

'시도하다, 한 번 시험삼아 해보다'의 의미일 경우 try의 목적어는 동명사.

G4 부정사와 동명사의 완료형, 수동형

01/ to, have, returned

과거의 일에 대해 지금 사과하는 것이므로 완료부정사를 쓴다. 만일 not 앞에 for가 있다면 동명사도 쓸 수 있다.

02/ to, have, lost

화자가 그렇게 생각하는 것은 현재이나 돈을 잃어버린 것은 과거이므로 완료동명사 사용.

03/ be, painted

paint는 '~을 칠하다'는 뜻의 타동사이다. this room은 paint하는 주체가 아니고 대상이므로 need to be painted처럼 수동형으로 쓰여야 한다. 참고로 동명사를 쓰면 need painting으로 쓴다. need 다음에 동명사가 올 때는 의미가 수동이라도 능동으로 쓴다는 규칙이 있다.

04/ to, have, come

'오신 것으로 보인다'라는 말을 분석해 보면 '과거에 오신 것으로 지금 나에게 생각된다'의 뜻이다. 그래서 본동사 appear는 현재형으로 써야 하며, to부정사 부분은 의미상의 시제가 본동사보다 앞서므로 완료 부정사 to have come을 써야 함.

05/ for, having, lied

apologize 다음에 사과하는 이유가 나올 경우 for를 사용한다. 사과 시점보다 거짓말한 시점이 빠르므로 완료동명사 사용.

06/ for, having, given

분노한 이유는 'for + 명사(동명사)'에 의해 표현되어야 함. 상황상 공포를 준 것이 시간적으로 앞서므로 완료동명사 사용.

07/ to, be, laid

해고하다는 구어적으로 'fire'를 많이 쓰기도 하지만, lay off라는 말로도 많이 표현한다. 여기서는 빈칸 뒤에 off가 오니 lay off를 써야 한다. Nicole은 해고의 주체가 아니고 해고된 대상이니 be laid off를 써야 하며, expect는 to부정사만을 목적어로 취하는 동사여서 목적격 보어도 동명사가 아니라 to부정사로 써야 한다.

08/ of, being, beaten

'~의 결과'는 result of로 표현. 죽은 사람은 때린 것이 아니라 맞았을 것이므로 수동형 동명사 being beaten 사용.

G5 부정사와 동명사의 의미상의 주어

01/ his / him, being, dismissed

해고된 것이 주어 everyone이 아니므로 동명사의 의미상 주어를 나타내주어야 한다. 요즘은 his, him을 모두 사용한다. 해고당한 것이니 being p.p.

02/ **his / him, being**

역시 분개한 주체 we가 인기의 중심이 아닌 것이니 의미상의 주어를 표시.

03/ **for, me, to, say**

hard와 같이 난이도를 나타내는 형용사는 to부정사와 함께 오면 'for + 목적격'이 의미상의 주어가 됨.

04/ **of, you, to, have**

kind와 같이 사람 됨됨이를 나타내는 형용사가 부정사와 함께 쓰일 때 'of + 목적격'으로 의미상의 주어를 표시한다. 과거에 도와준 것에 대해 언급하는 것이니 완료 부정사 사용.

G6 원형부정사와 분사를 목적격 보어로 취하는 동사들

01/ **let, him, stay**

강제로 머물게 한 것이 아니라 머물기를 바라는 사람에게 그것을 허용한 것이니 let을 사용. 그 뒤에 목적어가 오고 목적격 보어로 동사 원형이 온다.

02/ **make, them, stay**

여기서는 그들의 의사와 무관하게 머물게 하는 것이 불가능함을 얘기하는 것이니 can't와 make를 쓴다.

03/ **to, have, something, delivered**

배달하는 업체에 배달을 시키는 경우 have를 사용한다. 여기서는 배달원에 대한 언급은 없고 '무언가'에 대한 언급만 있으니 'have + 목적어 + p.p.'의 구문을 쓴다.

04/ **had, stolen**

'have + 목적어 + p.p.' 구문은 '~시키다'란 말 외에 '~당하다'란 의미도 가진다.

05/ **seen, knocked, out**

현재완료 시제이므로 see는 have seen이 됨. 그 선수가 KO. 시키는 것이 아니라 당하는 것이니 과거분사가 목적격 보어가 된다.

06/ **trembling / tremble / shaking / shake**

이 경우 현재분사와 원형 모두 목적격 보어로 쓰일 수 있다.

07/ **me, clean**

help 다음에는 목적격 보어로 원형 혹은 to부정사가 쓰인다(원형의 쓰임이 더세인 것으로 보인다).

08/ **play / playing, the, violin**

악기를 연주하는 것을 표현할 때에는 반드시 the를 붙인다.

H 형용사와 부사로 기능하는 준동사

H1 명사를 꾸미는 부정사

01/ **to, feed**

'먹여야 할'의 의미는 to부정사로 수식.

02/ **the, first, player, to**

최상급의 수식을 받는 명사는 to부정사로 수식.

03/ **to, sit, on**

sit은 자동사로 목적어를 받지 않으며 단순히 앉는다는 것만 표현한다. '~에 앉다'는 sit on을 쓰므로 to sit on.

04/ **the, only, man, to, play**

the only가 수식하는 명사도 to부정사가 수식할 수 있다.

05/ **inability, to, communicate**

ability, inability 등의 추상명사는 to부정사의 수식을 받아 그 의미가 구체화된다.

06/ **chance, to, win**

chance 또한 to부정사의 수식을 받아 의미가 구체화되는 추상명사. 상품, 경품을 얻는 것, 복권 당첨 등도 win으로 대개 표현한다.

H2 부정사의 부사적 쓰임

01/ **In, order, to, stay**

목적을 표현하므로 in order to를 쓴다. so as to보다는 in order to가 훨씬 많이 쓰인다. '(좋은) 몸 상태를 유지하다'는 stay in shape. be out of shape는 대개 '뚱뚱하다'는 의미로 쓰인다.

02/ **strong, enough, to**

enough to는 형용사를 꾸밀 경우 뒤에서 수식.

03/ **to, see, them**

happy도 to부정사의 수식을 받을 수 있는 감정형용사다. 뒤에 that절이 올 수도 있다.

04/ **eager / anxious, to, know**

eager, anxious 등은 몹시 무언가를 원하는 태도를 보이는 형용사로 to부정사와 함께 쓰임.

05/ **likely, to, join**

확신 없는 미래에 대한 예측을 할 때 be likely to부정사 사용할

수 있다. 확신이 강하면 'be sure(certain) + to부정사

06/ is, easy, to, use

easy, difficult, hard, impossible 등의 난이도를 나타내는 형용사도 to부정사의 수식을 받을 수 있다.

07/ too, early, to, tell

'~하기에는 너무 ~하다'를 의미하는 too~to~용법

H3 명사를 꾸미는 분사

01/ my, crying, baby

우는 아기는 '울고 있는 아기'란 의미이므로 진행을 나타내는 현재분사가 꾸며준다.

02/ two, injured, men, were

부상당한 것이므로 수동의 의미를 갖는 과거분사가 꾸민다.

03/ fallen, angel

자동사의 과거분사는 명사 수식을 하는 경우가 드물긴 하지만 fall의 경우에는 가능하다. '추락한'은 떨어지고 있는 것이 아니라 이미 떨어진 것을 의미하므로 fallen

04/ a, very, amusing

'재미있는'은 대상을 '재미있게 하는' 것이므로 능동의 의미를 갖는 현재분사가 수식.

05/ playing, the, guitar

기타를 연주하는 주체이니 현재분사가 수식.

06/ tired, of, tired, of

tire는 '지치게 하다'의 의미인데 뒤에 of가 오면 '싫증나게 하다'의 의미가 된다. 그래서 '싫증난'은 과거분사로 표현해야 한다.

07/ an, entertaining, speech

entertain은 '즐겁게 만들다'의 의미를 갖는다. '재미있는 연설'은 '즐겁게 만드는 연설'이니 능동의 의미를 갖는 현재분사가 적합하다.

08/ killed

작전 중의 사망은 아마도 살해된 것일 테니 killed in action으로 표현.

| 부사절

I1 인과의 문장 연결하기, 목적 표현하기

01/ Because, so

첫 번째 문제의 경우 앞 절에서 원인이 표현되고, 그 절에 접속사가 있는 것이므로 이유를 나타내는 종속접속사 because. 두 번째 문제는 결과를 나타내는 절에 접속사가 쓰이는 것이므로 so.

02/ so, Because

첫 번째 문제는 두 문장이 대등하게 연결되면서 결과를 나타내는 절 앞에 접속사가 오는 것이니 so, 두 번째는 원인을 나타내는 부사절을 이끌어야 하니 because.

03/ such, stupid, that

'~해서 ~하다'는 so~that, such~that으로 표현하는데 이 경우 '그런 멍청한 일'이라는 부사 + 형용사 + 명사의 구조이므로 such가 적절.

04/ so, that, could / can / would / will

'~하기 위하여, ~하도록'처럼 목적을 의미하는 부사절은 so that을 이용하여 표현 가능하다. '더 잘 이해할 수 있도록'이라는 우리말에 가장 적절한 조동사는 could이지만 would를 써도 무관하다.

05/ so, surprised, that

빈칸 뒤에 명사 구조가 없으므로 so~that 사용.

06/ so, that

역시 목적을 나타내는 so that 구문.

I2 대조되는 문장 연결하기

01/ Though / Although, but

앞의 문장에서는 '비록 ~하지만'이라는 의미의 부사절이 형성되어야 하니 though. 두 번째는 문장 가운데에서 역접으로 연결하니 but을 쓴다.

02/ Though / Although, but

03/ but / while, While

직접적으로 대조하는 경우 부사절을 이끄는 접속사로는 while을, 등위접속사로는 but을 사용한다. while은 문장 앞머리에도 올 수 있고 문장 중간의 콤마 뒤에도 올 수 있으나, but은 콤마 뒤에서 절과 절을 연결할 때만 쓴다.

04/ but / while / whereas

I3 조건을 나타내는 부사절과 부사어

01/ If

'~한다면'의 의미를 갖는 조건의 부사절은 기본적으로 if가 이

끈다.

J 분사구문과 연결사의 활용

J1 분사구문 1 _ 분사를 활용한 시간, 원인 등의 표현

01/ **while, trying**

'하고 있는 중에'를 while 분사가 표현할 수 있다. while은 생략할 수도 있다.

02/ **looking, for**

03/ **Since, coming**

since절은 'since ~ 분사'로 표현할 수도 있다.

04/ **having, read**

after절은 시간 순서가 분명하므로 주절 시제보다 빠르게 표현할 수도, 같게 표현할 수도 있다. 분사구문의 경우에도 일반적 표현과 완료분사구문 모두 가능하다.

05/ **Having, prepared**

이유를 나타내는 분사구문은 접속사 없이 쓰인다. 여기서는 상황상 명백히 과거완료 시제가 쓰이는 경우이니 완료분사구문 (Having p.p.)이 쓰인다.

06/ **Not, wanting, to**

분사구문의 부정은 분사 앞에 not을 붙이면 된다.

07/ **Lacking, confidence**

이유를 나타내는 분사구문.

08/ **Having, told(After, telling)**

Having told를 쓰면 시간차가 분명히 나타나므로 접속사를 쓰지 않아도 된다. after를 써주면 접속사에 의해 시간차가 드러나므로 having told, telling 둘 다 쓸 수 있다. telling만 쓰면 의미 전달에 문제가 생길 수 있다.

J2 분사구문 2 _ 과거분사를 활용한 분사구문

01/ **Exhausted / Tired**

'지치다'는 be exhausted, be tired처럼 수동태로 표현. 분사구문이 되면 Being exhausted처럼 되지만 Being은 대개 생략한다.

02/ **Though / Although, dying**

대조를 나타내는 절도 분사구문으로 표현이 가능하다. 의미의 혼란 가능성 때문에 이런 경우 접속사를 써주는 것이 일반적임.

03/ **Though / Although, disappointed**

'실망한'은 과거분사로 표현.

04/ **Told**

이럴 때 Hearing보다는 Told를 쓴다. tell은 '이야기를 하다'이므로 수동형이 되어야 하고 그래서 과거완료로 시작하는 분사구문이 된다.

J3 연결사 _ 연결사를 활용한 인과 대조 등의 표현

01/ **However / Nevertheless**

문장이 끝나고 새 문장을 시작하는 단어를 써야 하니 접속사가 아니라 연결사. 여기서는 '반면에'의 뜻이 아니므로 '하지만, 그럼에도 불구하고'를 의미하는 단어가 와야 한다.

02/ **Therefore / Thus**

역시 문장이 끝나고 새 문장을 시작하는 단어이므로 연결사가 필요하다. '고로', '그래서' 등의 의미를 갖는 연결사는 therefore나 thus.

03/ **On, the, other, hand**

'반면에'를 의미하는 연결사는 on the other hand.

04/ **so**

문장이 끝나지 않았고, 콤마 뒤에 새 절을 이어주는 접속사가 필요하다. 결과를 나타내는 절이므로 so를 쓴다.

정답 및 해설

K 관사와 명사

K1 관사의 사용 _ 기본적 용법

01/ A, man

'어떤 남자'는 남자라는 것 말고는 지정된 어떤 것도 없다. 이런 경우 부정관사를 사용한다.

02/ a, story

처음 언급하고 있고, 이야기라는 것 외의 어떤 정보도 주지 않으니 a를 쓴다.

03/ write, a, book

여기서 책은 구체적인 어떤 책이 아니며 책 일반을 의미. 이렇게 전체를 나타낼 때 명사 앞에 a를 쓸 수 있다.

04/ a, reptile, an, amphibian

전체를 나타낼 때 복수형 명사, 혹은 a + 단수 명사를 쓴다. 동물의 종인 경우 the도 쓰지만, 파충류나 양서류는 종이 아니다. 종은 the tiger, the dog 같은 것이다.

05/ a, girl, the, girl

처음 언급할 때에는 부정관사를 쓴다. 두 번째 언급할 때는 이미 '도서관에서 보았던 그 소녀'라는 의미의 지정이 이루어지므로 the를 쓴다.

06/ Bananas, are, A, banana, is

전체를 대표하여 명사를 사용할 때에는 복수형 명사 혹은 a + 단수형 명사를 사용한다.

07/ the, book

'you ordered'는 관계대명사가 생략된 형용사절이다. '당신이 주문했던'의 의미인 'you ordered'가 꾸며주므로 책은 어떤 책인지 분명하고, 그러므로 the를 쓴다.

08/ the

of the month가 player를 뒤에서 수식하고 있으므로 the를 쓴다.

K2 셀 수 없는 명사들의 활용

01/ a, piece, of, information

영어의 information은 셀 수 없는 명사여서 부정관사가 앞에 올 수 없다. information은 some이나 a piece of 등이 앞에 쓰인다. 이 표현은 반드시 기억해둘 것.

02/ Time, is, gold

이 문장은 통째로 기억해둘 것. time은 추상명사, gold는 물질명사이다. 양자 모두 셀 수 없는 동사이고 부정관사가 앞에 붙지 않는다. 정관사는 쓸 수 있지만 이 경우 어떤 구체적인 시간이나 어떤 구체적인 금덩어리를 의미하지 않고 전체를 나타내므로 무관사로 사용된다.

03/ confidence, in

confidence는 셀 수 없는 추상명사이다. '~에 대한 확신, 자신감, 신뢰'를 표현하려면 뒤에 in을 쓴다.

04/ some, fruit

fruit는 서로 다른 여러 가지 과일들의 집합을 표현하는 셀 수 없는 명사이다. 참고로 vegetable은 셀 수 있는 명사이다.

05/ Water, consists, of, oxygen, and, hydrogen.

물, 산소, 수소 모두 물질명사로 셀 수 없는 명사이다. 여기서는 전체를 대표하는 의미로 쓰여 무관사로 사용한다.

06/ a, glass, of, water

물 앞에 단위명사를 쓸 때는 a glass of를 쓴다. tea나 coffee는 cup. 쥬스, 와인, 위스키 등은 glass.

07/ some

jewelry, machinery, furniture 등은 서로 다른 구성 성분들을 포함하는 집합명사로 셀 수 없는 명사 이다. some은 가산, 불가산명사 모두를 꾸밀 수 있다.

08/ of, thunder, and, lightning

기상 현상을 나타내는 많은 명사들은 셀 수 없는 명사들이다. 그래서 일반적인 의미인 경우 무관사로 사용된다.

L 양과 수의 표현

L1 양과 수를 표현하기 1 _ 많은, 약간의

01/ A, lot, of, his, books

숫적으로 많은 것이니 many가 생각날 수 있겠지만 many는 소유격과는 함께 쓰지 못하므로 a lot of를 써야 한다.

02/ so / too, much

'일'이라는 의미의 work는 셀 수 없는 명사이므로 much, a lot of 등으로 많음을 표현한다. much는 긍정문에서는 쓰지 않으나 too, so와 함께는 사용한다. 참고로 works는 대개 작품들을 의미한다.

03/ a, few, weeks

day, week, month, year 등은 셀 수 있는 명사이고 '몇 주' 등

은 a few를 붙여 표현할 수 있다.

04/ **a, little**

sunshine은 기후 관련 자연 현상이므로 셀 수 없는 명사. 셀 수 없는 명사의 '약간'은 some이나 a little로 표현 가능.

05/ **Not, much**

인사말 What's up? 에 대한 대답은 대개 Not much이다.

06/ **A, great, number, of**

a number of는 '많은 수의'라는 뜻으로 many의 뜻으로 쓰인다. 강조하려면 great를 함께 써준다.

07/ **several, sources**

소스란 말은 정보가 나오는 곳을 의미하는데, 복수가 표현이 가능하다. '몇몇'은 a few, 혹은 several로 표현한다.

08/ **some, food**

음식 일반을 의미할 때의 food는 셀 수 없는 명사이다. 그래서 '약간의, 조금' 등은 some이나 a little로 표현한다.

L2 양과 수를 표현하기 2 _ no, not~any, any, little, few

01/ **some, cheese**

원래 의문문에서는 some 대신 any를 쓰지만 권유하는 경우에는 some을 쓴다.

02/ **much, confidence, little, confidence**

confidence는 셀 수 없는 명사이고, 여기서 '너무나 적은'은 부정적 의미이므로 little을 쓴다.

03/ **No, man**

전혀 없는 무언가를 의미할 때에는 명사 앞에 no를 쓸 수 있다.

04/ **any**

앞에 부정어 not이 있으니 any와 함께 '전혀 없는'이 표현된다.

05/ **any, child**

의문문에서 '조금이라도, 하나라도' 등의 의미를 표현할 때 any를 쓴다.

06/ **some, fruit**

How about~도 권유나 제안을 나타내는 표현이다. 그러므로 any 대신 some을 쓴다.

07/ **any, good, movie**

08/ **few, mistakes**

'수가 거의 없는'은 few로 표현한다.

L3 양과 수를 표현하기 3 _ all, both, every, each

01/ **All, the, students, All, of, the, students**

지정된 명사(the나 this, that 등이 명사 앞에 쓰인 경우)의 전체를 나타낼 때에는 all the + 명사, all of the + 명사의 형식이 모두 쓰인다.

02/ **All, students**

지정되지 않은 명사의 '전체'는 all이 표현한다. 이때 all of는 못 쓴다.

03/ **Each, of, them, was**

'각각으로서의 전체'를 의미할 때는 each를 쓴다. they처럼 대명사가 올 때는 each of them처럼 쓰지, each they처럼 쓰지는 않는다.

04/ **Both, of, the, girls, Both, the, girls**

both는 all과 용법이 유사하다. the girls의 경우 both만 써도 되고 both of를 써도 된다.

05/ **All, the**

06/ **Every, dog**

전체를 나타내야 하는데 동사가 has이니 단수를 형성하는 표현을 써야 한다.

07/ **Each, one, of, us**

'우리들 각자'는 each of us, each one of us로 표현.

08/ **Both, and**

'A와 B 모두'는 both A and B로 표현한다.

- -
M 형용사, 부사의 여러쓰임
- -

M1 형용사 + that절

01/ **be, ashamed, that**

be ashamed 다음에는 of 명사, that절 등이 올 수 있다. 여기서는 뒤에 he is Jewish가 오니 that을 사용.

02/ **am, sure, that, he, to, come**

확신(불확신)을 뜻하는 형용사들은 to부정사와도, that절과도 함께 쓰일 수 있다. be sure(certain) 뒤에 that절(of 명사)이 오면 '~을 확신하고 있다'의 뜻이고 to부정사가 오면 '반드시 ~하다'의 의미가 된다.

03/ **is, sure, that, he, sure, of**

04/ **amazed, that, his, books**

amazed 다음에 that절 사용 가능하다.

M2 be + 형용사 + 전치사

01/ to

결혼, 약혼, 충성, 헌신 등의 의미를 갖는 형용사 뒤에는 to가 쓰일 수 있다.

02/ impressed, with

impressed의 표면적 의미는 '인상을 받은'이지만 내포된 의미는 만족을 나타내므로 content, satisfied처럼 뒤에 with가 온다. by를 쓰는 사람도 있다.

03/ silly, of, you, silly, of, you

사람의 성격, 성질 등을 나타내는 형용사와 of가 함께 쓰인다.

04/ am, proud, of

'자랑스러운' 감정의 원인을 나타내므로 of가 적절하다.

05/ is, related, to

유사, 동일, 관련성 등의 형용사 뒤에는 to가 쓰인다.

06/ were, dissatisfied, with

만족, 불만족의 형용사와 with가 쓰인다.

07/ at, at

good, poor, excellent 등의 능력을 의미하는 형용사 뒤에 잘하는(못하는) 대상이 오면 at을 쓴다.

08/ angry, at / with

분노의 대상 앞에는 at이나 with를 쓴다. 구어에서는 angry 대신 mad를 쓰기도 한다.

M3 주의해야 할 부사들

01/ highly

공간적인 의미의 '높이'를 의미할 때에는 high를, 비유적 의미의 '높게, 매우' 등의 의미에는 highly를 쓴다.

02/ late

'늦게'는 late. lately는 최근에, 요즘.

03/ Nearly

near는 가까운(형용사), 가까이에(부사)의 의미. nealry는 '거의'의 의미.

04/ hardly

hardly는 '거의 ~ 못하여'의 의미를 갖는 준부정어.

05/ have, never, been

never도 빈도부사여서 have와 been의 사이에 위치.

06/ seldom, goes, to

빈도부사는 일반동사 앞에 위치.

07/ does, he, go, to

준부정어가 문장 맨 앞으로 가면 도치가 일어난다. 일반동사의 도치는 없었던 do(es)를 주어 앞에 쓰고 동사의 원형을 주어 뒤에 놓는 방식.

08/ have, I, done

have p.p.가 사용된 경우 도치가 일어나면 have는 주어 앞으로 가고, 과거분사는 주어 뒤에 위치.

N 비교

N 비교

01/ are, as, sensitive, as

동등 비교 구문 as ~ as. 이 문장은 비아냥거리는 표현.

02/ more, precise / accurate

precise의 비교급은 more precise임. 비교의 대상이 뻔할 때에는 than 이하를 생략할 수 있다. 예를 들어 이 문장 뒤에는 than former ways 정도의 표현이 생략되어 있다.

03/ better, than

비교급 than ever를 써서 동일한 대상의 최상급(다른 이들 중 최고라는 것이 아니라 자신의 모습 중 최고)을 표현할 수 있다. ex) She is prettier than ever.

04/ much / far / still / even, worse, than

비교급을 강조할 때에는 앞에 much, far, still, even, a lot 등을 쓸 수 있다.

05/ the, tallest, student, in

최상급 앞에는 the를 쓰며 뒤에 단체 등이 오면 in을 쓴다.

06/ the, most, beautiful, of

최상급 다음에 주어를 포함하는 복수가 오면 '~중에서'의 의미를 갖는 of가 쓰일 수 있다. Yuri=a girl이므로 girls 앞에 of를 쓴다. the most beautiful girl of all the girls는 중언부언하는 느낌이어서 잘 쓰지 않는다.

07/ play, the, guitar, better, than

no one이나 nobody가 주어이고 비교급을 사용하여 최상급을 표현할 수 있다.

08/ as, precise / accurate, as

동등비교 구문 as ~ as.

O 동사와 전치사의 결합

01 동사와 전치사의 결합 1
01/ **think, about**
think 뒤에 that절은 목적어로 직접 오지만, 명사는 직접 목적어로 오지 않는다. think of 목적어나 think about 목적어를 쓰는데, of를 쓰는 경우 상상하다, 생각해내다, 간주하다(여기다) 등의 뜻을 가지는 경우가 많다. of와 about이 겹치는 경우도 있지만 '~에 관해 생각하다'의 느낌인 경우 about을 쓰는 것이 안전하다.
02/ **glanced, at**
'보다' 계통의 자동사들과는 at이 함께 쓰인다.
03/ **Talk, about, yourself**
talk 다음에 듣는 이가 오면 to를 쓰고 얘기하는 주제(대상)가 오면 about이나 of를 쓴다. 느낌상 '당신 자신에 대해 자세히 얘기해달라'의 의미이니 about이 가장 적합하다.
04/ **vote, for**
'너를 위하여' 투표하는 것이므로 for가 쓰여야 한다.
05/ **into**
'충돌'은 into로 표현.
06/ **laughed, at**
웃음의 대상은 at으로 표현.
07/ **apply, for, admission**
'입학 허가'는 admission. 신청하는 것은 입학허가를 '얻기 위하여' 어떤 행위를 하는 것을 의미하므로 apply for로 표현.
08/ **crashed, into**
'충돌'은 into로 표현. run이나 bump로는 수직 이동을 의미하는 비행기의 추락(과 산에의 충돌)을 표현할 수 없다.

02 동사와 전치사의 결합 2
01/ **is, based, on**
'기반하고 있다'는 '~ 위에 있다'의 의미를 갖는 것이므로 on을 사용.
02/ **Say, to**
누군가에게 말하고, 얘기한다는 의미의 동사들 뒤에는 to를 써서 듣는 이를 표현.
03/ **disagree, with, him**
누군가와 의견이 맞거나 맞지 않는 것은 with로 표현.
04/ **was, in, harmony, with**
'~과의 조화, 일치' 등은 with로 표현.
05/ **writes, to**
'~에게 글을 쓰다'도 to를 이용해 표현.
06/ **rely / depend, on**
'의존하다'란 의미의 가장 일반적 표현은 depend와 rely. count on, lean on도 그런 의미를 갖지만 조금은 비유적인 의미.

P 가정법

P1 가정법 과거와 과거완료, should를 사용한 조건문
01/ **If, I, were, would, work, harder**
가정법 과거. '일할 것이다'라는 의지도 표현하니 would가 적절하다.
02/ **If, you, had, been, would, not, have**
가정법 과거완료이며 would가 가장 좋음. could not have happened는 그 사고의 불가능성을 함의하므로 적절하지 않다. might는 너무 의미가 약함(일어나지 않았을 수도 있었다). should는 현재는 잘 사용하지 않는다.
03/ **had, said, would, not, hurt**
'과거에 작별 인사도 하지 못해 지금도 마음이 아프다'란 의미이니 조건절은 가정법 과거완료, 주절은 가정법 과거의 복합시제를 써야 한다.
04/ **How, would, be, if, were**
I would be very happy if she were here.를 감탄문으로 표현한 문장.
05/ **should, see, give**
미래에 혹시 있을 수도 있는 일을 표현하는 조건문에는 should를 사용할 수 있다. 주절에는 명령문이 많이 쓰인다. '안부 전하다'는 give one's regard
06/ **If, he, had, not, been, could, have, won**
가정법 과거완료. '이길 수 있었는데'는 could가 가장 어울림.

07/ **had, not, drunk, would, be**

'어제 술을 많이 마시고 (사고를 쳐서) 지금 감옥에 있다'의 의미이니 복합 시제 가정법으로 표현.

08/ **should, decide, would / will, welcome**

혹시 있을지도 모르는 조건을 나타내는 should가 사용되는 if 절. 주절에는 would(will) 원형, 명령법 등이 온다.

P2 if 절이 쓰이지 않는 가정법 과거 / 과거완료

01/ **married, the, boss, would, you, say**

suppose는 가정법의 if 대신 조건절을 이끌 수 있다.

02/ **you, have, call**

If you should have~는 Shoud you have~로도 표현된다. 뒤에는 명령법이 올 수 있다.

03/ **Had, found, would, have, survived**

가정법 과거완료의 조건절 If S had p.p.~는 Had + 주어 + p.p.~' 로 표현할 수 있다.

04/ **would, have, been, without**

'~이 없었다면, ~이 없다면' 등의 의미를 갖는 가정법의 조건절을 without구로 표현할 수 있음.

05/ **could, have, won**

상황이 주어져 있다면 조건절 없이 주절만으로 가정을 표현할 수도 있다. 과거의 일을 가정하고 있으니 could have p.p.

06/ **could, be**

여기서는 with me가 조건을 표현한다. '행복할 수 있을 것이다'는 현실을 표현하는 것이 아니므로 조동사의 과거형 could를 쓴다.

P3 다양한 가정법의 활용

01/ **were, happier**

현재에 대한 소망을 표현하므로 과거형 동사 사용.

02/ **arrive, on, time**

It is important that 절에서 아직 이루어지지 않은 일을 다루고 있으므로 동사원형 사용. '정시에'는 on time

03/ **as, if, he, had, won**

경기는 이미 끝난 상황이므로 이긴 것은 과거의 일이다. 그러므로 as if 뒤에 과거완료형을 사용.

04/ **be, promoted**

'승진되어야' 한다고 주장하는 것이니 아직 현실이 아니고, 이

럴 경우 원형이나 should 원형을 쓴다.

05/ **as, if, he, were**

현재 '~인 것처럼' 행동하고 있으므로 as if 뒤에 과거형 동사 사용.

06/ **that, we, pay(we, should, pay)**

made a demand는 demanded와 같은 뜻. 그 시점에서는 이루어지지 않은 일을 요구하고 있으므로 원형을 사용. that은 생략 가능하니 생략하고 should + 원형을 쓸 수도 있다.

07/ **had, not, done**

그 사람은 이미 그 행위를 했고, 하지 않았기를 바라고 있다. 그러므로 과거완료형의 동사 사용.

08/ **essential, that, you, not, overlook**

that절에는 원형이 쓰여야 하고, 부정이 되는 경우 원형 앞에 not만 쓴다. do가 나오지 않는다는 데 유의.

당신은 영문법에 대한 전반적인 지식이 부족한 영문법 초보자입니다. 일단, 문법책 한 권을 끝내 보는 게 중요합니다. 이 책의 본문 부분만 눈으로 한 번 쭉 읽으세요. 본문은 강의식 해설이라 쉽게 술술 읽힌답니다. 이해가 잘 안 되더라도 신경 쓰지 말고, 문법 정리나 연습문장 같은 것도 휘휘 건너뛰고 일단 끝까지 달리세요. 끝까지 다 읽고 나면 한 권을 끝냈다는 성취감과 함께 늘 1단원에만 머물렀던 징크스는 이제 깨진 겁니다. 그다음엔 어떻게 하냐고요? 다시 처음으로 돌아가서 천천히 다시 읽기 시작하세요. 연습문제도 풀어보고, 깔끔하게 정리된 개념 정리 부분도 읽어보세요. 그리고 온라인 연습장도 활용해보시길. '이츠낫 그래머'는 말하고 쓰고 싶은 표현에 바로 써먹을 수 있는 영문법이라 공부하는 재미도 큽니다.

A
영문법 책 1단원에만 머무르는
의지박약 왕초보

당신은 누구십니까?

가슴에 손을 얹고 마음으로부터 들려오는 고백에 귀 기울여 보세요. 당신의 영어는 어떤 상태입니까?
자신의 영어 현주소를 제대로 깨달아 얼른 회개하고 '이츠낫 그래머'를 통해 맞춤식으로 구원받으시기를…
문법천국 불독지옥! 반복연습 영문왕생!

B
할 수 있는 말만 하는
안타까운 영어실력 소유자

당신은 문법 공부는 좀 했지만 편차가 심한 사람입니다. 유독 시제를 혼동해서 말하거나, 단문은 자신 있지만 복문을 어려워하기도 합니다. 아차, 복문이 원지도 정확히 모르시겠다고요? 정말 편차가 심하시군요. 하지만 이젠 안심하세요. 이 책이 있으니까요. 이런 분들은 '이츠낫 그래머'의 모든 문법 항목을 공부하되, 항목별로 다른 방식을 취해야 합니다. 이미 문법 지식이 충분하거나 만만한 부분은 빠르게 읽고, 연습문제를 푼 뒤 요점 정리를 하는 방식으로 공부하고, 부족하거나 자신 없는 부분은 빠르게 읽은 후에 하루 정도 시간을 두고 천천히 다시 읽어 보세요. 익숙해질 듯하면서도 자꾸만 틀리고 마는 취약한 부분을 확실하게 해결하려면 '이츠낫 그래머'처럼 한국어를 영어로 옮기는 방식의 영문법 공부를 해야 합니다. 보통 때는 해석이 그럭저럭 잘 돼서 자신의 실력을 착각하기 쉽지만, 한국어를 영어로 옮기며 문법을 정리해 보면 자신이 취약한 부분을 정확하게 알 수 있답니다. '이츠낫 그래머'는 당신의 문법 편린을 모아서 정리함으로써 언제 어디서나 바로 써먹을 수 있는 영문법 실력을 만들어줍니다.

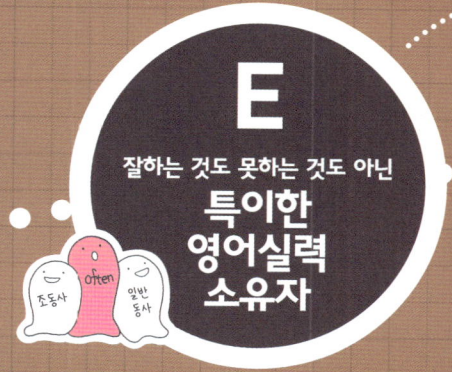

E
잘하는 것도 못하는 것도 아닌
특이한
영어실력
소유자

당신은 영어로 말을 잘 하지만 문법에는 다소 약한 사람입니다. 일단 이런 경우는 극히 드물 것이라 생각합니다. 어쩌면 당신은 외국에서 좀 살았던 사람일 가능성이 높습니다. 하고 싶은 말을 영어로 표현하는 데에 큰 어려움은 없지만, 문법에 맞게 말하는 능력은 살짝 부족하지요. '이츠낫 그래머'를 가볍게 읽으며 문법패턴을 정리하고, 온라인 연습장의 선다형 문제를 중심으로 연습해 보세요. 물론 영어로 표현을 잘 하는 게 우리의 최종 목표긴 하지만, 그래도 말은 잘 하는데 시험 성적이 필요한 만큼 잘 안 나오면 억울하겠죠. 또한 좀 더 고급스러운 영어를 구사하기 위해서라도 문법 공부는 중요합니다. 한국인들이 국어문법을 공부하는 것처럼요.

당신은 문법 공부를 많이 했지만, 실전에서 응용하는 데에는 한계에 부딪히는 사람입니다. 영어에 어느 정도 자신감이 있지만, 막상 영문 메일을 쓰거나 영어로 프레젠테이션을 해야 하는 상황에서는 실력 발휘를 잘 하지 못하죠. 이런 분들은 먼저 각 문법항목에 달린 연습문제를 풀어보세요. 그 다음 본문을 읽으면서 틀린 문제를 중심으로 영작에 실패한 이유를 분석하고, 그 부분을 중점적으로 학습한 후 온라인 연습장에서 영어로 표현하는 훈련을 반복합니다. 직업상 영어를 아무리 많이 사용해야 하는 사람이라도 '이츠낫 그래머'의 188개 문법 패턴을 몸에 붙이고 나면, 만들고 싶은 문장을 얼마든지 만들어낼 수 있습니다. 어느 정도 실력이 받쳐주는 분들이니까 꾸준히 연습하면 금세 실력이 업그레이드될 거라 확신합니다.

D
고급 영어를 구사하기까지는
한 단계 부족한
영어실력
소유자

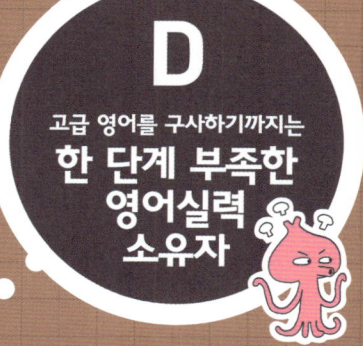

C
문법은 잘 아는데 응용력이 없는
시험전용
영어실력
소유자

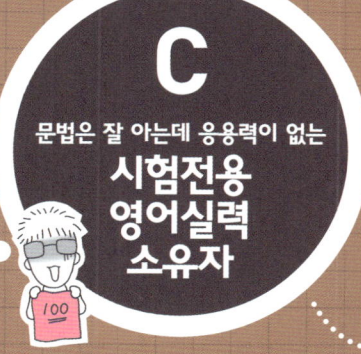

당신은 문법 공부를 많이 했지만, 문제풀이용으로만 공부를 해왔기 때문에 응용이 전혀 안 되는 사람입니다. 시험에는 좋은 성적이 나오지만, 정작 외국인이 길이라도 물어보면 당황해서 머릿속이 하얗게 됩니다. "Follow me." 한 마디만 던지고 나서 직접 데려다주며 몸이 고생을 하기도 하죠. 이런 분들은 '이츠낫 그래머'를 매우 빠르게 읽어 나가면서 낯설다고 생각되는 부분에 체크를 합니다. 그 다음, 체크한 부분을 집중적으로 읽어가며 공부하고, 연습문제를 풀고 다시 한 번 문법사항을 정리합니다. 또한 온라인 연습장을 최대한 활용해서 표현 연습에 주력하세요. 온라인 연습장을 통해 책보다 더 많은 문장을 반복 연습할 수 있습니다.